ENTRE
LAS SOMBRAS
DEL SUEÑO
AMERICANO

JULISSA
ARCE

FaithWords

NEW YORK | BOSTON | NASHVILLE

Diseño de la portada por: JuLee Brand
Foto de la portada por: Vincent Remini

Center Street
Hachette Book Group
1290 Avenue of the Americas
New York, NY 10104
centerstreet.com
twitter.com/centerstreet

Impreso en los Estados Unidos de América

LSC-C

Primera edición: Noviembre 2016
10 9 8 7 6 5 4 3 2 1

Center Street es una división de Hachette Book Group, Inc.
El nombre y el logotipo de Center Street son una
marca registrada de Hachette Book Group, Inc.

Nota de la autora: Algunos de los nombres de este libro
han sido cambiados para proteger la privacidad de quienes
aparecen en mis historias. Aunque la mayor parte de mi
vida he llevado diarios muy precisos, este libro fue escrito
principalmente de memoria. Le estoy compartiendo mi verdad
y mi historia lo mejor que puedo, y con toda mi pasión.

* Consulte las palabras marcadas con asterisco
en el glosario al final del libro.

International Standard Book Number: 978-1-4555-9719-2

Para mi papá, Julio, y mi mamá, Luisa,
quienes lo sacrificaron todo por mí.

Índice

El ataque

Yo no estaba ganando millones. *Aún no*, pensé. No obstante, mientras estaba allí sentada y rodeada de cajas sin desempacar, bebiendo una cerveza helada y viendo televisión durante una noche húmeda del mes de julio, pensé en lo afortunada que era verdaderamente.

En dos semanas comenzaré a realizar mi sueño.

Estaba sentada al lado de Robert, con quien tenía una relación intermitente e incierta, en su nuevo departamento* en el número 45 de Wall Street, en el corazón de un renacido Bajo Manhattan. Era una noche estupenda de aquel prometedor verano de 2005. Los dos habíamos conseguido empleo en la Gran Manzana y habíamos rentado departamento en el mismo edificio en una de las calles más famosas del mundo. Por eso pensaba: *¿Qué importa que hayamos venido desde San Antonio en un camión rentado de mudanza para ahorrarnos el dinero de los pasajes aéreos? ¿Qué importa que el compañero de cuarto de Robert haya terminado haciendo ese viaje con nosotros en el último minuto, los tres apretujados y sudorosos en un asiento de vinilo color negro, borrando todos mis sueños de un viaje romántico por carretera? ¿Qué importa que yo esté ligeramente molesta porque el "Sr. Inoportuno" también esté invadiendo nuestro espacio en el departamento en este momento? Estamos aquí. Estamos en camino.*

Yo estaba a punto de hacer un comentario sobre lo afortunados que éramos todos cuando de repente sentí un dolor agudo en el pecho. No podía respirar y un hormigueo empezó a recorrer mi brazo izquierdo.

Intenté convencerme de que era algo parecido al dolor de cabeza que da cuando uno come algo muy frío, porque quizá la cerveza estaba helada o me la había tomado con demasiada rapidez. Tras unos minutos de silenciosa agonía, comenzaron a sudarme las palmas de las manos y el dolor en el pecho se volvió muy intenso.

—Muchachos —dije.

Era difícil hablar, y apenas podía reunir el aire suficiente para pronunciar las palabras.

—Creo que me está dando un ataque al corazón.

—¿Qué? —dijo Robert riendo—. Estás loca.

—No, de verdad. Me duele el pecho, y siento un hormigueo en todo el brazo izquierdo.

Yo tenía veintidós años. No era posible que estuviera sufriendo un ataque al corazón. Los chicos dijeron que se me pasaría, y yo quería creerles; pero tenía la sensación de que me estaba muriendo. *En serio*, muriendo. La habitación se me caía encima, y comencé a sudar por cada uno de mis poros. Intenté respirar lentamente y controlar el fuerte latido de mi corazón, pero no podía.

—De veras, creo que necesito ir a un hospital —les dije.

No podía llamar al número de emergencias 911 porque tenía demasiado miedo de llamar a cualquier número del gobierno, y Robert era prácticamente la única persona que conocía el motivo.

Me miró a los ojos y finalmente pareció entenderlo.

—Está bien —dijo—. Vamos.

Era tarde, y Wall Street estaba muerto. Milagrosamente apareció un taxi, y le pedimos al conductor que nos llevara al hospital más cercano, que era el NYU Downtown (el hospital del centro de la Universidad de New York), en William Street. Estaba a menos de media milla [ochocientos metros] de distancia, pero el trayecto hasta allí me pareció una eternidad. Durante todo el recorrido sentí como si los edificios se arquearan sobre nosotros, como si estuviéramos atravesando un túnel gigantesco en cámara lenta.

—Todo va a estar bien —dijo Robert, pero yo podía ver que también él estaba preocupado.

En el hospital entregué mi identificación de estudiante y

mi tarjeta de seguro médico de la Universidad de Texas. Me había graduado en mayo, así que estaba completamente segura de que el seguro había expirado, pero era todo lo que tenía. Tenía la certeza de estar a punto de derrumbarme por un paro cardiaco en el duro piso industrial de cerámica de esa sala de urgencias y sufrir el bochorno de hacer una escena delante de Robert. En cierto modo estaba más preocupada de hacer el ridículo delante de él que por la posibilidad de morir.

La persona que estaba en el mostrador me miró, escribió la información, y no hizo más preguntas.

Las enfermeras me llevaron adentro apresuradamente y me conectaron a una docena de monitores. Una de ellas me dio una aspirina para que la disolviera debajo de la lengua mientras otra me sacaba sangre y comenzaba una larga lista de preguntas rutinarias.

—¿Estás tomando alguna medicina?

—No.

—¿Hay alguna posibilidad de que estés embarazada?

—No.

Robert volteó a verme.

—¿No quieres que te hagan una prueba de embarazo para que estés segura? —me preguntó.

—¡No! —respondí moviendo la cabeza enfáticamente.

Cuando las enfermeras se fueron, le lancé una mirada de desaprobación.

—Pero, ¡qué diablos, Robert! —dije con la voz ahogada por la mascarilla plástica de oxígeno—. ¿Por qué dijiste eso?

—Bueno, ¿y si estás embarazada?

—¿Cómo puedo estarlo, Robert? ¡Ni siquiera tenemos relaciones sexuales!

Si me quedaba alguna duda de lo complicada que era nuestra relación, él me lo dejó dolorosamente claro en ese momento. *Debo dejarlo*, pensé. Pero ¿cómo podía dejarlo? Él estaba ahí conmigo en el hospital, a media noche.

No hablamos mucho después de eso. Yo seguí allí tumbada durante horas con médicos y enfermeras entrando y saliendo, hasta que finalmente entró un médico y me dijo que tenía buenas noticias. Después de todo, yo no estaba teniendo un ataque al corazón.

—Lo que experimentaste fue un ataque de pánico o de ansiedad —me dijo.

Estaba confundida. Yo no era el tipo de persona que entraba en pánico; ni era ansiosa. Habían ciertos tipos de personas que yo relacionaba con los ataques de pánico, y, sin duda, yo no era una de ellas.

—¿Qué podría causarlos? —pregunté—. Porque no tiene ningún sentido que yo haya tenido uno de esos ataques.

—A veces, simplemente suceden —me dijo el médico. Añadió que pronto me darían de alta y salió de la habitación.

No me gustó esa respuesta. Odiaba la incertidumbre. Siempre he aborrecido la incertidumbre. Me gustan las cosas concretas, por eso siempre me han encantado las matemáticas. No hay ninguna ambigüedad en las matemáticas. Si me hubiera dicho que había tenido un ataque al corazón y que tenían que operarme, habría sido mejor que retirarme del hospital sin una respuesta concreta. "A veces, simplemente suceden", no tenía ningún sentido para mí.

Era temprano en la mañana cuando me dieron de alta, y no le comenté nada acerca de mi preocupación y confusión a Robert cuando salimos por la puerta principal. Estaba muy avergonzada, y los dos estábamos demasiado cansados para hablar.

Las viejas calles del centro de Nueva York son particularmente hermosas temprano por la mañana, antes de que las multitudes y los vehículos se apoderen de ellas. Los bordes del empedrado comenzaban a mostrar destellos de luz anaranjada del sol que estaba asomando su cabeza entre los edificios, y podía escuchar pajaritos cantando en aquella rara tranquilidad de Manhattan mientras caminábamos de regreso a nuestro edificio compartido.

A pesar de la tranquilidad de las calles, había mucho ruido en mi cabeza. *¿Por qué rayos tuve un ataque de pánico?*

Casi habíamos vuelto cuando finalmente lo entendí.

Existía más que una buena posibilidad de que mi secreto saliera finalmente a la luz en menos de dos semanas: el secreto que podría arruinar mi vida, que podría mandarme a la cárcel, que podría poner fin a mi carrera antes de que comenzara. El secreto que me había visto obligada a guardar desde que tenía catorce años.

En menos de dos semanas me presentaría al trabajo y me tomarían huellas dactilares para darme una identificación de entrada al edificio. Tendría que presentar dos documentos de identificación oficiales para entrar a la nómina. Ya había pasado una prueba de antecedentes, milagrosamente, pero llegarían más pruebas de antecedentes; esta vez de varias agencias del gobierno para obtener mis diversas licencias financieras. Todo ello era el protocolo estándar, y para cualquier otra persona eso no habría sido la gran cosa, ya que lo importante para ellas sería que estarían comenzando el trabajo de sus sueños en Goldman Sachs. Para mí, era algo grande en un modo diferente. Estaba a dos semanas de entrar a la oficina matriz de Goldman Sachs en Nueva York para comenzar mi deseada carrera como analista financiera, y había estado tan centrada en los detalles de la mudanza e intentando entender mi situación con Robert que no me había detenido a considerar la posibilidad de no lograr llegar más allá del primer día.

Desde los catorce años de edad había aprendido a vivir una realidad alterna, una realidad imaginaria en la cual mi estatus migratorio no tenía importancia. La negación se había convertido en la única manera de poder seguir adelante en la vida; pero aquel día, todo lo que yo había guardado en lo profundo de mi ser —las consecuencias potenciales de mi secreto— salieron rápidamente a la superficie sin advertencia. La realidad de mi situación era repentinamente innegable. Todo lo que había hecho en mi vida, cada logro, cada sueño, podía desparecer en el momento en que atravesara por esas puertas.

PARTE I

"Indocumentada"

CAPÍTULO 1

Sola en casa

—¿Qué demonios estás haciendo? —gritó mi abuelo, dándome un par de nalgadas justo antes de que yo me desvistiera por completo.

—¿Pero yo qué hice? —protesté llorando mientras los demás no podían dejar de reírse.

Era Nochebuena, y yo tenía tres años. No recuerdo nada de mi primera actuación, pero me han contado la historia muchas veces. En algún momento durante la fiesta, le di unos traguitos al champán de alguien, lo cual, desde luego, no debí haberlo hecho. Aunque no fue suficiente para que me emborrachara, el alcohol hizo que me diera calor; por lo tanto, comencé a quitarme la ropa, allí en la sala de mi abuela, delante de toda mi familia.

Supongo que es congruente haber hecho una escena aquella noche de la que mi familia hablaría durante décadas, porque de pequeña siempre quería ser el centro de la atención. Yo estaba segura de que cuando fuera mayor sería artista. Desde ese momento en adelante busqué ser el centro de atención en cada reunión familiar cantando, bailando o dirigiendo a mis primos para hacer obras de teatro delante de todos.

Y es incluso todavía más congruente que todo comenzara en Nochebuena porque la Navidad era mi celebración favorita. Estaba convencida de que la fiesta era para mí y no para el niño Jesús, porque cada Nochebuena toda mi familia, de treinta a cuarenta personas, se reunía en la casa de mis abuelos para pasar una noche llena de música, risas, alcohol y regalos, y yo convertía cada una de esas reuniones en el "Show de Julissa". Todas mis tías, tíos y primos se reunían en la sala, aplaudiendo y animando, y tomando fotos. Después yo me iba a casa, que estaba en esa misma calle, y al despertar encontraba un montón de regalos que me había traído Santa Claus. Santa Claus no solamente llegaba a mi casa. Yo recibía regalos el día de Navidad en cada una de las casas de mi tías y de mi tíos también.

Sin embargo, lo que más me gustaba de la Navidad no tenía nada que ver con ser el centro de atención o incluso con ser la afortunada receptora de tantos regalos. Lo que más me gustaba de la Navidad era que vería a mis padres. Era la única época de todo el año en que tenía garantizado que mis padres regresarían a casa en México. Ellos nunca se perdieron una Navidad. Ni una sola.

Cuando yo nací en 1983, mi madre había comenzado lo que llegaría a ser un negocio muy exitoso vendiéndoles joyería y artículos de plata provenientes de nuestra ciudad natal de Taxco a los compradores de las ferias y exposiciones de todo Estados Unidos. Unos años después, mis padres abrieron un negocio en San Antonio, Texas. Desde ese momento en adelante, los dos permanecían en los Estados Unidos gran parte del año, trabajando todo lo que podían para sostener a su familia con la esperanza de construir una vida mejor para nosotros.

Mientras yo crecía bajo el cuidado de una nana y mis dos hermanas mayores en una casa que estaba solo a cinco minutos caminando de casa de mi abuela, mis padres desarrollaban su negocio, viajando a ciudades lejanas que tenían nombres exóticos como Chicago, Nueva York y Nueva Orleáns. Después me enteré de que mis padres exportaban cada año a los Estados Unidos plata por un valor de trescientos mil dólares cuando su negocio estaba en su apogeo a mediados de los ochentas*. Me dijeron que mi madre fue la responsable de poner la plata de Taxco en el mapa de todo Estados Unidos.

Por lo tanto, no, yo no era la niña mexicana pobre y descalza que vendía chicles* al lado de la carretera o que no iba a la escuela primaria porque tenía que trabajar. De hecho, yo tenía la dulce vida de una niña consentida.

Mis padres inscribieron a sus tres hijas en una escuela católica solo para niñas. Yo me iba caminando a la escuela todos los días en un uniforme perfectamente limpio color azul marino con cuello blanco, corbatín rojo, calcetas blancas y moños rojos que adornaban mi muy largo cabello color negro azabache, el cual yo hacía que mi nana trenzara una y otra vez hasta que quedara perfecto, sin un solo pelo fuera de su lugar. Después de la escuela, tomaba lecciones de piano, ballet, arte y karate; cualquier cosa que se ofreciera en mi pequeña ciudad de Taxco.

También tuve el privilegio de recibir muchos regalos maravillosos comprados en los Estados Unidos, sin importar que las etiquetas dijeran: Hecho en China. Hasta donde supe, fui la primera niña en tener Nintendo, y la única niña con una lonchera de Barbie color rosa que había venido directamente de un centro comercial de San Antonio. Ninguna de las demás niñas creía que la lonchera viniera de los Estados Unidos, y yo tampoco le caía bien a ninguna de las otras niñas. "Eres huérfana", a veces me decían burlándose. Yo hacía todo lo posible por ignorarlas.

Taxco es una pequeña ciudad llena de pintorescas casas coloniales con fachadas blancas y techos de teja color rojo, a las que se llega por calles empedradas estrechas y serpenteantes, colocadas todas ellas sobre una hermosa ladera. Se encuentra a unas tres horas en coche al sur de la Ciudad de México, y su ubicación en esas colinas idílicas significa que disfruta de un clima perfecto durante todo el año. Aunque Taxco es lo bastante grande para servir como destino turístico y ha sido conocida por su platería durante más de un siglo, sigue siendo lo bastante pequeña para poder navegarla mediante puntos de referencia en lugar de direcciones. Si alguien me preguntaba dónde vivía yo, respondía: "En La Calle Nueva —aunque en realidad es una calle muy, muy vieja— al lado del mercado central, enfrente de la tortillería, arriba de la sucursal de Metales Avilés".

El hecho de que Metales Avilés fuera una marca reconocida en Taxco es un gran motivo de orgullo, porque ese es el negocio que fundaron mis abuelos maternos. Mi abuela y mi abuelo no tenían nada. Vendían ollas y sartenes en las calles del mercado para salir adelante. De eso, pasaron a vender conchitas, para su uso en la joyería, y pronto vieron la necesidad que tenían los joyeros y los artesanos locales de suministros y herramientas que eran difíciles de obtener en Taxco en aquella época. Así que abrieron Metales Avilés, vendiendo herramientas y suministros desde papel de lija, pinzas y tenazas especiales, hasta miles de pequeñas tuercas para pendientes en el Mercado Tetitlán (el mercado municipal).

Rápidamente convirtieron Metales Avilés en un negocio exitoso, abriendo su propia tienda en la ciudad y construyendo la casa de sus sueños a unos pasos de distancia. En poco tiempo compraron otro edificio y abrieron una segunda tienda, justo al lado de La Calle Nueva, la ajetreada calle donde un montón de tráileres se estacionaban y una gran cantidad de hombres llevaban fruta, verdura y otras mercancías al mercado cada mañana. El nuevo edificio tenía pequeños departamentos en el segundo piso, y uno de esos departamentos más adelante se convirtió en el hogar de mis padres, mis hermanas y yo.

Después de que Papá Miguel, mi abuelo, muriera, mi abuela materna, o Mamá Silvia, como la llamaban todos sus nietos, se convirtió en el pilar de la familia. Nadie estaba nunca en desacuerdo con ella, nadie se peleaba delante de ella, y nadie ni siquiera levantaba la voz cuando ella estaba cerca. Yo quería crecer e inspirar tanto respeto como ella. Las palabras "se lo voy a decir a Mamá Silvia" hacían que todos en mi familia dejaran de hacer lo que fuera que estuvieran haciendo. Incluso mi papá, que era un tipo duro, sentía el mayor respeto por ella, tanto que la consideraba una segunda madre para él.

Cuando era niña, una vez que atravesaba la puerta de casa de Mamá Silvia, pasaba por las inmensas buganvilias rebosantes de color y subía los escalones hechos de piedrecillas, yo corría bajo los altos techos y sentía que estaba en mi hogar. Esa casa siempre ha sido un lugar de retiro para mí. Me sentía en paz allí, incluso cuando discutía con la cocinera de Mamá Silvia o cuando una de mis hermanas mayores me regañaba por algo que yo había hecho. Sin importar la temperatura hiciera afuera, dentro de aquella casa siempre parecía hacer la temperatura ideal. Y, desde los ventanales del primer piso, subiendo por la escalera de caracol hacia las habitaciones del segundo piso, hasta la gigantesca terraza del tercer piso llena de grandes macetas de barro con flores y hierbas, la casa era inundada con la hermosa luz del sol durante todo el día.

Mamá Silvia tenía un perico como mascota. Ella quería mucho a esa gran ave verde, aunque a veces el perico la mordía cuando le daba de comer. "¡Perico burro que ni siquiera sabes hablar!", maldecía ella; sin embargo, lo cuidaba con devoción.

Yo también observaba con detalle cómo se ocupaba de su negocio. Metales Avilés tenía un poco de todo para todos. Además de las herramientas y de los materiales para los artesanos, tenía una sección de juguetes en la tienda, y en la época navideña vendían juguetes que provenían de la Ciudad de México. Cuando fui lo suficientemente mayor para andar sola por las calles de Taxco, Mamá Silvia solía enviarme a hacer investigación de mercado. Yo recorría todas las grandes jugueterías de la ciudad y veía lo que era popular para que así nosotros también pudiéramos comprar esas cosas y después venderlas. Luego, viajaba con ella a la Ciudad de México para comprar los juguetes. Era una de mis actividades favoritas de todo el año.

También se vendía incienso en la tienda, y como diversión yo solía llevarme una bandeja llena de bolsitas de incienso de copal (un tipo de resina de árbol) y las vendía en el Mercado. Me ponía un delantal de mezclilla que tenía un bolsillo con cremallera para el dinero, y caminaba por aquel ajetreado mercado gritando: *¡Copal! ¡Copal! ¡Cinco pesos el copal!* Me encantaba vender. Probablemente, algunas personas pensaban: *Pobre niña. Sus padres la obligan a trabajar.* Pero eso no era cierto. Yo quería trabajar; quería contribuir. Cualquier cosa que mi mamá y mi abuela estuvieran haciendo, yo también quería hacerlo. Por eso siempre estaba pensando en nuevas ideas de negocios.

Por ejemplo, desde el balcón de mi casa podía ver a los hombres que descargaban los camiones en el Mercado muy temprano en la mañana, y comencé a observar que no tenían comida, café o agua. No había nadie a esas horas de la mañana para servirles, así que dije: "¡Deberíamos venderles *tortas**!". Yo ni siquiera me hacía un sándwich a esa edad. Tenía una nana que me preparaba de comer cuando yo tenía hambre en la mañana, y supuse que todos aquellos hombres seguramente también tenían hambre en la mañana. Por lo tanto, hice que mi nana se levantara muy temprano para hacer tortas a las cinco de la mañana, y convertí aquello en uno de mis primeros esfuerzos empresariales: venderles comida y limonada a las docenas de hombres que descargaban los tráileres. Pero yo no había aprendido todavía la importancia de reconocer y celebrar el trabajo en equipo. Estaba demasiado orgullosa de mí misma como para compartir el mérito o los beneficios con mi nana, quien hacía todo el trabajo; en cambio, gastaba todas las ganancias en dulces. Con el tiempo, llegaron otras mujeres a venderles comida y café para el desayuno a los camioneros y a los repartidores, temprano en la mañana; pero de pequeña, yo tenía el monopolio del negocio del desayuno de comida rápida.

Todos en mi familia eran emprendedores, y aunque yo no podía ver a mi madre con tanta frecuencia como quería, sabía lo lejos que había llegado ella en la vida. Sabía que ella era una fuerza que temer en el mundo de los negocios, y yo quería ser como ella.

Mi mamá, Luisa, era asombrosamente hermosa. Tenía largas piernas, un largo cabello brillante y rasgos delicados. Mis abuelos no tenían dinero cuando ella era pequeña, así que ella realmente *fue* una de esas niñas mexicanas pobres que tenían que trabajar para ayudar a sostener a su familia. Era la segunda de seis hijos, y cuando su hermana mayor se casó cuando era adolescente y se fue de la casa, mi madre se vio obligada a dejar la escuela para convertirse en el sostén principal de sus cuatro hermanos pequeños. Nunca se graduó de secundaria. Mis abuelos estaban ocupados desarrollando su negocio, y ella no tuvo otra elección que renunciar a su niñez. Sus días incluían ocuparse de sus hermanos, trabajar largas horas y ser golpeada por mis abuelos por cualquier ofensa. No había tal cosa como "vete a tu cuarto a pensar", ni tampoco "estás castigada"; solamente había golpes. Mis abuelos no eran malas personas, me dijo ella más adelante. Ellos amaban a sus hijos. "En aquellos tiempos, golpear a los hijos era común, y era la manera de educarlos", me decía ella.

Una noche, después de que mi abuelo la golpeara tan duro que ella apenas podía caminar, mi madre decidió irse de la casa. Ella me dijo más adelante con lamento en su mirada: "En aquella época, no se oía tal cosa como que una mujer soltera viviera sola, a menos que fuera una mujer de la calle". Por lo tanto, la única manera de salir de su situación era casarse. Entra a escena Julio Arce Casimiro.

Con su aspecto y la creciente importancia del apellido Avilés, mi madre tenía muchos pretendientes en su adolescencia; sin embargo, ninguno de ellos llamó su atención como lo hizo Julio.

Mi papá era más bajo que mi mamá y de piel más oscura, con ojos grandes y radiantes, cejas grandes y pobladas, y labios más carnosos y gruesos. Era lo contrario a mi madre en muchos aspectos. Le habían roto la nariz varias veces en peleas callejeras, pero a pesar de todo eso se veía muy fuerte y bien parecido, con cabello quebrado de color negro azabache. Tenía un tatuaje en su bíceps con el nombre "Carmela", por alguna muchacha a la que había conocido antes que a mi mamá. El tatuaje me molestaba más a mí de lo que nunca molestó a mi mamá.

Después de que su padre muriera en un accidente de minería y su mamá volviera a casarse, mi padre se fue de su casa para seguir su propia vida. Tenía doce años en aquel entonces; por lo tanto, igual que mi mamá, él fue uno de *esos* niños mexicanos. Sin embargo, incluso bajo esas circunstancias se las arregló para terminar la secundaria asistiendo a clases nocturnas.

Cuando era joven, en una ocasión huyó de una pandilla subiéndose a lo alto de los tráilers que estaban alineados delante del Mercado, saltando de uno a otro. Esa hazaña le hizo ganarse el apodo de "El Águila". Sin duda alguna, no salió corriendo por temor, pues él era un tipo duro. Tenía *el aspecto* de un luchador callejero, e intimidaba casi a cualquiera que le conocía (a excepción de Mamá Silvia). Juro que todo el mundo en Taxco conocía la historia de cómo aprendió a boxear él solo: llenó una bolsa grande de arena y piedras, y la golpeaba hasta que le sangraban los nudillos.

Un día, la hermana más chica de mi mamá le presentó a Julio a Luisa y, según me contaron, mi mamá se enamoró al instante. Mi papá "no podía dormir, no podía comer, no podía mirar a ninguna otra muchacha" después de haber conocido a mi mamá. No pasó mucho tiempo antes de que mi mamá confesara su situación en casa, y mi papá, el luchador, quiso rescatarla. Yo no creo a pie juntillas la historia de la noche en que huyeron juntos, pero así es como me lo contaron al menos tres mil veces cuando era niña.

Mi papá comenzaba:

—Tu mamá y yo fuimos a una *tardeada**, y nos estábamos divirtiendo mucho.

—Tu papá incluso bailó esa noche —decía mi mamá con una sonrisa—, y perdimos la noción del tiempo, y se hizo muy tarde.

Mi mamá sabía que si regresaba a casa de sus padres después de la hora límite que tenía establecida, sin duda alguna recibiría una *golpiza**; por eso mi papá dijo que no tenía por qué regresar a casa, sencillamente podía huir con él. Y eso hizo. Ella tenía diecisiete años. Se casaron poco tiempo después, y mis abuelos no le hablaron a mi mamá ni la perdonaron hasta después de que naciera mi hermana Aris, casi dos años después. En ese momento, a fin de recibir el perdón de mis abuelos, mis padres finalmente se casaron por la iglesia católica, y todo quedó arreglado ante el mundo.

Mi papá trabajaba como camionero y empleado de mantenimiento cuando se conocieron, pero poco después de que naciera Aris, en 1972, consiguió empleo como repartidor de Coca-Cola. Ese empleo les proporcionaba ingresos regulares. Mi mamá recogía el cheque de mi papá cada viernes, y ella dirigió la casa desde el principio.

No obstante, ser la esposa de un camionero no era suficiente para mi madre. Ella tenía su vista puesta más arriba, y era implacable en la búsqueda de sus sueños. Ella quería construir una casa; quería que sus hijas asistieran a una escuela católica; quería conocer el mundo. Taxco era demasiado pequeño para ella.

Cuando su negocio de plata tomó fuerza y los dos partieron para hacer fortuna en los Estados Unidos, mis padres comenzaron la construcción de una casa de seis pisos en Taxco. Mientras mi nana trenzaba mi cabello, yo podía ver desde las ventanas de nuestro diminuto departamento en el segundo piso aquel edificio grande y vacío que se iba levantando. Tenía tantas ganas de vivir en esa casa, que un día atrevidamente hice que mi nana trasladara toda mi ropa a aquel cascarón sin terminar.

Sabía que mis padres se estaban sacrificando por mí, y el mayor sacrificio que hicieron fue dejar atrás a sus tres hijas mientras desarrollaban un negocio en los Estados Unidos. Yo oía aquello una y otra vez. Pero más que cualquier cosa, quería que ellos estuvieran en casa.

No quiero que se me malentienda. Yo estaba agradecida por todo lo que tenía; y me emocionaba cada vez que teníamos la oportunidad de visitarlos. Estados Unidos era un lugar maravilloso para mí. Podía ver las riquezas que se retrataban en los dibujos animados de *Daniel el Travieso* doblados al español, incluido un episodio en particular en el que Daniel puso sobre ruedas la casa del vecino gruñón, y a mí me pareció lo más genial del mundo. Hubo otro episodio que mostraba un viaje por carretera en "camper"*, y brevemente creí que todos en Estados Unidos tenían casas sobre ruedas que podían llevar a cualquier lugar que desearan. Cuando crecí un poco más, me colé a la sala de mi abuela una noche muy tarde para ver cómo los estadounidenses, que eran todos guapos, ricos y blancos, vivían en *Beverly Hills 90210*.

Mis hermanas y yo visitábamos a mis padres en los Estados Unidos con frecuencia. Un verano, mis padres nos llevaron a mis primas, mis hermanas y a mí en un viaje por carretera por los Estados Unidos en un "camper", y tuve la sensación de que mis sueños con casas sobre ruedas y riqueza estadounidense se habían hecho realidad. Me encantaba ir a los centros comerciales. Me asombraba ante las maravillas de Sea World y Six Flags.

Pero solo éramos turistas. Yo siempre regresaba a casa en Taxco; y mi madre y mi padre siempre volvían a los Estados Unidos.

Como Aris era diez años mayor que yo, no estuvo cerca de mí mucho tiempo que digamos durante mis años formativos. Principalmente, la veía desde lejos, como aquella hermosa muñeca Barbie que parecía tenerlo todo, incluidos muchos amigos y pretendientes, y cuyos pasos yo esperaba seguir. Ella era el tipo de muchacha que celebró sus quince años —la importante ceremonia mexicana que marca la transición de niña a mujer de una chica en su décimo quinto cumpleaños— en un gran hotel con una fiesta que parecía apropiada para la realeza.

Nuestra hermana mediana, Nay, era con quien pasaba más tiempo, y aunque era solamente cinco años mayor, Nay fue quien realmente se hizo cargo de mi educación cotidiana.

Ella era la hermana que se aseguraba de que yo hiciera mis tareas y me comiera las verduras, incluso si eso significaba darme una nalgada* para corregirme. Cenábamos en casa de Mamá Silvia, donde ella tenía una mujer que preparaba la comida. Yo odiaba a esa mujer; era mi enemiga. Yo estaba segura de que descubrió lo que no me gustaba y cocinaba precisamente eso para torturarme.

Uno de los platos que más odiaba era una crema de champiñones que ella hacía todo el tiempo. Un día, finalmente decidí plantarme sobre mis pequeños pies de ocho años de edad.

—No me voy a comer esto. ¡No puedo comerme esto! —grité.

Nay, que en ese momento tenía trece años, me dijo con su voz paternal más firme:

—Vas a comerte esa sopa, ¡o te voy a dar!

Nay era una niña un poco llenita y tenía la cara redonda, y cuando se enfurecía, se parecía a una Hello Kitty enojada. Me resultaba muy difícil no reír. Aquella vez en particular, pude oír en su voz que ella lo decía en serio, pero me negué a ceder.

—¡No me voy a comer esta sopa! —repetí a todo pulmón, intentando no reírme al ver su chistosa cara furibunda.

Finalmente, se puso de pie.

—Si no te comes la sopa, te voy a dar una nalgada por cada champiñón que no te comas.

Había diecinueve champiñones en mi plato de sopa, y recibí una nalgada por cada uno de ellos, riéndome todo el tiempo, lo cual solamente hizo que ella se enojara aún más.

—¿Por qué te estás riendo? —gritaba exasperada.

Mi terquedad característica se manifestó en otros momentos también, particularmente en el salón de clase, donde siempre me metía en problemas por hablar demasiado. Sencillamente no me gustaba estar callada, y no entendía por qué mi conversación era un problema. Mis maestras decían que yo hacía demasiadas preguntas. *¿Cómo puede ser malo hacer preguntas?*, pensaba. Sacaba buenas calificaciones; por lo tanto, ¿qué importaba si causaba un poco de alboroto? *¿Por qué no podemos hablar y divertirnos en clase también?*

Mi madre nos llamaba por teléfono cada noche. Ella me decía una y otra vez lo importante que era para mí que fuera bien en la escuela, y que fuera una buena chica, y una buena católica, porque de esa manera tendría la oportunidad de hacer cualquier cosa que quisiera cuando fuera mayor, oportunidades que ella no tuvo cuando era una muchacha cuya única vía de escape fue encontrar un esposo y tener un bebé a la edad de diecinueve años. Yo escuchaba, intentaba ser buena; pero a medida que pasaban los años, cada vez la veía menos. Los viajes a casa se hicieron menos frecuentes, y nuestros viajes a los Estados Unidos también fueron menos frecuentes.

Cada año, mi escuela realizaba un gran festival para el Día de las Madres, en el que todas presentábamos a nuestras madres regalos hechos por nosotras. Mis padres habían prometido estar presentes para mi cumpleaños y los días festivos, y realmente intentaban estar. Pero un año, cuando yo tenía ocho años, mi mamá no pudo llegar para el Día de las Madres, y como mi abuela estaba trabajando resultó que yo fui la única niña en la clase que sostenía un mantel individual hecho por mí para nadie.

Al final del día, cuando metí el mantel en mi mochila, una

de mis compañeras de clase me preguntó, una vez más, si yo era huérfana.

—No. Mi mamá vive en los Estados Unidos —dije yo—. Y cuando regresa, me trae muchos regalos.

No estaba intentando presumir, era más bien un intento de justificar por qué mis padres no estaban allí. Yo trataba de darle sentido a mi propia existencia, como si quizá valiera la pena que mis padres no estuvieran en México porque me compraban cosas bonitas. Estaba segura de que ninguna de aquellas otras niñas había estado nunca en un crucero Disney. Mi madre me había inscrito en clases de etiqueta para que supiera comportarme en el barco, eligiera los tenedores correctos para la cena y, básicamente, aprendiera a no ser grosera u ofensiva en un mundo ajeno al mío.

En el camino de regreso a casa de la escuela aquel día, le pregunté a Nay si de verdad éramos huérfanas, y nunca olvidaré lo que ella me dijo:

—Claro que no. Tenemos padres, y tenemos tías y tíos que nos quieren. Tenemos a Mamá Silvia, y nos tenemos la una a la otra.

Nay no parecía estar molesta por la ausencia de nuestros padres. Yo deseaba poder ser tan fuerte como ella. Ella era lo más parecido a un padre que yo tenía, y además de un par de niñas en la escuela, y de mis primas, ella era una de mis únicas amigas verdaderas. Yo agradecía sus intentos de apoyarme, pero aquellas niñas en la escuela me golpearon duro, y la tristeza de la ausencia de mis padres me inundaba.

Intentaba consolarme a mí misma con las palabras de Nay. *Al menos tengo a Nay, y nos tenemos la una a la otra*, repetía una y otra vez en mi mente. Además, mis padres no estarían en los Estados Unidos para siempre. La construcción de nuestra casa de seis pisos estaba casi terminada, y yo no dejaba de decirme a mí misma que algún día pronto todos nosotros viviríamos juntos.

CAPÍTULO 2

La última gota

Mi pensamiento positivo no funcionó.

Cuando finalmente vi a mis padres aquel verano de 1992, llegaron con noticias terribles: yo estaba a punto de que me bajaran del burro (en México tenemos el dicho de que cuando uno es el hijo consentido, va montado en el burro, igual que la virgen María iba montada en el burro mientras José atravesaba el desierto viajando rumbo a Belén).

Mi mamá estaba embarazada.

Ya no seguiría siendo la pequeña o la consentida de la familia. Había estado montada en el burro durante casi nueve años, y no estaba preparada para renunciar a mi lugar por un bebé, especialmente uno que viviría con mis padres en San Antonio.

—Odio al bebé —le dije a mi madre en cuanto ella terminó de dar la noticia.

Entonces, las noticias empeoraron. En México es muy importante tener un hijo varón. Intentó decirme que era un milagro; ella y mi papá habían orado por un niño durante veinte años, y Dios finalmente había escuchado sus oraciones. Lo único en lo que yo podía pensar era: *Él va a vivir con mis papás en los Estados Unidos, y a mí me van a dejar en México, y mi mamá ya no me va a querer.*

—Voy a tirar al bebé por la ventana —grité.

—¡Julissa! ¡Cómo te atreves a decir algo así! —dijo mi mamá completamente horrorizada.

—Está bien. No quiero que el bebé se muera. Pero voy a echarlo en un bote de basura; así sobrevivirá, pero se habrá ido de nuestras vidas.

Mi madre no estaba nada contenta, pero tampoco lo estaba yo.

Aquella no fue la única mala noticia que llegó con ellos. Mi hermana mayor, Aris, había sido aceptada en una de las universidades más prestigiosas de México, en una ciudad a dos horas de distancia. Ella se iría a vivir allí cuando comenzara el nuevo ciclo escolar. Y Nay también se iría a vivir allí, para estudiar en una prestigiosa preparatoria privada.

—¿Y yo dónde voy a vivir?

—Con Mamá Silvia —respondió mi mamá.

Yo amaba a Mamá Silvia. Me encantaba su casa; incluso me gustaba la idea de vivir allí. Pero aun así sentía que me estaban abandonando.

Mi hermano menor, Julio, nació el día de Navidad. No solamente fue un varón, sino que nació en Navidad; en los Estados Unidos. Él estaba siendo bendecido, y no había manera alguna en que yo pudiera negarlo. No solo me habían bajado del burro, sino que me había bajado del burro un *bebé milagro*.

Mi amor por la Navidad sufrió un golpe terrible.

Seguí estando celosa de ese bebé durante un año entero. No ayudaba que mis hermanas y todos los demás en la familia no dejaran de burlarse de que me habían bajado del burro. Y no fue necesario mucho tiempo para que mis pesadillas fatídicas de abandono comenzaran a hacerse realidad.

El año siguiente sucedió algo malo. Nadie me dijo nunca lo que fue, pero de repente mis padres estaban bajo todo tipo de estrés. Algo terrible sacudió su negocio, y repentinamente había carencias económicas. Me advirtieron que mis padres no podrían hacer viajes a casa con tanta frecuencia. La construcción de nuestra casa de seis pisos se detuvo en seco.

Yo culpaba al bebé Julio por todo lo malo que estaba sucediendo, y quería que todo se arreglara.

Les rogaba a mis padres por teléfono: "Por favor, llévenme a vivir con ustedes a San Antonio", aunque era un ruego que me resultaba difícil hacer, ya que quería estar con mis padres, pero

no estaba segura de que fuera a ser aceptada en los Estados
Unidos. Yo no era de piel blanca y cabello rubio como todos los
estadounidenses que había visto en la televisión. Además, mis
hermanas, que estaban lejos estudiando en la escuela, no podrían ir, Mamá Silvia tampoco podría ir, y yo no estaba lista
para separarme de ellas. Ellas eran mi familia, la única familia real que había conocido en toda mi vida. Mis padres en
su mayor parte eran extraños para mí; aun así, pensaba yo, ¿no
sería lo mejor para una muchacha estar con sus padres?

Pero no importaba cuántas dudas tuviera yo, mis padres me
dijeron que no podía ir a vivir con ellos. Todo en los Estados
Unidos era más caro, me dijeron. Además, ellos viajaban todo
el tiempo, y no teníamos familia en los Estados Unidos que
ayudara a cuidar de mí.

Así que allí me quedé, viviendo con Mamá Silvia y su tonto
perico mudo, y sintiéndome abandonada por mi madre, mi
padre, y ahora también por mis hermanas. Yo sabía que la razón
de que ellos trabajaran tanto y estuvieran fuera tanto tiempo
era para darme una vida mejor, pero no veía que mi vida fuera
mejor en lo absoluto. Hubiera preferido comer tacos de sal todos
los días que cenar la elegante sopa de champiñones que tanto
odiaba. Hubiera preferido ir a la escuela pública con los "niños
del barrio" que con ese grupo de princesas estiradas que se burlaban de mí porque mis padres nunca estaban.

No les conté muchos detalles a mis padres, pero para ellos
estaba claro que yo no era feliz; y tampoco me desahogué con
Mamá Silvia. Realmente me gustaba mucho más vivir con ella
que vivir con la nana en nuestra casa, calle abajo. Sin embargo,
estaba claro que se me notaba, porque oí a Mamá Silvia hablando por teléfono con mi madre y diciéndole que no me estaba comportando como siempre. Ella estaba preocupada por
mí porque mis calificaciones* estaban empeorando, y cada vez
me metía en más problemas por mis preguntas en la escuela.

Lo que más le preocupaba a mi mamá era que mis calificaciones estuvieran bajando.

En México, uno de los mayores honores académicos es

ser parte de la escolta, una especie de cuadro de honor. Pero hacíamos algo más que mostrar metafóricamente nuestros logros académicos con un desfile: hacíamos un desfile real llamado honores a la bandera. Los alumnos que formaban parte de la escolta marchaban alrededor de la escuela mientras se tocaba el himno nacional, y la persona con el promedio más alto era quien llevaba la bandera, mientras los padres y los alumnos observaban y animaban. Las buenas calificaciones por sí solas no eran suficientes para participar en ese desfile. Las calificaciones tenían que ir unidas a una buena conducta, lo único que repetidamente me mantenía fuera de la escolta. Mis calificaciones me habrían permitido llevar la bandera mexicana varias veces, de modo que yo no creía que fuera justo que me dejaran fuera por hablar un poco, pero las reglas eran las reglas.

Por lo tanto, mi madre hizo un trato conmigo: si yo era capaz de formar parte de la escolta, lo cual significaba que si era capaz de mantener la boca cerrada, no hacer preguntas, y en general ser una buena alumna católica, ella viajaría para verme marchar ese día en honores a la bandera.

—No me lo perderé por nada del mundo —me dijo—. Estaré allí; te lo prometo.

Yo no había visto a mi madre en meses y su propuesta era demasiado buena para dejarla pasar. Lo único que quería era ver a mi mamá, así que mantuve la boca cerrada, trabajé duro, ¡y logré estar en la escolta! Llamé a mi madre para decírselo, y ella se puso muy contenta.

Cuando finalmente llegó el día, ella no se presentó. En cambio, recibí excusas: hubo un retraso en el aeropuerto por una tormenta de nieve en la ciudad donde ella estaba asistiendo a una feria y su vuelo fue cancelado. Yo no podía entenderlo; no podía entender nada de eso. Mi madre siempre había cumplido las promesas que me hacía.

Hay pocas cosas peores que una promesa rota por parte de un padre o de una madre. Me puse mi uniforme escolar y marché en la escolta aquel día con lágrimas en los ojos.

El aplauso, el himno nacional, marchar alrededor de aquella

escuela no significaba nada sin que ella estuviera allí. *¿Por qué no viajó antes?*, me preguntaba. Yo sabía que ella tenía la tendencia de llegar tarde a las cosas. Ya era lo bastante mayor para reconocer que junto con toda su inteligencia para los negocios, mi madre era desordenada, desorganizada y llegaba tarde. Su bolsa* estaba llena de bolsitas de azúcar de restaurantes, y de todo tipo de recibos viejos y maquillaje, envoltorios, y cosas que parecía que habían estado allí dentro desde la década de 1970. *¿Llegó tarde al aeropuerto? ¿Perdió por eso el vuelo? ¿O fue el bebé quien la retrasó?*

Yo estaba cansada de que me ignoraran; estaba cansada de sentirme abandonada. Durante todos aquellos años yo había tomado clases de piano, clases de kárate y clases de arte durante horas cada día después de la escuela, había trabajado muy duro porque quería que mis padres se sintieran orgullosos. Yo nunca podría ser lo que ese bebé varón era ante sus ojos, pero sabía pintar, tocar el piano y patear algunos traseros en kárate. Estaba decidida a realizar el mejor dibujo en la feria de arte, a hacer la mejor actuación de piano en el recital, a tener más trofeos de kárate. Quería que ellos les dijeran a los demás padres: "¡Esa es nuestra hija!". Quería que estuvieran orgullosos de mí. Pero después me subía en un taxi yo sola hacia mi recital de piano y tocaba ante una audiencia de personas desconocidas.

¿Cómo pueden estar orgullosos de mí cuando ni siquiera están aquí?

Incluso cuando ellos *estaban* allí, parecía como si ya no estuvieran de mi lado.

La siguiente ocasión en que mi madre viajó a México, todos fuimos a la fiesta del cuarto cumpleaños de mi primo, y a petición de mi tía, monté uno más de mis "Show de Julissa". Me subí a la mesa de la sala y comencé a cantar una versión de "Pelo suelto", una canción que era tan popular en México como "Smells Like Teen Spirit" de Nirvana lo era en los Estados Unidos. A todos les encantó, y cantaban junto conmigo. Incluso vi a mi mamá hacerme una señal de aprobación.

Yo estaba de rodillas moviendo mi cabello cuando sentí un tirón. Mi abuela me agarró por mis largos cabellos negros y me bajó de la mesa.

—¡¿Qué estás haciendo?! —gritó. Estaba muy avergonzada. Pero no estaba avergonzada de que yo estuviera bailando de rodillas. Lo que le avergonzaba era que su nieta se hubiera subido a la mesa y estuviera pisando los lindos manteles de otra mujer. Pero mi mamá no hizo nada.

—¿Cómo podía decir algo? —protestó ella después del incidente.

Bueno, pensé yo. *Tienes razón. Después de todo, es mi abuela quien me está criando, y no tú.* Esa noche me fui a casa con mi abuela. No quise quedarme en casa con mis padres.

Vi solamente dos veces a mis padres en todo aquel año, y llegué a lamentar no haberme ido con ellos aquella noche, aunque mi mamá hubiera permitido que mi abuela me humillara delante de toda la familia.

No tuve suerte a la hora de hacer amistades en la escuela ese año, y realmente extrañaba a Nay y su enojado rostro de Hello Kitty. Una de las pocas cosas buenas para mí aquel año fue que me encapriché con un muchacho más grande llamado Enrique. Él estaba en mi clase de arte, y era *muy* guapo y *muy* agradable. Aunque era amable conmigo, en realidad no me prestaba atención del modo en que yo quería que lo hiciera. Las muchachas a las que él les prestaba atención eran de su edad, de trece o catorce años, y tenían *pechos*.

Un día, creí que había encontrado el modo perfecto para gustarle a Enrique. Me encontré una vieja revista *Playboy* en el que solía ser el cuarto de mi tío en la casa de Mamá Silvia. Pensé: *¡Enrique va a pensar que soy la buena onda* si le regalo esto!* La envolví en papel periódico y la escondí. Al día siguiente la metí hasta abajo en mi mochila, cené apresuradamente y me salté mis tareas escolares. Estaba muy emocionada por la clase de arte y por regalarle la revista a Enrique. Ni siquiera había mirado la revista. Solo sabía que en el interior había chicas con pechos, y pensaba que a todos los muchachos les gustaban los pechos.

Enrique se sentó enfrente de mí aquel día. Estábamos trabajando con óleo sobre lienzo. Esperé hasta que la maestra no nos estuviera mirando y entonces rodeé la mesa corriendo y le susurré que tenía algo que quería regalarle después de la clase. Con la emoción, derribé mi propio dibujo, que aún estaba fresco, y quedó bastante arruinado cuando golpeó el suelo, pero no me importó. Enrique pensaría que yo era súper buena onda. Estaba segura de eso.

Después de la clase, Enrique me preguntó que qué pasaba.

—Espera aquí —le dije—. Voy a regalarte algo.

Llegué hasta donde estaba mi mochila y saqué mi regalo. Fui corriendo hasta donde él estaba y le di el paquete envuelto en periódico.

—¿Qué es esto? —preguntó.

—Echa una miradita —dije yo, sonriendo de oreja a oreja. Él miró la revista, y sus ojos se abrieron como platos por la incredulidad.

—¡Señora Stella! —gritó él, y de repente dio vuelta con aquella revista en sus manos y se fue corriendo por el pasillo hasta la oficina de la directora. Yo no sabía lo que estaba sucediendo. Un par de minutos después, la Sra. Stella me llamó a su oficina y pasé al lado de Enrique cuando entré. Él parecía sacudido, y tenía sus ojos llenos de lágrimas.

¿Acaso no debería estar emocionado? No tenía que haber llorado por verle los pechos a esas mujeres, ni tenía que haberme acusado. Vaya cobarde, pensé.

No se me ocurrió que las consecuencias de ese evento pudieran alterar tanto mi vida. Nunca imaginé que mi valiente gesto hacia Enrique trastornaría por completo mi mundo. Pero de repente, con una sola llamada telefónica a Mamá Silvia, se armó la grande.

Mi abuela rezó tres rosarios adicionales por mí aquella noche. Hicieron regresar a casa a mis hermanas a la mitad de la semana desde sus lejanas escuelas, y unos días después, mis padres regresaron a México. Todos me decían que lamentaban haberme dejado sola. Todos se culpaban a sí mismos porque aparentemente yo me estaba convirtiendo en una niña degenerada.

Yo tan solo quería que un muchacho guapo pensara que yo era buena onda. Eso era todo. No me di cuenta de que darle una revista *Playboy* al chico que me gustaba cambiaría mi vida para siempre.

Mientras estaba acostada para tomarme una siesta la primera tarde después de que mi madre estuviera allí, la oí hablando con una de sus mejores amigas por teléfono.

—Todas mis hijas son muy buenas —dijo ella—. No sé qué hicimos mal con Julissa.

Unos días después, mis padres regresaron a los Estados Unidos, y yo pensé que toda aquella situación había terminado, pero estaba equivocada.

Cuando llegó el verano, volé a San Antonio con mis hermanas para visitar a mis padres, como lo había hecho muchas veces antes. Cuando terminó el verano, mis dos hermanas regresaron a México para comenzar la escuela, pero yo no.

—¿Cuándo voy a regresar? —pregunté.

Al principio, mis padres parecían estar evitando la pregunta. Finalmente, después de haberlos atosigado lo suficiente, me dieron una respuesta que nunca esperé:

—No vas a regresar —me dijeron mis padres—. Te vas a quedar con nosotros.

CAPÍTULO 3

Desconocidos

El departamento de mis padres, que era de dos recámaras en un segundo piso, era más grande que nuestro departamento en México, pero no se sentía como un hogar, y mucho menos se sentía como *mi* hogar.

La vista desde la terraza no era de una bulliciosa calle, sino de aviones a punto de aterrizar en el aeropuerto de San Antonio. Mamá Silvia no estaba cerca, no había ninguna fábrica de tortillas al otro lado de la calle, ni tampoco había niños corriendo fuera de nuestras ventanas.

A diferencia de nuestro departamento en México, no teníamos sala, ni sillón, ni cuadros colgados en las paredes; solamente una cocina y un comedor, con una mesa cubierta por los productos de mi madre y el papeleo de las ferias. El resto de sus cosas estaban esparcidas por todas partes. Mis padres compartían su cuarto con mi hermano de dieciocho meses. Y yo compartía mi cuarto con una máquina fax.

Cuando mis hermanas y yo habíamos ido de visita a San Antonio durante varias semanas a la vez, gran parte de ese tiempo lo habíamos pasado de visita en el parque Six Flags entre las ferias de mi madre, y no me importaba que no pudiera ir caminando a la casa de Mamá Silvia o a la casa de mis tías; pero ahora sí me importaba. No podía ir a ninguna parte sin que mis padres tuvieran que llevarme en coche. Había perdido mi independencia. Había cambiado mi mundo familiar de calles empedradas y las buganvilias de mi abuela por el calor abrasador del verano texano en una ciudad construida sobre cemento y pavimento.

A medida que pasaron las semanas, me quedaba más y más claro que mi mal comportamiento había sido solamente lo último en una serie de problemas que mis padres estaban enfrentando.

—No tenemos dinero para pagar eso —decía mi madre.

—Bueno, ¿de quién es la culpa? —respondía mi padre.

Yo les oía levantar la voz desde el otro lado de la puerta de mi nuevo cuarto. Siempre comenzaba del mismo modo, con algo sobre algún gasto que no se había pagado o la deuda que tenían. Entonces llegaba el momento de repartir culpas: mi padre le gritaba a mi madre por haber detenido la camioneta para ir al baño; mi madre le gritaba que había sido él quien los había hecho detenerse en la cafetería todo ese tiempo porque tenía hambre. Entonces, las palabras podían ponerse feas. Algunas veces, se lanzaba alguna cosa; algo se rompía, y entonces cesaban las voces.

Mis padres lo habían perdido todo en ese último año, y entre más escuchaba sus peleas nocturnas, más llegué a entender lo que había sucedido.

Habían desarrollado una rutina bastante regular: enviaban toda la plata para su negocio desde Taxco hasta Laredo, México, donde la recogían, la cargaban en una camioneta, conducían y pasaban la aduana en la frontera estadounidense, y de allí la llevaban a San Antonio. En cada viaje llevaban miles de dólares en plata en aquella camioneta, y desde San Antonio la empaquetaban de nuevo y la preparaban para ir en avión o por tierra hacia la siguiente feria. Habían hecho eso montones de veces sin ningún incidente.

Un día del año anterior, en el trayecto de Laredo a San Antonio, se detuvieron en una cafetería. Mi mamá quería un café, o ir al baño, o mi papá quería comer algo; cualquiera que fuera la razón, los dos entraron y dejaron sola la camioneta durante no más de quince minutos. Decían que podían ver la camioneta desde donde estaban sentados, pero esos quince minutos lo cambiaron todo. Cuando regresaron a la camioneta, descubrieron que una de las ventanillas que no podían ver desde donde estaban sentados había sido removida, y la plata no estaba. Toda la plata había sido robada. Toda.

Un descanso de quince minutos les costó veinte años de gran esfuerzo y trabajo.

Les habían dado la mercancía a crédito, y no estaba asegurada. Sin plata que llevar a las ferias, no tenían nada qué vender, y ninguna manera de pagar su deuda. Mi papá nunca consiguió que mi mamá entendiera la importancia de ahorrar, así que pese a todo su éxito, el dinero salía tan rápidamente como entraba.

Después del desastre tuvieron que hipotecar nuestra casa de seis pisos en México, y utilizaron una parte del dinero para pagar parte de la deuda y el resto para comprar más mercancía. Se inscribieron en el doble de ferias a las que iban antes, pero el margen de ganancia era pequeño, y ahora tenían que pagar una hipoteca además de todos sus otros gastos. No podían darse ni un respiro. En cuanto las cosas se veían mejor, sucedía alguna otra cosa. Mis padres estaban entusiasmados cuando se firmó el Tratado de Libre Comercio de América del Norte a principios de 1994 porque, en teoría, el tratado haría que los negocios transfronterizos fueran más fáciles y más eficientes, pero eso nunca sucedió. El 20 de diciembre de 1994, el día del cumpleaños de mi papá, el gobierno mexicano devaluó el peso. En días, el peso mexicano perdió el cincuenta por ciento de su valor con respecto al dólar estadounidense. El préstamo de mis padres era en dólares estadounidenses, de modo que su montaña de deudas se convirtió en un volcán activo que vomitaba aflicción.

Ver a mis padres tan estresados me hacía sentir culpable por las dificultades que yo había causado. Era la primera vez que vivía con mis padres, y no podía evitar sentir que mi presencia solamente hacía que las cosas fueran más difíciles para ellos. Me sentía responsable de su incapacidad de poder salir de sus problemas. Conmigo allí, no podían moverse con tanta facilidad.

Cuando yo era una niñita pequeña, mi papá fue siempre el padre divertido. Fue él quien me llevó una bicicleta de aspecto antiguo y color rojo brillante con puños[*] dorados y me enseñó a montarla durante una de sus visitas a México. Mi mamá intentó comprarme una bicicleta rosa con una cesta, pero mi papá sabía que ese no era mi estilo. Luchó con mi madre al respecto, y ganó. Yo esperaba que su papel en mi vida siguiera siendo de esa manera, y al principio fue así.

Justamente después de decirme que me quedaría con ellos, mi mamá tuvo que irse a otra feria, de modo que mi papá fue quien me ayudó a establecerme. Me llevó a una mueblería local y me compró mi primer conjunto de muebles para mi cuarto: un tocador blanco con flores rosadas y manijas doradas estilo antiguo, y una cama individual con cuatro columnas. Eran muebles dignos de una reina, y me encantaban.

No podían pagarlos en efectivo, así que mi papá los compró a crédito. Él utilizaba cada oportunidad para enseñarme alguna lección, y cuando me compró esos muebles, me dijo: "En este país, uno no es nada si no tiene buen crédito".

Ya que muy frecuentemente estábamos solamente mi papá y yo en casa, mis padres comenzaron a apoyarse en mí para ayudar con Julio: darle de comer, cambiarlo, ocuparme de él cuando lloraba. Tenerlo cerca me hizo entender que no era tan malo tener un hermano menor. Me encantaba hacerlo reír, y también le gustaba a mi papá. Lo que no me gustaba era tener la responsabilidad de ocuparme de un bebé, pues me hacía sentir que tenía once años, pero que estaba a punto de cumplir treinta.

Ocuparme de mi hermano no era mi única responsabilidad. También tenía que mantener limpio el departamento, lo cual no era tarea fácil. Cada vez que mi madre regresaba a casa era como si hubiera entrado el demonio de Tasmania. Tenía que decirle todo el tiempo que recogiera sus cosas de mi cuarto, para tener algo de espacio simplemente para poder caminar alrededor de mi nueva cama.

Con mis dos hermanas estudiando en las mejores escuelas privadas de México, pagar las colegiaturas era uno de los asuntos monetarios por los que mis padres se peleaban. Mi madre insistía en mantenerlas inscritas en las mejores escuelas. Argumentaba que había otros sacrificios que podían hacer; ella no iba a sacrificar su educación, y tampoco quería sacrificar la mía. Me inscribió en una escuela católica en San Antonio.

—Ni siquiera hablo inglés. ¿Cómo voy a ir a esa escuela? No voy a poder hacer amigas —protesté yo cuando me dijo que iba a estudiar en una escuela que no era bilingüe.

—Es lo mejor para ti, Julissa —me dijo ella—. Aprenderás inglés enseguida.

Comencé a darme cuenta de todo lo que había dejado atrás en México. No me había despedido de nadie, y me preocupaba que las pocas amigas que tenía en casa pensaran que las había abandonado. En el lado positivo, me imaginaba que probablemente ellas pensarían que yo ya no era huérfana, pero me sentía mal por no haberle dado un último abrazo a Mamá Silvia o a ninguna de mis tías, tíos y primas.

—Los visitaremos en Navidad —me decían mis padres, pero eso parecía estar a millones de años de distancia.

Lo siguiente que supe fue que mi madre me iba a llevar a mi nueva escuela. Mis padres hablaban suficiente inglés para salir del paso, pero no hablaban con fluidez. Habían aprendido a hablar con sus clientes sobre la plata, y siempre tenían cerca a un intérprete cuando asistían a las ferias. Mi madre utilizaba desvergonzadamente sus manos y cualquier cosa que pudiera para comunicarse, pero mi padre se mantenía callado cerca de extraños, incluso si esa persona hablaba español. Eso hizo que el proceso de mi inscripción fuera un poco confuso. Esa no era una escuela donde hablaran español. No ofrecían cursos de ESL (inglés como segundo idioma), e incluso, si los hubieran tenido, mi madre nunca me habría inscrito en esas clases. Había y sigue habiendo un estigma en cuanto a que si alguien no habla inglés, significa que no es inteligente. Eso no podía estar más lejos de la verdad, desde luego, pero la percepción lo es todo. En cierto modo, *ESL* significa "clases de regularización" para muchas personas, cuando debería significar solamente: "Yo hablo un idioma más que tú".

Estaba a punto de ser llevada a unos salones de clases donde todas las alumnas solo hablaban inglés, pero mis padres estaban decididos a prepararme para el éxito. Contrataron a una de mis maestras para que me diera clases particulares cada día después de la escuela y los fines de semana, de modo que pudiera comenzar a aprender inglés con tanta rapidez como fuera humanamente posible. Ante sus ojos, eso no era un asunto de integración, era un asunto de supervivencia.

Yo había tomado algunas lecciones de inglés en México, pero no me habían enseñado nada; sabía cantar una canción infantil en inglés, y eso era todo. Estaba asustada; estaba aterrada, de hecho. *¿Cómo voy a poder tener amigos si no puedo hablar con nadie?*

No me daba cuenta de lo aterrada que debería haber estado. Siendo una niña de once años en un país nuevo, yo no sabía ni lo más básico sobre leyes de inmigración. Lo único que sabía era que mis padres me dijeron que San Antonio era mi nuevo hogar. No tenía ni idea de que inscribirme como alumna en una escuela estadounidense significaba violar la ley. No importaba si yo estaba inscrita en una escuela privada.

Mis padres me habían llevado a los Estados Unidos con una visa de turista en lugar de con una visa de estudiante. Inscribirme en la escuela era una violación de ese permiso, aunque no estuviera recibiendo educación del estado. Si alguien descubría que yo estaba asistiendo a la escuela con una visa de turista, podrían haberme revocado la visa y, presuntamente, podría haber sido deportada. Para el gobierno de los Estados Unidos, yo estaba violando la ley y también en los ojos de muchos ciudadanos estadounidenses. No fue por elección y no fue a propósito, sino porque fui a vivir con mis propios padres, y ellos querían asegurarse de que no me retrasara en mis estudios mientras estaba con ellos. Ellos tampoco pretendían violar la ley al inscribirme en la escuela; ellos solamente querían salvarme de toda una vida de pecado y de revistas *Playboy*.

No creo que mis padres esperaran alguna vez quedarse en los Estados Unidos para siempre. El plan era ganar el dinero suficiente para construir la casa de sus sueños y regresar a Taxco, y estaban en camino de lograr ese plan antes de que aquel cargamento de plata fuera robado de su camioneta; y no en el lado mexicano "peligroso" de la frontera, sino en terreno estadounidense.

El negocio de mis padres iba cada vez mejor. Ellos estaban registrados ante los gobiernos estatal y federal; pagaban todas las cuotas y los impuestos que eran necesarios bajo la ley. Sé todo eso porque no pasó mucho tiempo antes de que me reclutaran a mí, a una niña de once años, para ayudarles con las montañas de papeleo que tapaban por completo la mesa de nuestro comedor.

Mi padre y mi madre tenían licencia de conducir de Texas. Lo único que se necesitaba en aquel entonces era un pasaporte y una visa para obtener una. De hecho, los dos también tenían tarjetas del Seguro Social que especificaban "SIN VALIDEZ PARA EL TRABAJO". Esas tarjetas les permitían pagar los impuestos de su negocio y tener líneas de crédito abiertas en los Estados Unidos.

Lo único "ilegal" que hicieron fue llevarme a mí, su propia hija, a la escuela; a pesar de que era educación privada, sin ningún costo para los contribuyentes estadounidenses, y por la que mis padres pagaban bastante dinero.

Antes de mudarme a San Antonio, yo imaginaba que los salones de clases en los Estados Unidos estarían llenos solo de niños y niñas blancos, ricos y guapos, como había visto en la televisión; pero San Antonio no era así. Había por toda la ciudad muchas personas morenas de cabello negro que se parecían a mí; también había muchas personas que hablaban español, aunque ese no era el caso en mi escuela. Aparte de la barrera del idioma, yo no sentía que fuera tan diferente a los demás. Para mí, todo era normal. Yo era una niña de once años; las niñas de once años van a la escuela, y por lo tanto yo iba a la escuela. Nadie me preguntó qué tipo de visa tenía o si yo había de estar allí, y yo no tenía idea alguna de que no debía estar allí.

Mis padres tenían pasaportes mexicanos válidos con visas estadounidenses, y yo también. Podíamos cruzar la frontera siempre que quisiéramos en aquel tiempo, mientras tuviéramos dinero suficiente para viajar, lo cual no teníamos. Y no lo tuvimos durante muchos meses. Yo suponía que siempre sería el caso poder viajar de un lado a otro fácilmente, y que cuando creciera y comenzara a ganar mi propio dinero, podría viajar adonde yo quisiera. Había cruzado la frontera durante años, y no tenía ni idea de que mi visa de turista tenía una fecha de expiración. Cuando me quedé a vivir con mis padres, a mi visa le quedaban menos de dos años de vigencia. Supongo que dos años parece toda una vida cuando se es niño, por eso aunque lo hubiera sabido, creo que no me habría preocupado; habría supuesto, y habría esperado, que quizá estaría de regreso en Taxco permanentemente en menos tiempo que ese. Suponía que mis padres también querían eso.

No tenía ni idea de lo que significaría para mí quedarme en ese país después de esa fecha de expiración. No tenía ni idea de que se me estaba acabando el tiempo.

⸻

Ese año escolar en el sexto grado resultó ser uno de los peores años de mi vida. Mis calificaciones eran terribles. Reprobaba exámenes a libro abierto porque no sabía leer ni escribir en inglés. Todas las otras niñas se burlaban de mí por tener acento, por tener el cabello largo, por comer huevos duros en el almuerzo, aunque yo no sabía lo que ellas decían en aquel momento. Tan solo me reía junto con ellas, sin ni siquiera darme cuenta de que se estaban riendo de mí.

Es extraño, pero nunca me sentí avergonzada por eso. Quizá era porque mi madre nunca parecía avergonzarse por nada, porque aunque yo no les caía bien a las niñas en la escuela, no permitía que sus burlas me hicieran sentir menos. Siempre quería destacar en lugar de esconderme. Yo nunca era tímida; siempre levantaba la mano y siempre quería hablar delante de la clase. Aunque apenas podía formar frases completas, siempre tenía algo que decir.

Había otra niña que hablaba español en mi grupo de la

escuela. Ella también era una alumna nueva, de modo que nos identificamos con bastante rapidez como las fuereñas. Esa niña era de España, e iba a estar en nuestra escuela solamente un año porque su familia se mudaría a otro lugar al final del año escolar, información que ella les contaba a todos los alumnos; quizá por eso nuestra amistad nunca fue particularmente cercana, o quizá se debiera a que ella provenía de un mundo muy diferente. Aquella niña tenía padres ricos; vivía en una mansión en una comunidad cercada que era distinta a cualquier cosa que yo hubiera visto en mi vida. Yo nunca me sentí pobre, ni siquiera entonces cuando vivíamos en ese departamento que no tenía sala. Yo había visto la pobreza real en México, y conocía la diferencia; pero estar cerca de esa niña me hizo darme cuenta de lo mucho que me había visto obligada a dejar al llegar a los Estados Unidos.

Mis padres no tenían una casa bonita; no alcanzaba el dinero para las clases de piano, las clases de kárate ni las clases de arte que yo había disfrutado en México; no alcanzaba el dinero para comprarme un uniforme nuevo para la escuela. Mi uniforme provenía de una tienda de ropa de segunda mano. No creo que ninguna de las otras alumnas lo supiera, pero yo lo sabía, y eso solamente servía para hacerme sentir incluso más como una fuereña.

Supongo que fue durante ese primer ciclo escolar en San Antonio cuando entendí lo importante que era realmente el dinero y lo mucho que yo quería no tener que batallar económicamente. Veía que mis padres trabajaban día y noche solamente para salir adelante, y supe instintivamente que yo tenía que lograr algo más.

La única otra amiga que hice en todo aquel año fue una muchacha llamada Tiffani. Tiffani en realidad no hablaba español, pero de algún modo podíamos entendernos. Ella era un poco bajita, de cabello rizado, y llevaba usaba frenos, y, al igual que yo, era ruidosa y realmente testaruda. Tampoco les caía bien a las otras niñas de la escuela, pero a ella no le importaba, y no permitía que sus burlas la detuvieran. Era muy extrovertida, y a mí me gustaba eso.

A medida que fue avanzando el año escolar, comencé a pasar mucho tiempo en la casa de Tiffani. Sus padres eran amables y me aceptaban. A medida que Tiffani y yo nos fuimos acercando, ella me confió algunas cosas difíciles que habían sucedido en su vida. Y a cambio, yo comencé a abrirme con respecto a algunas cosas difíciles que me estaban sucediendo a mí.

Yo recordaba haber visto a mi papá enfrentando e intimidando a mi mamá un par de veces durante sus visitas a casa cuando yo era chica. La violencia doméstica existe en todos los rincones del mundo, y cuando yo era pequeña en México oía sobre eso todo el tiempo. No me gustaba verlo y no lo entendía, y aún sigo sin entender por qué existe.

Sin embargo, mi padre nunca golpeó a ninguno de sus hijos. Es decir, nunca golpeó a ninguno de sus hijos hasta que yo me quedé a vivir con él. No recuerdo la primera vez que sucedió, pero sí recuerdo la primera golpiza realmente fuerte. Yo estaba preparando un biberón para Julio, intentando abrir una lata de fórmula líquida para bebés. Era la primera vez que utilizaba un abrelatas manual que tenía un perforador en uno de los extremos, y cuando intenté perforar la lata, se me resbaló, y la fórmula se derramó por todas partes. Mi papá se puso furioso, y me golpeó con una cuchara de madera hasta que la cuchara se rompió.

Yo no sabía abrir una lata de esa manera; y nunca antes lo había hecho yo sola. Le dije que lo sentía, pero eso no ayudó.

Mi papá se disculpó conmigo después aquella noche; no fue necesario mucho tiempo para que yo entendiera que después de golpearme, siempre se disculpaba. Me decía que se sentía realmente mal por ello, y yo sabía que era cierto. Me decía que lo sentía, y que nunca más volvería a hacerlo, y yo sabía que él *quería* no volver a golpearme. Él era mi papá, y yo quería creerle. Lo amaba.

—Está bien, papá. Está bien —le decía yo. Y al día siguiente, él volvía a golpearme.

Yo intentaba convencerme de que no era culpa mía, y

trataba de convencerme de que tampoco era culpa de él. Él tuvo una vida difícil cuando era pequeño, mucho peor que recibir burlas en la escuela por no hablar inglés. Por lo que intentaba convencerme de que era culpa del alcohol.

Cuando me mudé por primera vez con mis padres, observé que mi papá tomaba una o dos cervezas cada noche. A medida que continuó el ciclo escolar, y mi papá tenía que quedarse en casa cuidando a dos niños cada vez que mi mamá viajaba, esas dos cervezas se convirtieron en un paquete de seis. Después, en más de un paquete de seis. Él nunca bebía durante el día; nunca estaba bajo la influencia del alcohol cuando iba a recogerme a la escuela, ni nada parecido; pero casi todas las noches se emborrachaba.

Cuando tomaba, mantenía sus cervezas en una pequeña hielera* en el piso a un lado de su sillón. Cuando terminaba una cerveza, aplastaba la lata y la dejaba cuidadosamente al otro lado, y las tiraba todas a la basura antes de irse a la cama. Pero cuanto más bebía, más furioso se ponía. Y cuanto más gritaba, más golpeaba.

Recuerdo el día en que le conté a Tiffani cuando él me golpeó con la cuchara. Ella nunca nos juzgó ni a mí ni a mis padres; tan solo escuchaba. Confiarnos nuestros problemas hizo que nos acercáramos; quizá a costa de excluir a todos los demás.

Cuando el curso de sexto grado llegaba a su fin, aquella muchacha de España hizo una gran fiesta en la mansión de sus padres. La casa estaba decorada como sacada de un cuento de hadas. Se cambió tres veces de vestido, todos hermosos, e hizo dramáticas entradas con cada uno en varios momentos durante la tarde. ¡Todas se divirtieron mucho!

Sin embargo, yo no fui testigo de nada de eso con mis propios ojos. Tuve que escucharlo todo de boca de las demás muchachas. Tiffani y yo fuimos las únicas niñas de todo el grupo que no fueron invitadas.

Cuando finalmente llegó el último día de escuela, yo me alegré de que por fin el año hubiera terminado.

CAPÍTULO 4

Ya no somos desconocidos

No hubo vacaciones de verano para mí ese año, porque mis padres me inscribieron en un programa intensivo de inglés. Gastaron más dinero del que tenían en un intento por lograr que yo hablara inglés como cualquier otro estadounidense cuando llegara el momento de regresar a la escuela. Así que me iba a clase de las nueve de la mañana a las tres de la tarde, todos los días, todo el verano; y no con otros niños de mi edad, sino con adultos. Había ocho niveles en ese programa de inglés, y gracias a todas las clases particulares que recibí, el examen de colocación* me ubicó en el nivel cinco. Me alegraba haber llegado tan alto, porque no quería que mis padres gastaran más dinero. Odiaba verlos esforzándose tanto.

Mi papá me llevaba a la clase y siempre preparaba mi almuerzo: ensalada de pepino con limón y sal, y dos huevos duros. A la hora del almuerzo yo me sentaba con todos los adultos y disfrutaba mis huevos duros con sal. Si las niñas mal intencionadas de la escuela no me intimidaban, tampoco me intimidaba una clase llena de adultos. En realidad, los adultos parecían mucho más tímidos de lo que yo era. Siempre que el maestro hacía una pregunta, yo levantaba la mano, y esos alumnos me trataban todos como si fuera la consentida de la clase. Estaban pendientes de mí, y me cuidaban al final del día mientras esperaba a que mi papá llegara a recogerme.

Yo compartí con mis padres todo lo que aprendí ese verano. Cada día practicábamos las palabras nuevas que yo aprendía. Me habría gustado que mis padres hubieran podido tomar esas clases conmigo, pues habría hecho que la vida fuera más fácil para ellos. Pero no había dinero suficiente, ni tiempo suficiente, de modo que todo lo que tenían lo invertían en mí.

Ellos podrían haber pasado hambre si eso hubiera significado que sus hijos comieran.

Cuando comencé el séptimo grado, ya casi hablaba inglés con fluidez. Incluso comencé a soñar en inglés, lo cual fue rarísimo la primera vez que sucedió. Armada con mis nuevas habilidades lingüísticas, mis calificaciones mejoraron casi inmediatamente, y decidí adoptar un nuevo enfoque con respecto a hacer amistades.

Mi inclinación natural en el séptimo grado habría sido unirme al club de teatro; pero las niñas populares no estudiaban teatro, sino que hacían deportes: eran porristas*; y ese fue el camino que tomé. Supongo que aquel fue mi primer intento de integración. Yo quería ser popular y tener amistades, y pensaba que eso era lo que necesitaba hacer para lograr ese objetivo. Al final resultó que yo seguía sin tener amigas, y durante el resto de mis años en la secundaria no tuve ninguna amiga verdadera, a excepción de Tiffani.

En realidad, yo no pasaba los días pensando en si quería quedarme en los Estados Unidos toda mi vida, o si quería regresar a México. Realmente no pensaba mucho en eso. Yo era una niña. En lo único que pensaba era que me moría por llegar a la preparatoria, que no podía esperar a crecer, que no podía esperar a volver a Taxco para celebrar mis quince años y así finalmente poder estar de camino hacia la madurez y hacia toda la libertad que imaginaba que eso traería.

Mientras tanto, mis padres seguían entusiasmándome con el sueño americano. "Puedes hacer cualquier cosa que quieras aquí. ¡Puedes *ser* todo lo que quieras!", me decían, una y otra vez, hasta el punto en que yo no tuve otra opción que creerlo. A pesar del desastre del robo de la plata, ellos ya habían demostrado que era posible salir de la nada, trabajar realmente duro, y lograr algo mejor para uno mismo y su familia en los Estados Unidos. Para mis padres, todo era mejor en los Estados Unidos. No dejaban de hablar de las tiendas, de las cosas que se podían comprar, de la comida. Mi mamá siempre decía con entusiasmo que el *tocino* era mucho mejor en los Estados Unidos.

Ellos aún veían a los Estados Unidos con lentes de color de rosa: el país que yo había visto cuando iba de visita, el resplandeciente brillo de Sea World y Six Flags, en una tierra llena de Cajitas Felices y McNuggets de pollo. Pero a pesar de tener solo once años de edad comencé a tener dudas sobre ese sueño americano, y si realmente estaba hecho para mí. Mi vida cotidiana había sido mucho mejor en mi casa en Taxco, en muchos aspectos. Pero el entusiasmo de mis padres, incluso ante la adversidad, era contagioso.

Ellos insistían en que estar recibiendo una buena educación me daba incluso más ventaja en el mundo de la que ellos habían tenido. Dados los comentarios de mis padres, yo tenía todas las razones para creer que si seguía adelante, si seguía haciendo lo correcto al aprender y obtener buenas calificaciones, estaría en camino a obtener el éxito en cualquier cosa que me propusiera alcanzar.

Mis padres nunca me hablaron realmente sobre raza o racismo. No sé si ellos lo experimentaron alguna vez, si eran ingenuos al respecto o si no eran conscientes de ello, o quizá pensaban que yo no tendría que enfrentar esas barreras porque me estaba criando en los Estados Unidos. No lo sé. Como resultado, ser una joven mexicana, una joven latina, tampoco era algo en lo que yo pensara en aquel entonces. Yo era solamente una niña, a punto de ser adolescente, que comenzaba a enamorarse de los deportes, que comenzaba a estar incluso más loca por los muchachos de lo que había estado por Enrique y que quería pertenecer, no porque mi raza o mi estatus migratorio me hiciera sentir como una extranjera, sino porque yo era como todas las demás muchachas a esa edad.

Nunca me olvidé de mis raíces mexicanas mientras iba a la escuela y vivía mi vida americana. Escuchaba la música de Maná y José Alfredo Jiménez, dos de los músicos más influyentes en la historia musical mexicana. Me encantaba Chespirito, uno de los cómicos más importantes de habla hispana. El revolucionario mexicano Pancho Villa había sido mi héroe desde niña. Estaba contenta con poder seguir viendo la televisión en español, y con poder comer en San Antonio mucha comida mexicana, aunque gran parte de ella era una extraña variación llamada Tex-Mex. Nunca había comido, y menos aún había visto, aquella cosa inmensa llamada "burrito" antes de llegar a los Estados Unidos. Aquello no era parte de la cocina tradicional mexicana. ¿Y las tortillas tostadas para tacos? Ni siquiera entiendo el propósito que tienen. Aun así, yo no me consideraba distinta a ninguna otra persona.

Aprendí sobre la esclavitud y el movimiento por los derechos civiles en la secundaria, y eso causó una profunda impresión emocional en mí. Compartía todo lo que aprendía con mi papá en el trayecto de regreso a casa después de clases, y con mi mamá cuando regresaba de las ferias. "No puedo creer que trataran tan mal a las personas de color —decía yo con lágrimas en los ojos—. ¡No puedo creer que me hayan traído a un país donde las personas *eran dueñas* de otras personas!".

Suponía que el racismo era una dinámica exclusivamente entre personas blancas y negras. No había leído nada sobre que mexicanos o latinos fueran una parte del movimiento por los derechos civiles, de modo que suponía erróneamente que nosotros no éramos parte de eso en lo absoluto, y que el racismo no era algo por lo que tuviera que preocuparme.

De hecho, pensaba que como yo no era de color, eso debía de significar que me encontraba libre de ser víctima de algún tipo de discriminación.

Al menos, eso creía en mi nueva vida; en esos momentos era felizmente inconsciente de lo que me esperaba vivir.

Todo aquello cambió en el momento en que hice un examen para una clase de matemáticas de alto rendimiento.

A lo largo de mi sexto año, la clase de matemáticas era la única clase donde no me sentía estúpida. Dos y dos son cuatro en cualquier idioma, y la mayoría de las cosas que enseñaban en sexto yo ya las había aprendido en cuarto en México. Por lo tanto, cuando la maestra anunció los nombres de los alumnos que estarían en la clase de matemáticas de alto rendimiento, me alegré mucho al oír mi nombre.

Un muchacho llamado Justin no se alegró.

—¿Por qué está *ella* en la clase de alto rendimiento? —preguntó—. ¡Es *mexicana!* ¡Ni siquiera habla inglés!

Toda la clase se burló.

De repente, entendí que "mexicana" era algo menos que deseable ante sus ojos color café. Todo en su voz y su expresión facial me decía que yo era *de fuera*. Y me dolió. No tengo ni idea de cómo pude evitar las lágrimas.

Yo no era como todos los demás. No era blanca. No era negra. Era *mexicana*.

¿Era *esa* la razón por la cual yo no pertenecía? ¿Era *esa* la razón por la que me costaba tanto hacer amistades? Puede que no hubiera leído sobre ningún otro mexicano en los libros de historia estadounidense, pero supe al instante que aquel muchacho me veía del mismo modo que muchas personas veían y trataban a las personas de color en esos libros.

Ellos eran estadounidenses. *Ellos* eran blancos. Y yo no era uno de *ellos*.

Aquel día iba en el coche con mi papá y lloré, una vez más; solo que esta vez no era por algo que leí en un libro:

—¡Quiero regresar a México donde puedo ser mexicana junto con todos los demás!

—No prestes atención a eso —dijo mi papá—. Todo saldrá bien. No prestes atención a nada de eso.

Pero cuando mis ojos fueron abiertos, nunca pude volver a cerrarlos.

———— ✽ ————

Con el correr de los meses, mi madre comenzó a llevarme con ella a sus ferias cada vez más. Me encantaba verla en su elemento. Dondequiera que iba era muy extrovertida, llena de energía y feliz. Y nunca, nunca se daba por vencida. Una y otra vez, observé a mi madre perseverar y resolver las cosas cuando otros se habían dado ya por vencidos.

Mis papás tenían un amigo que trabajaba con ellos como su

asistente, un hombre calvo cuyos lentes hacían que sus ojos se vieran realmente grandes. Sam había trabajado con ellos desde los ochentas, y se había convertido en un amigo de la familia muy cercano. Pasaba mucho tiempo con nosotros, y recuerdo su frustración cuando en cierta ocasión terminó de cargar la camioneta y aún quedaban cajas y cajas que no había podido meter.

—¡Ya no caben! —se quejó él.

Mi madre no aceptó esa respuesta. Fue hacia la camioneta, reorganizó aquellas pesadas cajas ella sola, e hizo que todas cupieran. Así de sencillo. Y ese era el modo en que ella enfrentaba todo.

Mi mamá parecía ser capaz de convencer a cualquiera para salirse con la suya, ya fuera meterse hasta adelante en una larga fila con todo y sus hijos, u obtener un descuento en casi todas las compras que hacía. A veces, su determinación hacía que me avergonzara. Deseaba que ocasionalmente cuando alguien dijera que no, que ella se limitara a decir: "Está bien", y siguiera adelante. Pero la mayoría de las veces que oíamos un no, yo meneaba la cabeza y al instante pensaba: *Aquí vamos otra vez.*

Ella también hacía cosas extrañas. Si nos deteníamos en una cafetería, casi siempre tomaba de la mesa un montón de bolsitas de edulcorante artificial y las metía en su bolsa. "¡Mamá, por favor!", decía yo, preocupada de que pudiéramos meternos en problemas. Había veces en que agarraba un montón de servilletas, porque necesitábamos servilletas en casa, y lo único que yo podía hacer era cerrar los ojos y decir en silencio: "Ay, no. ¡Mamá, por favor!".

Sam había sido su intérprete y su asistente en aquellas ferias durante mucho tiempo, pero creo que a mi mamá le gustaba tenerme a mí allí con ella para servir ahora como su asistente e intérprete; y yo sin duda alguna disfrutaba estar con ella. Cuando viajaba con mi mamá era la única vez en que realmente podía verla. Le pregunté por qué no podía enviar a Papá a que asistiera a las ferias, y me respondió que le gustaba mucho estar allí vendiendo. Yo también podía ver que ella era mucho mejor vendedora que mi papá, porque tenía una personalidad mucho más extrovertida, de modo que aquello tenía sentido.

A veces tenía la sensación de que a mi madre le gustaba más estar en las ferias que estar en casa con sus hijos. Noté que muchas de mis amigas estaban aprendiendo de sus mamás a cocinar, a ponerse maquillaje y todo tipo de cosas de mujeres que yo nunca aprendí de ella.

La primera vez que tuve mi periodo, mi mamá estaba fuera de la ciudad, y fue mi papá quien tuvo que comprarme toallas femeninas*. Desde ese momento hasta que me fui a vivir sola, nunca entré a una tienda a comprar toallas femeninas. Yo dejaba que mi papá se encargara de eso y yo lo esperaba en el coche, para evitar tener que estar frente al empleado de la tienda haciendo lo que yo consideraba una compra vergonzosa.

Creo que no debo decir que no aprendí *nada* "de mujeres" de mi mamá. Siempre la he considerado asombrosamente hermosa, y quería saber cómo parecerme a ella; así que le prestaba mucha atención. Observaba el modo en que ella cuidaba de sí misma, comía saludablemente y vestía bien. Se lavaba la cara cada noche, sin importar lo cansada que estuviera, lo cual es algo que yo hago hasta la fecha. Decía que no comió ninguna otra cosa sino un caldo de pollo especial mexicano durante cuarenta días después de que naciera cada uno de sus hijos, y juraba que ese era el motivo de que su cuerpo se hubiera recuperado. Solo con mirarla, ¿quién podía discutir?

Ella también me decía: "Una chica sin aretes es como una noche sin estrellas". Y yo le creí. Me perforé las orejas, aunque al principio no quería, y si alguna vez olvido ponerme los aretes, hasta la fecha, me siento como una noche sin estrellas.

Ni mi padre ni mi madre tenían muchos amigos, lo cual hacía que la presencia de Sam fuera muy importante en nuestras vidas. Él era uno de los pocos adultos con los que yo me relacionaba regularmente fuera de la escuela. Había ocasiones en que mis padres salían para encargarse de alguna cosa, y Sam nos cuidaba a mi hermano y a mí en su departamento. Era un amigo de confianza de la familia, y para Julio y para mí era casi como un tío en ese lugar donde no teníamos ningún otro familiar.

Pero no había nada como mi tío de verdad. No lo he mencionado aún, pero el hermano de mi madre, mi tío Mike, era una de mis personas favoritas en todo el mundo. Él fue el primero en nuestra familia en ir a la universidad, y era fácilmente el miembro más sofisticado de la familia. Vestía camisas con mancuernillas*. Me llevaba con él a las *charreadas* —las fiestas mexicanas tradicionales con espectáculo de caballos, mariachis y una comida deliciosa—. Me leía libros, y cuando no había ninguna otra persona que me pudiera acompañar, él aparecía en mis muestras de arte. Yo creía que podría verlo en Navidad, pero ese año no regresamos a Taxco en esas fechas, porque era demasiado caro; otra promesa rota. Sin embargo, el siguiente verano, la primera vez que regresamos a Taxco, me emocionó mucho poder verlo. Estaba contenta por verlos a todos, y juro que solamente respirar el aire y sentir la luz del sol en casa de Mamá Silvia aquel año lo consideré el mejor regalo en mucho tiempo.

Mi tío Mike era uno de esos tíos a quienes les gustaba dar a escondidas a sus sobrinos y sobrinas un poco de dinero cuando iban de visita, y durante esa primera visita me regaló quinientos pesos para que me comprara lo que quisiera. En los viejos tiempos, habría ido corriendo por la calle empedrada y me habría comprado algunos dulces con ese dinero, pero después de ver a mi madre en acción en los Estados Unidos, decidí que quería invertir ese dinero en lugar de gastarlo. Quería convertir mi dinero en más dinero, así que decidí buscar algo que pudiera vender en las ferias. Examiné los recipientes de mercancía de Metales Avilés con ojos de vendedora, y encontré una colección de dijes de Mickey Mouse. *Perfecto*, pensé. Compré todos los pequeños dijes que pude y después le pregunté a mi mamá si podíamos venderlos la próxima vez que fuéramos juntas a una feria. A ella le encantó la idea, así que ocupé un pequeño rincón de la mesa para vender mis dijes. Fueron un gran éxito.

No recuerdo cuánto dinero gané, pero sí recuerdo que mi mamá me preguntó si podía prestarle ese dinero al final de aquel primer día. Yo estuve de acuerdo, y realmente me entristeció que ella nunca me lo devolviera. Me decía a mí misma que no debería sentirme mal, ya que ella era mi mamá y pagaba todo. Pero era *mi* dinero, dinero que yo había invertido en lugar de haberlo gastado.

También se me ocurrió una versión más grande de mi idea del desayuno para camioneros que había funcionado tan bien en Taxco. Noté que los expositores en las ferias no tenían buenas opciones para el almuerzo. Todas aquellas personas estaban encerradas todo el día vendiendo joyería, ropa y artículos de regalo, y los únicos alimentos que podían encontrar era la comida desagradable y cara de los centros de convenciones. Por lo tanto, mi papá y yo comenzamos a venderles comida china a los expositores. Dondequiera que mi mamá asistía a una feria que estuviera cerca de San Antonio, nosotros comprábamos grandes raciones de pollo con brócoli, "lo mein"*, carne picante de res y otras cosas en la sección de alimentos preparados del HEB, una cadena de supermercados de Texas, y después yo recorría todos los estands tomando órdenes. Ellos estaban dispuestos a pagar ocho dólares por cada ración de comida que yo compraba por cuatro, lo cual era un buen negocio. Terminé entregando todo aquel dinero también a mis padres, pero al menos era divertido. Obteníamos una ganancia, y los expositores estaban emocionados por poder conseguir comida fresca para el almuerzo.

Si la vida pudiera haberse tratado solamente de trabajo, viajar con mi mamá, comprar y vender, creo que habría sido mucho más fácil. Porque la vida en casa era muy confusa.

Mi papá me prestaba una atención maravillosa. De hecho, comenzó a enseñarme a conducir cuando estaba en la secundaria. Teníamos una camioneta Oldsmobile Bravada, y él me dejaba conducirla en el complejo de departamentos.

"Nunca jamás uses el pie izquierdo porque puedes confundirte con qué pedal utilizar —me decía—. ¡Y mantén las dos manos en el volante!".

Él era muy paciente cuando me estaba enseñando cosas,

y me encantaba el hecho de que él quisiera que yo supiera todo lo que un padre le enseñaría a un hijo. "Si vas a conducir, tienes que aprender a cambiar una rueda, y tienes que aprender a cambiar el aceite, y necesitas saber qué preguntas hacerle a un mecánico".

Él se tomó el tiempo de enseñarme todas esas cosas.

Era él quien me llevaba a la escuela: se despertaba a las cinco de la mañana para que pudiera llegar al entrenamiento de las animadoras a las seis. Era él quien iba a buscarme después del entrenamiento; fue él quien me enseñó a cocinar. Me gustaría que él hubiera podido ser así siempre.

En cambio, como escribí en mi diario en esos días: "Mi papá me pega todos los días. Todos los días siento como si estuviera caminando sobre un campo minado, sin saber lo que va a desencadenar su enojo".

Mi madre odiaba aquello. Al principio, yo acudía a ella o le contaba por teléfono cada vez que él me golpeaba, y mis padres tenían grandes peleas al respecto. "Deja de golpearla", le ordenaba mi madre, y mi papá respondía con voz avergonzada: "Sí, lo sé". Pero nada cambiaba.

Hubo una ocasión en que yo cociné huevos y se me quemaron, y mi papá se puso tan furioso que hizo que me los comiera.

—¡Pero están quemados! —lloraba yo.

—¡Entonces deberías haber prestado más atención! —me gritó, forzándome a que me tragara el desastre negro y quemado que yo había preparado.

En otra ocasión estaba yo cocinando huevos y el aceite me saltó al brazo. Se me formaron ámpulas* en la piel, pero no quería decírselo a mi papá porque pensaba que se pondría furioso y me golpearía. Por lo tanto, oculté la herida. Era uno de esos días calurosos de verano en Texas, pero yo me puse una camisa de manga larga para esconder la herida y que él no la viera.

Más adelante aquel día, mi hermano y yo estábamos jugando afuera en el complejo de departamentos mientras mi papá cocinaba la cena en el asador.

—¿Por qué llevas esa camisa? ¿No tienes calor? —me preguntó mi papá.

—No, no, no. Estoy bien —respondí.

Entonces me tocó el brazo, y me vio hacer un gesto de dolor.

—¿Qué ocurre? —preguntó, y le enseñé el brazo.

—Dios mío, ¿por qué no me lo dijiste? —me dijo, muy preocupado y yo empecé a llorar.

—Pensé que te ibas a enojar conmigo.

—Lo siento mucho —dijo mi padre—. Desde luego que no estoy enojado.

Me limpió el brazo y me puso pomada en la quemadura, y se ocupó de mi herida y fue muy lindo conmigo. Cuando me levanté para lavar los platos después de cenar, me dijo que me quedara sentada.

—Yo voy a lavar los platos esta noche —dijo.

Hubo muchas veces en las que fue un gran papá. Siempre estaba ahí para arreglar cualquier cosa que necesitara arreglo. Nos contaba chistes; bailaba haciendo el ridículo con su uniforme mal combinado de camisa de manga corta, pantalones cortos, calcetines largos de vestir y mocasines, solo para hacernos reír.

Él era muy, muy divertido; hasta que ya no lo era.

A pesar de su habilidad de lograr que las cosas se hicieran y de arreglar cualquier situación, mi madre nunca pudo conseguir que él dejara de golpearme. En cambio, regresaba a casa de cada viaje con una gran sonrisa en su rostro y montones de regalos para Julio y para mí. Sé que ella pensaba que estaba cumpliendo con sus responsabilidades como madre al proporcionarnos comida y techo. Sé que ella pensaba que estaba yendo mucho más allá al comprarnos cosas bonitas. Sé que ella creía en su corazón que estaba haciendo lo mejor al trabajar tan duro para darnos la oportunidad de tener un futuro mejor. Pero no parecía entender que no eran sus regalos lo que yo necesitaba. Yo la necesitaba a ella.

CAPÍTULO 5

Ahora eres una ilegal

Desde niño mi papá soñaba con ser dueño de su propio taller mecánico, y yo le prometía una y otra vez que cuando fuera mayor y rica, le compraría uno. Mientras tanto, siempre que mi mamá salía de la ciudad y se llevaba a Julio, mi papá y yo pasábamos tiempo en el taller de su amigo.

Fue allí donde mi papá me enseñó a escuchar el sonido de un motor, a discernir si había una fuga de presión, un problema con la bomba de aceite o alguna otra cosa que yo tuviera que saber sobre vehículos. Yo le ayudaba con el cambio de aceite de su camioneta, una Ford 1988 que nos había llevado muchas veces de México a San Antonio. En la misma manera en que me encantaba ver a mi mamá en acción en las ferias, me encantaba ver a mi papá en acción en ese taller. Estaba en su elemento; en ese taller era donde se sentía feliz.

Siempre que conducíamos hacia algún lugar en la camioneta de mi papá, escuchábamos música vieja de José Alfredo Jiménez; él y yo establecimos lazos afectivos escuchando aquellas bonitas canciones *rancheras* que formaban una parte importante de nuestra herencia. Aquellos eran buenos tiempos, en su mayor parte.

Una tarde, después de terminar el cambio de aceite, me subí a la camioneta afuera en el estacionamiento para hacer la tarea[*] y escuchar la radio mientras mi papá jugaba a las cartas y bebía cerveza con sus amigos en el taller. No era la primera vez que hacíamos eso. Él se tomaba un par de cervezas, y después pasábamos por la tienda 7-Eleven que estaba cerca de nuestra casa, compraba un paquete de seis cervezas para él y un vaso de ICEE para mí, y nos íbamos a casa para ver *Sábado Gigante*, un popular programa de televisión en Univisión.

Pero aquel día fue diferente; se estaba tardando mucho tiempo en regresar.

Entré al taller y lo encontré dormido en una silla. Nunca lo había visto así de borracho. Había caras nuevas en el taller, y no me gustó el modo en el que me miraban.

—Papi, ya está oscuro afuera y tengo hambre —le dije, y lo sacudí hasta despertarlo y lo guíe caminando afuera a la camioneta.

Cuando mi papá despertó, quería saber por qué estaba sentado en el asiento del copiloto.

—Bebiste demasiado, papi —le dije.

—Lo siento —respondió—. ¿No tienes hambre? Está oscuro. Vamos a comprarte una pizza.

Metió su mano al bolsillo para buscar las llaves, y yo le recordé que la camioneta ya estaba encendida.

—Bien hecho —me dijo—. Sin el motor en marcha, mantener la radio prendida todo este tiempo habría descargado la batería.

Yo sonreí. Él estaba demasiado borracho para conducir, pero aquellas caras nuevas me estaban poniendo cada vez más nerviosa. Quería irme a casa. Me quedé un rato sentada en el asiento del conductor, y finalmente decidí que sería mejor si yo conducía para irnos a casa.

Tenía trece años.

Hemos dado muchas vueltas por nuestro complejo de departamentos, pensé. *Seguro que puedo conducir un par de kilómetros.* Me incliné hacia su lado y le puse el cinturón de seguridad. Ajusté los espejos, me eché en reversa* sin problemas y me incorporé bien al tráfico; pero cuanto más conducía, más me asustaba.

Mi corazón latía con fuerza cuando llegamos al primer semáforo. Estaba en rojo. Me detuve y observé como un millón de vehículos atravesaban rápidamente el cruce que tenía delante. Yo me estaba preparando lo mejor que podía para atravesar el primer cruce importante que hubiera visto en mi vida desde el asiento del conductor, cuando de repente mi papá abrió los ojos y se dio cuenta de lo que estaba sucediendo. Yo pensé que se enfurecería, pero me dijo que me tranquilizara, y comenzó a musitar instrucciones como si fuera cualquier otra lección de conducción.

—Será mejor que tu pie izquierdo no esté haciendo nada —musitó.

—No está haciendo nada, papá.

—¡Esa es mi niña! —dijo mientras sonreía, y volvió a cerrar los ojos.

El semáforo cambió a verde, yo pisé el acelerador y logramos cruzar. Por fin llegamos a casa. Lo ayudé a que se sentara en su sillón en la sala de estar, y él me entregó un fajo de billetes.

—Gané —me dijo—. Pide unas pizzas.

Es difícil reconciliar esos momentos con el papá sobreprotector que si me veía apenas estar al lado de un muchacho, me preguntaba: "¿Por qué estabas hablando con ese muchacho?". O sea, hasta la fecha yo doblo las toallas del modo en que él me enseñó a hacerlo, y hago mis pagos a tiempo porque él hacía sus pagos a tiempo. Pero cuando yo comenzaba a bajar la guardia y a amar a mi papá sin cautela, su enfermedad se interponía.

Algunas veces bebía tanto, que mi madre le mentía a mi padre y le decía que me iba a llevar con ella a sus viajes de negocios para así poder sacarme de la casa. Yo no podía faltar tanto a la escuela, así que en esas ocasiones me quedaba unos días en casa de Tiffani. Su familia era maravillosa conmigo. Me llevaban a la escuela, y me recibían en su mesa como si yo fuera hermana de Tiffani. Me sentía como una adolescente estadounidense común cuando estaba con la familia de Tiffani, y entre los ebrios exabruptos de mi padre y las constantes necesidades de mi hermanito, si no hubiera sido por esas escapadas, podría haberme vuelto loca. Ellos incluso me llevaban a los partidos de futbol* americano de nuestra secundaria los viernes en la noche, donde yo podía aclamar a nuestro equipo; finalmente, hasta me integré a la escuadra de bastoneras que se presentaba durante el descanso de medio tiempo. Además, podía hablar con todos los muchachos que quisiera sin que nadie me hiciera preguntas.

Fue durante aquellas noches de los viernes cuando me enamoré del futbol americano. Me encantaba aprenderme las jugadas, las alineaciones y los detalles del juego; más allá de solo ver a los muchachos guapos. Yo llegué a hablar con fluidez de futbol americano antes de dominar el inglés. Las noches de los viernes eran el único momento en la secundaria cuando sentía que pertenecía.

Al comenzar la preparatoria, en otra escuela católica, pero igualmente pequeña y privada, extrañaba la libertad de mi vida en Taxco más que nunca. Extrañaba a mis hermanas. Extrañaba a mis tías y a mis tíos. Extrañaba a mi abuela. Y como mi mamá seguía viajando mucho por su trabajo en aquella época, también la extrañaba.

No sabía lo que me depararía el futuro, y uno de los pocos pensamientos que me animaban, y casi lo único que anhelaba después de tres años en los Estados Unidos, era algo que esperaba no sucediera en tierra estadounidense. Me imaginaba a mi hermana mayor, Aris, con su vestido rosa bordado, y sonreía solamente de pensar en ello, sabiendo que pronto me tocaría a *mí*.

Como sabía que el dinero era más escaso que nunca, tenía miedo de hablar del tema, pero un día poco después de mi cumpleaños número catorce, sencillamente no pude callarme más:

—Mamá, tenemos que empezar a hacer planes —le dije con una gran sonrisa.

Estaba segura de que mi madre sabía exactamente de qué estaba hablando.

Yo había soñado con mi fiesta de quince años desde que tenía tres años. Y al igual que muchas niñas mexicanas me imaginaba una celebración de cumpleaños única en la vida que simbolizaba dejar atrás la niñez y comenzar a ser una jovencita. Pero tampoco tenía que imaginar mucho cómo sería mi fiesta, porque las fotografías y los recuerdos de los quince años de mis dos hermanas mayores me hacían pensar constantemente en lo hermoso que sería mi gran día.

La fiesta de Nay, que había sido cinco años atrás, no fue tan memorable para mí porque Nay no había sido una participante con mucho interés, y la fiesta no fue tan espectacular. La fiesta de quince años que yo recordaba, lo que estaba grabado en mi corazón, sucedió cuando yo tenía solamente cinco años.

Aris se veía muy hermosa. Ella es de talla pequeña, y su figura parecía la de una muñeca Barbie con vida. De hecho, mi madre se esforzó mucho por encontrar una muñeca Barbie de cabello negro para ponerla en lo alto de su pastel aquel día mágico. Fue a finales de los ochentas, y todavía no estaban de moda las muñecas Barbie de diversas etnias. Yo tuve esa Barbie durante años después, como si hubiera sido mía todo el tiempo; incluso me la llevé conmigo a los Estados Unidos.

Yo admiraba mucho a mis hermanas. Aris era diez años mayor que yo, y verla celebrar sus quince como la realeza me hacía sentir *a mí* como si yo fuera una princesa.

El asunto con respecto al dinero en una ciudad pequeña de México, era que si uno lo tenía, o si la gente *creía* que uno lo tenía, había que mostrarlo. Al menos así era en aquel entonces. Hoy día, tener dinero, o que la gente crea que uno lo tiene, puede ser peligroso. A mis padres les iba muy bien en aquella época, y celebraron los quince años de Aris en el Hotel de la Borda, un hotel estilo hacienda con una hermosa piscina rodeada por un patio adornado con luces colgantes que parecían centellear como estrellas. El hotel se construyó en la década de 1950, en la mejor ubicación de la ciudad, con extensas vistas de las siete colinas que rodean mi pequeño rincón del mundo. Por todos era sabido que un expresidente estadounidense, John F. Kennedy, y su esposa, Jackie, habían pasado una noche de su luna de miel en una suite de ese mismo hotel.

Mi madre llevaba un vestido hecho a la medida para ella. Nay y yo también llevábamos vestidos hechos a la medida que hacían juego. Mis padres hicieron traer rosas desde una ciudad muy lejana, más rosas de las que yo hubiera *imaginado*, y que nunca había visto con mis propios ojos. Incluso, también hubo palomas en esa fiesta.

Los planes que se hicieron para ese día no tenían nada que envidiarles a los planes que se podrían esperar para una gran boda. El lugar, los vestidos, buscar la Barbie correcta para ponerla encima del pastel, todo comenzó desde que Aris cumplió los catorce y habían durado todo ese año. En realidad creo que mi mamá había estado planeando esa fiesta desde el momento en que Aris nació.

La noche de la fiesta tuve la sensación de que era *mi* noche. Hice aparecer mi cara sonriente en casi todas las fotos —mi versión temprana de una fotobomba*— y jugué a que yo misma me estaba convirtiendo en una joven. Bailé con todos los chambelanes de Aris (los jóvenes acompañantes especialmente escogidos con los que mi hermana realizaba una serie de bailes con coreografía). A mi hermana le tomó casi todo el año dominar los bailes, y nunca olvidaré verla practicar una y otra vez, llena de expectación; sin embargo, yo bailé más que ella en su gran noche, probablemente porque no llevaba corsé ni tacones.

El cabello de Aris tenía mucho volumen y lucía hermoso. Parecía sacada de una de las revistas de moda que veíamos en los puestos de revistas. Su vestido era de color rosa pálido y estaba bordado a mano; dejaba sus hombros al descubierto y era largo hasta el piso, con una falda grande ajustada a la cintura. Yo la observaba girar y hacer reverencias con esa sonrisa en sus labios, y soñaba con el día en que llegaría mi fiesta, cuando *yo* sería quien vistiera el hermoso vestido rosa de princesa. ¡Y ahora ese momento estaba a menos de un año!

—Tenemos tiempo, tenemos tiempo. Hablaremos de eso más adelante —dijo mi mamá.

Yo estaba al tanto de la situación económica de mis padres, y estaba segura de que su escaso presupuesto era la razón por la que ella no quería hablar del tema. Recuerdo que pensaba: *¿No se supone que Estados Unidos es la tierra de la oportunidad? ¿Por qué el dinero sigue siendo un problema ahora? Los he visto trabajar mucho durante los últimos tres años para conseguir salir de la deuda por la plata robada.*

Intenté que eso no me inquietara. Estaba segura de que mi

mamá pensaría en algo; ella siempre solucionaba las cosas. Me había prometido una fiesta como la de Aris, y siempre cumplía sus promesas; bueno, excepto la ocasión en que no apareció en mi escuela para verme en la escolta. Pero de eso hacía mucho tiempo.

No volví a insistir cuando mi madre me dio largas. Confiaba en que ella comenzaría a hacer planes con tiempo; también tuve la brillante idea de emplear el tiempo que quedaba para ayudar a aliviar parte de sus preocupaciones económicas. Sin que mi padre ni mi madre lo supieran, llamé por teléfono para hablar del tema con algunos de mis parientes en México; pensaba que mis padres se pondrían muy contentos cuando descubrieran que yo había pensado en una manera de ayudarlos a ahorrar dinero para pagar mi fiesta.

Pasaron las semanas y mi madre no decía nada; por lo tanto, en el momento en que ella entró por la puerta tras uno de sus viajes de negocios, yo comencé a hablar.

—He estado pensando, y lo que quiero es hacer mi fiesta de quince años en México, porque allí está toda nuestra familia. Quizá en el Hotel de la Borda, como Aris, porque es muy bonito. Y...

—Estoy cansada, ahora no, ¿de acuerdo? —dijo—. Sabes que ya no nos alcanza el dinero para eso.

—Lo sé, pero estaba pensando que tío Mike y Mamá Silvia podrían ayudar.

—Tu abuela y tu tío ya hacen bastante ayudando con tus hermanas —me dijo ella.

—Ya los llamé , ¡y dijeron que ayudarían! —respondí.

—Ay, *mija* —suspiró mi papá.

Mi madre cerró los ojos y se los tapó con las palmas de sus manos; parecía tan triste que lamenté haber abierto la boca.

—Prometo que podemos hacerlo sin gastar mucho dinero —dije yo.

—Tu madre ya te dijo que no quiere hablar de eso ahora —dijo mi papá.

—Yo estoy dispuesta a ayudar —les rogué—. Y sé que toda

la familia ayudará, de verdad que lo sé. Mi vestido no tiene que ser...

—No puedes ir a México —dijo mi mamá mientras apartaba las manos de sus ojos y miraba directamente los míos.

—¿Qué quieres decir?

—Si vas a México, no podrás regresar.

Yo no podía entender lo que ella decía o por qué parecía tan triste.

—Mira, no quería hablar de esto, pero tu visa expiró. No puedes regresar a México, y no puedes tener tus quince años.

—¡¿Qué?!! —grité yo. No podía creer lo que estaba oyendo—. ¿A qué te refieres?

—Discúlpame, pero no hay nada que podamos hacer. No puedes tener tu fiesta de quince años; lo siento mucho.

Sentí como si mi madre me hubiera abierto el pecho y me hubiera sacado el corazón.

—¡Te odio! —grité—. ¡Odio estar aquí!

—¡Julissa, siéntate! —gritó mi padre.

Me fui a mi cuarto hecha una furia, gritando:

—¿Por qué me trajeron aquí? ¡Quiero morirme!

Cerré de un portazo y lloré como nunca había llorado en toda mi vida. Había esperado mi fiesta de quince años durante toda mi vida, y ahora ellos también me habían arrebatado eso.

No entendía lo que significaban realmente las palabras de mi madre; lo único que oí fue que no podía tener mi fiesta, y sabía que no era una fiesta que podría organizarme yo misma cuando fuera adulta y rica. No era un momento que yo podría recrear; se habría ido para siempre. Yo era demasiado pequeña o demasiado ingenua para entender que aquella noche mi madre había revelado un secreto que me definiría y me perseguiría durante años.

Al día siguiente en la escuela, se lo conté a Tiffani. Ella sabía lo devastadora que fue la noticia, porque yo le había hablado hasta el cansancio de los detalles de mi noche mágica. Ella no tuvo que decir nada; yo podía ver lo mucho que le había afectado. En muchos aspectos, rápidamente se había convertido en casi una hermana para mí.

—¿Por qué no puedo tener mi fiesta? ¿Cómo pueden ser tan malos conmigo? En este momento odio a mis padres.

—Lo siento mucho —dijo Tiffani.

—Me gustaría poder vivir contigo. Tus padres son muy buenos.

Las dos nos reímos, pero aquella noche mientras estaba tumbada en la cama tras llegar a casa y ver que mis padres no tenían nada más que decir sobre el asunto, mi mente se llenó de una serie de nuevas preguntas y pensamientos: ¿por qué ya no podía ir a México? Y si iba, ¿era cierto que nunca podría regresar a los Estados Unidos? Seguro que mi madre no se había referido a eso; no tenía ningún sentido. Mi familia estaba en México, pero mis padres estaban aquí. Mi vida estaba en ambos lugares. Tenía que haber algún modo de solucionarlo. ¿Por qué no podíamos regresar a México y renovar mi visa? La respuesta a esa pregunta era sencilla: mi visa de turista ya había expirado y seguramente no me la iban a renovar, en especial porque la situación económica de mis padres había cambiado de modo radical. ¿Y si de verdad pudiera irme a vivir con Tiffani? ¿Y si los padres de Tiffani pudieran adoptarme? Pensaba que eso me haría ser oficialmente estadounidense; sin duda, eso solucionaría mi problema con la visa. En la misma manera en que yo pensaba que encontrar dinero para mis quince años era un problema que yo podía solucionar, comencé a creer que mi visa caduca era un problema que también yo podía solucionar.

Decidí hablar con los padres de Tiffani la próxima vez que los viera, y pedirles que me adoptaran.

∽∾∽

Los padres de Tiffani me habrían adoptado si mis padres hubieran estado de acuerdo. Eran muy buenos, y se preocupaban mucho por mí. Ellos escucharon mis ruegos y dijeron que sí mis padres estaban de acuerdo en hablar con ellos al respecto, quizá se podría hacer algo. Mis padres me escucharon cuando les presenté la idea, pero eran demasiado orgullosos para permitir que su hija fuera adoptada, aunque fuera solo para obtener los papeles. Ellos no tenían ninguna otra solución para la situación de mi visa, y no dijeron nada más al respecto. Creo que no entendían el alcance de lo que eso significaría para mi futuro. Sin embargo, yo comencé a comprenderlo con bastante rapidez.

Había oído a varias personas hablar sobre los inmigrantes "ilegales". Como vivíamos en Texas, era un tema del que se hablaba mucho. Con frecuencia oía a algunas personas referirse con menosprecio a ellos empleando solo dos palabras: *los ilegales*. Yo era lo suficientemente inteligente como para saber que ahora, a mis catorce años, como alumna de primer año de preparatoria, yo era una de ellos. Ya no era solamente "una mexicana", lo cual ya parecía bastante malo ante los ojos de ciertas personas; yo era una "ilegal", o peor aún, una "extranjera ilegal", como si proviniera de otro planeta que ni siquiera fuera humano. No podía encontrar congruencia entre lo que veía en las noticias y lo que veía en el espejo. Las noticias informaban sobre los ilegales del modo en que informarían sobre un asesinato o un robo importante; pero yo era solamente una chica de catorce años preocupada por no tener un hermoso vestido rosa.

Cuando pensaba en criminales, no me imaginaba a alguien como yo; imaginaba a personas que robaban, o mataban, pero la gente parecía pronunciar la palabra *ilegal* con el mismo menosprecio en la voz que tendrían al describir un robo o un asesinato. ¿Así me trataría la gente si lo supiera? Pasé sin problemas de la secundaria a la preparatoria como cualquier otro alumno. No creía que nadie sospechara nada. Yo no me sentía ilegal, y tener una visa que hubiera expirado no me hacía sentir menos humana; tampoco me hacía sentir que fuera una criminal. Tenía un expediente académico lleno de buenas calificaciones, ya no tenía acento al hablar, y nadie cuestionaba nada; y enseguida me quedó claro que así era como debían seguir las cosas.

"Solo mantente callada —me decía mi madre—. Si alguien lo descubre, te podrían deportar".

En cada conversación que tuve desde aquel momento en adelante, no decir nada sobre mi visa o mi estatus migratorio se convirtió en algo fundamental. No quería ser deportada, ni quería que me separaran de mis padres. A pesar de lo difíciles que a veces eran las cosas, ellos eran mis padres y yo los amaba; y tampoco quería que me separaran de mi hermano menor. Estados Unidos era mi hogar ahora.

Pero antes de que ninguna otra persona tuviera la oportunidad de echarme en cara mi estatus migratorio, mis propios padres comenzaron a utilizarlo como una amenaza: "No violes ninguna ley, Julissa, o te van a deportar". "Ni siquiera se te ocurra beber alcohol o consumir drogas. ¡Sin duda te podrían atrapar y serías deportada!".

Cuando era pequeña, ellos me amenazaban con La Llorona, la versión mexicana femenina del coco. Cuando fui creciendo, entendí que la Llorona no era real, pero *la migra* (el Servicio de Inmigración y Control de Aduanas de Estados Unidos, o ICE, por sus siglas en inglés) no era un mito creado para asustar a los niños. La migra era real, y daba más miedo que ninguna otra cosa que yo hubiera oído nunca.

De repente, tuve la sensación de que los ritos de iniciación de rebeldía de los adolescentes estadounidenses eran un privilegio que yo no podría tener. No podía creerlo. Al fin estaba en la preparatoria, y repentinamente tenía menos libertad que nunca.

Seguía sin hacer nuevas amistades en la escuela. Pensé que comenzar la preparatoria en otra escuela católica, una escuela mixta, sería mucho mejor; pero no lo fue. Y con toda esa nueva presión y la decepción, comencé a sentirme más distante de mis compañeros de clase.

Sencillamente no podía entender la idea de que yo era de alguna manera ilegal. ¿Qué había hecho? Más aún cuando sabía de personas que claramente habían quebrantado una ley justa y, sin embargo, no habían tenido que enfrentar ningún castigo.

No recuerdo a qué ciudad fue, pero mi mamá me llevó con ella a una de sus ferias a una ciudad lo bastante lejana para tener que ir en avión. Era la época en la que las aerolíneas no eran tan estrictas con el equipaje de mano, así que siempre que mi madre hacía uno de esos viajes, ella y su asistente, Sam, llevaban entre ambos cuatro maletas de mano llenas de plata. Sam no nos acompañó en ese viaje, y por eso mi madre me llevó en su lugar, aunque él nos ayudó a hacer las maletas y se ocupó de nuestros itinerarios. Era una feria grande y llevábamos mucha más plata de la que solía llevar mi madre, y eso significaba que tendríamos que documentar una maleta grande llena de joyería.

En el viaje nos fue bien, pero de regreso a San Antonio, cuando bajamos del avión y llegamos a la zona para recoger el equipaje, ya estaban dando vueltas en la cinta las maletas de todos los pasajeros. Nosotras esperamos y esperamos mientras todos los demás tomaban sus maletas y se iban, pero nuestra maleta, esa maleta grande llena de miles de dólares en plata, nunca apareció.

Mi madre sintió pánico.

Yo uní los puntos rápidamente.

—Mamá, ¿crees que es coincidencia que tu maleta llena de plata haya desaparecido? —dije yo—. Alguien sabía lo que estaba buscando al tomar esa maleta.

Fuimos a reclamar a la aerolínea, y ellos estaban seguros de que la maleta había salido del avión. No estaba perdida; ni había sido desviada a otro aeropuerto por error.

—Mamá, la única persona que sabía cuándo íbamos a regresar, además de papá, era Sam —dije yo.

Mi madre me miró fijamente con incredulidad.

—No. Él nunca haría eso —insistió ella.

—Mamá —continué—, nadie más lo sabía. Esto no fue un error; no se llevaron la maleta por accidente.

Al fin pude convencerla de que hiciera algo al respecto. Llamamos a la policía y presentamos una denuncia.

Finalmente, ellos fueron al departamento de Sam a investigar y descubrieron una gran cantidad de la joyería de mi madre.

Sam devolvió lo robado, pero faltaban muchas piezas; las había vendido baratas, y no podía compensar a mi madre por ellas. Sin embargo, mi mamá se negó a presentar cargos. Ella decía que él era un amigo. "Un amigo *de confianza*". Insistió en que no podía hacerle eso. Sam era gay, y mi madre me dijo más adelante que le aterraba pensar en lo que podrían haberle hecho en la cárcel. Yo pensé que eso era lo mínimo que se merecía.

Poco a poco, mi padre y mi madre se dieron cuenta de que quizá Sam les había estado robando todo el tiempo. Él conocía sus rutinas de viaje; conocía todo sobre ellos. Era muy probable que él, o algún cómplice, fuera el responsable de haber abierto la camioneta cuando se detuvieron en la cafetería. No había sido casualidad; no fue que alguien lanzó una piedra a la ventanilla, tomó algunas piezas de plata y huyó. Cortaron esa ventanilla con precisión y se fueron con todas las cajas. *Tuvo* que haber sido premeditado; *tuvo* que haber sido obra de Sam. Yo comencé a preguntarme cuánta mercancía habría desaparecido en pequeñas cantidades a lo largo de los años. ¿Quién sabe qué tratos habría estado haciendo para su propio beneficio o cuánto dinero habría estado ganado por debajo del agua desde que comenzó a trabajar como intérprete de mis padres?

Yo estaba furiosa porque mi madre le permitió salirse con la suya.

Mi tío Mike llegó para ayudar a mis padres a solucionarlo todo, y él estaba de acuerdo conmigo.

—¡Deberías presentar cargos! —le dijo.

Pero mi mamá dijo:

—No.

Y eso fue todo. Yo estaba muy frustrada con ella, pero al mismo tiempo también me sorprendía su compasión y su capacidad de perdonar.

Algunas veces cuando miro viejas fotografías y veo a Sam

con mi familia, me dan ganas de romperlas. ¿Pensó alguna vez en lo que les estaba haciendo a mis padres? ¿A mí? ¿A todos nosotros? ¿Consideró durante un segundo las dificultades que les hizo pasar? ¿Sabía cuánto estrés les había causado?

Sam merecía ir a la cárcel, y dolía aún más cada vez que el estrés de mi padre salía a la superficie mediante el alcohol en un nuevo ataque de enojo. Me juré a mí misma que no iba a soportarlo más. Cuando mi papá perdía el control, comencé a amenazarlo con llamar al 911, pero usaba el número de emergencias del mismo modo en que ellos usaba a La Llorona. No pensaba hacerlo de verdad. Él era mi padre y yo lo quería incondicionalmente a pesar de su enfermedad. Eran solamente amenazas vacías; pero al menos durante un tiempo, esa amenaza lo hizo refrenarse.

Pero comenzó a dirigir su enojo hacia otro lugar.

CAPÍTULO 6

Decisiones, decisiones

El cambio llegó vertiginosamente durante mis primeros dos años de preparatoria. Yo atosigaba todo el tiempo a mis padres con que quería mudarme a una casa con jardín en otra parte de la ciudad, lejos de Sam, y ellos al final cedieron y nos mudamos a un departamento rentado de tres recámaras en un barrio respetable. Julio tenía espacio para jugar en el jardín, y yo tenía una ventana en el primer piso por la que podía entrar y salir trepando cuando quisiera escaparme.

Mi hermana Aris ya estaba casada, y ella y su esposo se trasladaron desde México para vivir con nosotros. Ellos ocupaban uno de los cuartos, mis padres tenían otro, y Julio y yo compartíamos un cuarto con literas. Mi hermano y yo comenzamos a llevarnos muy bien a medida que él crecía. Yo cuidaba de él, como lo haría cualquier hermana mayor, y pronto comprobaría que él también cuidaba de mí.

El traslado de Aris no cambió mucho la dinámica en la casa, pues ella y su esposo vivían su vida independientemente. En realidad, lo que más recuerdo de 1999 es que fue el año en el que los Spurs de San Antonio* ganaron nuestro primer campeonato. Sí, *nuestro*.

Algo que me encantaba de San Antonio era cómo se unía la ciudad entera para apoyar a los Spurs, y eso hizo que me resultara fácil enamorarme del equipo. Mi amor por el futbol americano llegó más allá de los partidos de los viernes por la noche, cuando llegué a adorar a los Longhorns de Texas*. Los deportes fueron mi manera de integrarme a los Estados Unidos. Los deportes unen a las personas en una manera que no puede hacerlo ninguna otra cosa, ni siquiera la música. La música también une a la gente, pero a veces puede segregar. Si me gusta demasiado el rap, es porque me estoy esforzando demasiado por ser negra; si me gusta el country, es porque estoy intentando ser blanca; y si me gusta la música hispana, soy demasiado mexicana. Cuando se trata de música, a veces existe una división cultural; los deportes, por otro lado, unen a personas de todo tipo de trasfondo socioeconómico o étnico.

Ser capaz de hablar con mis compañeros de clase en la preparatoria sobre los Spurs y de los partidos de los viernes por la noche me daba la sensación de ser una verdadera estadounidense y de pertenecer a mi grupo. Yo no podía hablar de muchas referencias de la cultura pop porque nunca vi programas de televisión como *Full House* ni vi las películas que mis compañeros de clase veían cuando eran niños. No me dejaban ver MTV, pero podía hablar sobre Avery Johnson, Sean Elliot, Timmy, y "el Almirante" David Robinson. Yo sabía en qué equipos jugaban y quién hablaba mal de quién.

A medida que la situación económica de mis padres mejoró un poco, pude ir a algunos partidos de los Spurs y sentarme en un estadio lleno de miles de personas sintiéndome parte de una comunidad. Mi amor por los Spurs se afianzó cuando ellos trajeron a casa nuestro primer campeonato el primer año en que pude asistir a sus partidos.

Después del robo de Sam en el aeropuerto, mi madre dejó de vender joyería a mayoreo, ya que no pudo obtener otro préstamo importante para comprar más mercancía; pero comenzó a asistir a ferias y festivales donde se vendía a menoreo. Eso la condujo a vender tacos en las ferias para compensar los beneficios que no obtenía en las ferias de negocios. A mi mamá no le importaba ser un estereotipo andante, una mujer mexicana que vendía tacos, pues estábamos haciendo dinero y eso era lo que importaba. Era un trabajo manual, y yo sabía que mi familia en México hablaba de ello como si fuera algo negativo: "Luisa ahora vende *tacos*". Como si fuera algún tipo de fracaso. A mi mamá no le importaba; ella estaba sosteniendo a su familia. No había ningún trabajo que fuera indigno para mis padres, y esa es una de las muchas cosas que me encanta especialmente de ellos. Eran trabajadores incansables;

hubieran limpiado retretes si eso hubiera sido necesario para sostenernos.

Muchas personas se equivocan cuando miran con desprecio a los inmigrantes por limpiar retretes y hacer trabajos que "nadie quiere hacer". La prioridad de mis padres era sostenernos y ponernos en un camino hacia el éxito, y mientras se ganaran la vida honestamente, no les importaba qué tipo de trabajo tuvieran que hacer. Eso es lo que sucede en las familias hispanas: hacemos lo que sea necesario para ocuparnos de los nuestros.

Al ver los beneficios que se podían obtener en un día de venta de comida, mis padres decidieron invertir en un puesto de *funnel-cakes** (tipo de buñuelo característico del Sur de los EE. UU.). En nuestros viajes a Six Flags mi mamá había visto que se vendían muchos *funnel-cakes*, y decidió añadirlos al menú de platillos que ella vendía. Siempre me ha impresionado mucho la capacidad de mi madre para solucionar cosas. Aquello era antes de que existiera Google, y de seguro buscó en el directorio telefónico, y después recorrió en coche la ciudad para seguir la pista de los mayoristas donde pudiera comprar la harina preparada, la freidora industrial y todo el equipo necesario para hacer los *funnel-cakes*. No teníamos dinero suficiente para comprar un camión de comida como los que son tan populares en estos tiempos, de modo que compramos solamente una freidora industrial que cargábamos en la parte trasera de la camioneta de mi papá cada vez que íbamos a un festival. Más adelante, mi mamá también compró una máquina para hacer elotes* asados. La harina preparada y los elotes eran materias primas baratas, y eso significaba que cada producto que se vendía dejaba un amplio margen de ganancia, pero teníamos que vender mucho para ganar una cantidad de dinero importante. Para lograrlo había que trabajar muchas horas, la ropa quedaba oliendo a grasa y se recibían quemaduras ocasionales por el aceite de la freidora, pero nada de eso detuvo a mis padres.

Las fiestas y los festivales podían ser un éxito o un fracaso, y por eso mis padres comenzaron a buscar ubicaciones que les proporcionaran un trabajo más regular. No les tomó mucho tiempo establecer un par de puntos regulares en San Antonio. El primero estaba en una plaza pública donde la ciudad organizaba un mercado al aire libre todos los fines de semana, y el segundo estaba al lado de la tienda militar de descuento, en las instalaciones de la base militar Fort Sam Houston, donde colocaban su puesto entre semana. Eso significaba que mi madre no tenía que viajar tanto, y eso me hacía feliz.

Las cosas mejoraron para mis padres cuando comenzaron a trabajar en el puesto de *funnel-cakes*. No estaban recibiendo grandes cantidades de dinero ni estaban construyendo una casa de seis pisos como en los ochentas, pero todos teníamos la sensación de poder respirar un poco. Mi papá siempre había soñado con tener un Cadillac, y cuando nuestra vieja Oldsmobile fue declarada pérdida total en un accidente, él usó el dinero del seguro para comprarse un Cadillac grande, viejo y feo. Yo estaba contenta por él, aunque me avergonzaba que me vieran en su nueva posesión tan preciada.

Hubo una ocasión durante la temporada del campeonato de 1999 en que mis padres se vieron muy espléndidos y permitieron que Julio fuera conmigo a un partido de los Spurs. En realidad, antes del partido robé algo de dinero de la caja registradora del puesto de *funnel-cakes* para poder conseguir mejores asientos. Sé que estuvo mal hacer eso, pero cuando mi papá nos dejó allí, Julio y yo terminamos sentándonos tres filas más arriba de la banca. *¡Valió la pena!*, pensé yo.

En cierto momento, Julio se emocionó tanto por el juego que se quitó su jersey* favorito de David Robinson y comenzó a darle vueltas por encima de su cabeza. En medio de esa multitud, no sé cómo pero perdió su jersey, y con la reacción normal de un niño de siete años comenzó a llorar desconsoladamente. Cuando terminó el partido, nos quedamos allí mientras todos los demás salían, buscando por todas partes aquel jersey. Finalmente, un acomodador vio a Julio llorando y le preguntó qué tenía. Cuando se lo conté, nos dijo: "Vengan conmigo". Terminó regalándonos una camiseta nueva, y después nos llevó a los vestidores* de los jugadores. Tuvimos que esperar casi una hora a que ellos se bañaran y salieran, y todo el tiempo yo pensaba: *Papá va a matarme. Seguro que estará sentado ahí fuera preocupado por nosotros. Nunca volveré a ir a otro partido de los Spurs.* Pero entonces pudimos conocer a David Robinson, Sean Elliot y Tim Duncan. David Robinson incluso firmó la camiseta de mi hermano.

Bueno, pensé, *creo que Dios me ha perdonado por haber robado ese dinero.*

Me gustaría que hubieran existido los teléfonos inteligentes en aquella época, ¡para haberme tomado un "selfie"!

Cuando salimos y fuimos hasta el coche de mi papá, él estaba furioso.

—Lo siento mucho, ¡pero mira! —le dije yo, enseñándole la camiseta de mi hermano recién firmada. Entonces mi papá se emocionó tanto como Julio y yo; porque todo el mundo en San Antonio ama a los Spurs.

Me aferraba a momentos como ese: momentos fugaces de alegría pura compartida. Tenía que hacerlo, porque mi vida en la escuela era miserable. Estaba rodeada de un montón de muchachas presumidas que no tenían nada mejor que hacer que fingir ser populares a la vez que me llamaban gorda. Yo no estaba gorda. Nunca fui muy delgada, pero tampoco estaba gorda; sin embargo, las burlas nunca cesaban, y siguieron como si todavía estuviéramos en secundaria.

Había una muchacha que fue transferida durante mi segundo año y que le decía a todo el mundo que había sido bulímica. Yo era muy amable con ella e intentaba ser comprensiva, pensando que probablemente necesitaba una amiga si es que estaba sufriendo un trastorno alimenticio. Entonces un día en el pasillo, delante de todo el mundo, ¡hasta *ella* me llamó gorda! Yo respondí:

—Perdóname. Puede ser que yo esté gorda, pero al menos soy feliz. Cuando tú estabas gorda, decidiste vomitar la comida.

Entonces *me* metí en problemas. Fue a mí a quien enviaron

a la oficina de la directora por acosar a una muchacha que tenía un trastorno alimenticio. Yo me quejé:

—¡El que ella haya tenido un trastorno alimenticio no le da el derecho de llamarme gorda!

Después de aquello, llegué a la conclusión de que la escuela privada no era para mí.

—Sácame de ahí —le supliqué a mi mamá.

Creo que mi mamá pensaba que si yo iba a la escuela pública, terminaría embarazada. Yo sabía que eso no iba a suceder; tenía un hermano menor que me había hecho ver lo que sería la vida con un hijo, y yo no quería nada de eso. Además, la escuela pública a la que asistiría era una escuela estupenda; ofrecían más clases avanzadas que en mi otra preparatoria. Incluso intenté convencerla demostrándole cuánto dinero ahorraríamos si me cambiaba de escuela, pero ella no daba su brazo a torcer. Me dijo que mi educación y avanzar en la vida era mucho más importante para ella que el dinero que les costara.

Al final, mis padres vieron lo infeliz que yo era en aquella escuela, y me dejaron inscribirme en la preparatoria pública Theodore Roosevelt High School el verano anterior a mi penúltimo año. Yo decidí comenzar las cosas con el pie derecho, y en lugar de esforzarme tanto por pertenecer a algo que no era realmente lo mío, decidí ser yo misma. Ese verano hice una audición para el grupo de baile de la escuela. Había cantado y bailado toda mi vida, y mis inclinaciones naturales se hicieron evidentes en aquella audición. Logré entrar al grupo, y cuando conocí al resto de las chicas antes de que comenzaran las clases, ellas me aceptaron de inmediato. Fueron tan amables y acogedoras conmigo, que enseguida me quedó claro que toda aquella experiencia iba a ser distinta a la que había tenido en la escuela católica.

Estaba con las chicas del grupo de baile la primera vez que me fijé en Chris. Él era mitad blanco y mitad negro y tenía el cabello rizado y rubio en la parte superior, y recuerdo que llevaba una mochila de malla roja (¡obviamente me impresionó!).

Me quedé mirándolo fijamente y me incliné hacia una muchacha llamada Latoya para preguntarle.

—¿Quién es *ese*? —le dije.

—Amiga, absolutamente a todas, incluyendo a nuestras madres, les gusta Chris —dijo ella.

Volví a caer en mis inseguridades casi de inmediato, pensando: *Entonces yo nunca le gustaré.*

Un par de semanas después, el primer día de clases, antes de siquiera haber atravesado la puerta principal, quedé asombrada por la experiencia en la escuela pública. Estaba claro que la escuela no estaba llena de niños ricos; había muchachos pobres, había muchachos *realmente* ricos, y también todo lo intermedio. Había personas que llegaban a la escuela en autobús, y también había algunas camionetas Range Rover en el estacionamiento para estudiantes. También había alumnos de toda raza y color. Me sentí en casa... al instante.

Después, las cosas mejoraron todavía más.

Unos diez minutos después de haber empezado mi clase de historia ese primer día, un alumno llegó tarde. Levanté la mirada y vi que era Chris, y se veía tan guapo como la primera vez que me fijé en él ese verano. Había varios asientos libres en la clase, y, sin embargo, entró y se sentó en la mesa que estaba justamente delante de mí.

En aquel momento, tuve la seguridad de que ir a la escuela pública era lo mejor que me había sucedido.

Para abreviar la historia, Chris *sí* se interesó en mí, y enseguida llegó a ser mi novio. Mis padres no me dejaban tener citas, así que nuestra relación consistía principalmente en llamadas telefónicas y cualquier rato que pudiéramos pasar juntos en la escuela, pero lo aprovechábamos al máximo. Yo estaba muy feliz. Recibir en mi casillero* notas de amor manuscritas y perfectamente dobladas entre clase y clase era mejor de lo que nunca pude haber imaginado. Chris estaba en el equipo de baloncesto, y era divertido, pero también tenía una pizca de chico malo. Le caía bien a la gente y a mí me gustaba *de verdad*.

Chris había vivido una vida difícil. Vivía con su abuela

porque su papá estaba en la cárcel y su mamá había muerto de cáncer cuando él era pequeño. Yo quería ser sincera con él sobre mi propio pasado, y mi presente incierto, pero sentía que no podía hacerlo. No dejaba de oír las palabras de mi madre: *Serás deportada.*

A veces, Chris y yo nos íbamos de pinta y nos íbamos a casa de su abuela durante el día para pasar más tiempo juntos. Yo quería estar con él todo el tiempo. En la noche, metía a escondidas el teléfono a mi cuarto para poder hablar con él, y como nuestro teléfono estaba en la cocina, tenía que esperar hasta que mis padres estuvieran dormidos para después sacar el cable por la puerta corrediza hasta el jardín rodeando la casa para meterlo después por la ventana de mi cuarto. Julio nunca me delató cuando hacía eso; ni una sola vez. Como dije, él me guardaba las espaldas.

Una vez, Chris me invitó a que nos encontráramos en la fiesta de un amigo. Sería un viernes en la noche, y yo le dije que tenía muchas ganas de ir, pero que mis padres no me dejarían.

A medida que pasaba el día en la escuela, me enojaba cada vez más porque mis padres eran muy estrictos. Ahí estaba yo, en la preparatoria y viviendo en los Estados Unidos, y tenía la sensación de estar encerrada en una jaula de oro. Necesitaba ser libre, así que le pregunté a una amiga si ella iba a ir a la fiesta.

—Sí —me respondió—. ¿Por qué no te vienes conmigo a mi casa después de la escuela, y vamos juntas?

Sin decirles palabra alguna a mis padres, me salté la práctica de baile aquel día y me fui con esa muchacha después de la escuela.

Mi papá iba a buscarme cada día después de la práctica de baile. Yo sabía que él iría por mí y yo no estaría, y básicamente no me interesaba. *Esta noche es mía, y no me importan las consecuencias*, pensé. Imaginé que lo peor que podría suceder era que me dieran una paliza. Me habían golpeado antes sin tener una buena razón, ¡así que al menos esta vez valdría la pena!

Cuando llegué a casa de mi amiga, le llamé a mi mamá;

no quería que ella pensara que me habían secuestrado o algo parecido, pero era demasiado tarde.

—Tu papá se está volviendo loco. Está muy preocupado pensando dónde estás. No te encontró en la escuela, y no fuiste a la práctica de baile. ¿Qué pasa contigo?

—Mamá —le dije yo—, estoy bien, pero voy a ir a esa fiesta, y regresaré más tarde a casa esta noche.

—No, *no* vas a ir. ¿Dónde estás? —me preguntó con firmeza—. Dame la dirección. Vamos a recogerte.

—Mamá, no voy a decirte dónde estoy, pero estoy bien. No me voy a escapar, pero sabía que no me dejarías ir a esa fiesta, y tengo muchas ganas de ir, así que voy a ir —dije yo, y colgué.

El teléfono de mis padres tenía identificador de llamadas, cosa en la que no pensé cuando llamé, y no paraban de llamar. Mi amiga y yo desconectamos el teléfono. Para entonces había otras dos amigas con nosotros, y estaban preocupadas.

—¿Estás segura? ¿Estás segura de que esto está bien? —me preguntaron.

—Confíen en mí —dije yo—. Chris va a estar allí, y yo quiero ir a la fiesta.

Terminamos llegando a la fiesta bastante tarde. Había una multitud de personas cuando entramos, incluido Chris. Él se veía *superbién*, y mostró una gran sonrisa cuando me vio. En ninguna de mis otras escuelas yo había sido alguien a quien invitaran a las fiestas, pero ahora me invitaban a *todas*, y por primera vez estaba realmente *en* una. Entonces, para poner la cereza al pastel, sonó en el estéreo una de mis canciones favoritas: "Wanna be a Baller", de Lil' Troy.

Cada vez que oigo esa canción, me hace remontarme a aquel día. Chris y yo comenzamos a bailar, y yo me sentía en la cima del mundo: súper feliz. Y justamente en medio de la fiesta, apareció la policía.

Fue como una escena sacada directamente de una de esas comedias para adolescentes. Alguien detuvo la música en seco y gritó:

—¡Corran!

De repente, todos se dispersaron. Chris y yo corrimos hacia el inmenso jardín, que era más parecido a un campo. No dejamos de correr hasta llegar a una valla, y él me ayudó a saltarla; dimos vuelta por un callejón y después de un rato miramos atrás, pero no vimos que nadie nos persiguiera, así que aminoramos el paso, pero yo sentía pánico.

Chris no entendía por qué yo estaba tan preocupada.

—No es la gran cosa. Los policías solamente nos pondrían una multa. Hay que enseñarles alguna identificación. Lo peor que podría suceder es que llamen a tus padres —dijo él.

En mi interior, yo pensaba: *Voy a ir a la cárcel y me van a deportar, y mi vida estará acabada.*

Nunca le dije a Chris nada de eso. Solamente dije:

—No puedo darme el lujo de que me pongan una multa.

Chris no tenía coche, pero se las arregló para que alguien nos llevara, y me dejó en una esquina cerca de la casa de mis padres. Yo no quería que me dejara delante de la casa, porque tenía miedo de que mi papá saliera corriendo y me diera una paliza delante de Chris.

Si me hubieran arrestado aquella noche y me hubieran deportado, para mí habría valido la pena. Había pasado casi dos años teniendo que cuidar continuamente cada cosa que hacía y decía, para que nadie descubriera que yo era una ilegal, y eso me estaba volviendo loca. Lo influenciaba todo. Mis padres nunca me permitían olvidar que cualquier movimiento en falso podría ser *el definitivo*; por lo tanto, cuando corrí ese riesgo fue casi como un riesgo calculado de última voluntad. Decidí que habría ocasiones en las que simplemente tendría que vivir, y en aquellos momentos sabía que si me atrapaban, me atrapaban. Si no corría el riesgo, entonces ni siquiera estaba viviendo, y ni podía sentir que estaba viva.

Sabía que de nuevo tomaría ese tipo de decisiones en el futuro: una decisión consciente, una decisión de salir de mi gran cárcel de oro. En ese entonces no sabía que cada año que pasara, la decisión de ser libre iba a ser cada vez más difícil, porque siempre tendría más que perder. Con cada año que pasaba, me metía más profundamente en la jaula.

No recuerdo si aquella noche me dieron una golpiza; si lo hicieron, habría sido como cualquier otra. Yo estaba acostumbrada a eso. Lo único que recuerdo es la buena sensación de haber experimentado libertad, tener el control yo misma y haber estado con Chris en aquella fiesta, en la cima del mundo. Sigue siendo uno de mis recuerdos favoritos, con todo y los policías.

También ese año, terminé teniendo uno de mis recuerdos favoritos con mi papá en las vacaciones de fin de año de mi penúltimo año en la preparatoria; aunque las vacaciones en sí me dejaron sintiéndome vacía y abandonada.

Mi madre decidió pasar la Navidad y el Año Nuevo en México con Julio y mis hermanas. Yo no podía ir porque no tenía visa, y porque tenía que quedarme allí con mi padre y trabajar en el puesto de *funnel-cakes* en Año Nuevo: una noche que potencialmente nos haría ganar mucho dinero con todas las actividades que se organizaban en San Antonio, y una noche de trabajo que sencillamente no podíamos permitirnos el lujo de saltarnos.

La Navidad solía ser mi fiesta favorita, pero casi había perdido su significado. Mis padres estaban tan ocupados que apenas se tomaron el tiempo de decorar el árbol. Mis cumpleaños no eran mucho mejores. Hubo un par de ocasiones en que ellos ni siquiera se acordaron de comprarme una tarjeta, y menos aún un regalo, ni tampoco de hacerme una fiesta; pero tener que pasar la Navidad sola con mi padre mientras toda mi familia la celebraba junta en casa de Mamá Silvia parecía particularmente cruel.

A medida que se acercaba el Año Nuevo, mi padre estaba más tenso. Se quejaba por lo caro que era el permiso para esa única ocasión, y de que tendríamos que vender muchos *funnel-cakes* solamente para no perder dinero. No dejaba de decir que necesitábamos ganar suficiente dinero aquella noche para pagar la colegiatura de Julio en la escuela privada en enero y para pagar la renta. No dejaba de decirme lo ocupados que podríamos estar y lo difícil que sería poder atender a una multitud los dos solos y sin nadie más que nos ayudara.

Finalmente llegó la gran noche, y la venta comenzó muy despacio. Yo podía ver que a mi padre le hervía la sangre mientras miraba fijamente a los montones y montones de paseantes y ninguno parecía querer comprar lo que nosotros vendíamos; y sentía que también a mí me hervía la sangre.

Entonces, casi por arte de magia, la gente comenzó a hacer fila para comprar *funnel-cakes*.

Minutos después, mi papá y yo no podíamos seguir el ritmo. Rápidamente pasé de tener miedo a no ganar dinero suficiente, a estar asustada por si mi papá estallaba porque la fila era demasiado larga y no nos dábamos abasto. Necesitábamos más ayuda desesperadamente, pues de ninguna manera podíamos ocuparnos los dos solos de esa multitud. Necesitábamos a alguien que estuviera en la caja registradora, pero era demasiado tarde. No había nadie a quien pudiéramos llamar. La gente en la fila comenzó a gritarnos:

—¿Por qué tanta espera? ¡Apresúrense!

Yo no dejaba de correr de la freidora a la caja, limpiándome el sudor de la frente y tirando azúcar glas por todas partes, dejando grasientos y manchados los billetes de dólar que devolvía como cambio.

Fue entonces cuando reconocí una cara familiar en la fila: ¡Tiffani! No la había visto desde que me había cambiado de escuela, pero ella sonrió y comenzó a saludarme con la mano y a abrirse camino hasta adelante.

—Parece que necesitas ayuda —me dijo.

—¡Hola! Sí, no nos damos abasto —respondí yo, alejándome rápidamente para darle la vuelta a los *funnel-cakes* en la freidora antes de que se quemaran.

—¡Vuelvo enseguida! —dijo Tiffani, y se fue.

La vi hablando con su papá, y después regresó al puesto, recogiéndose el cabello en una coleta mientras se abría paso a codazos entre la gente.

Y de repente, se metió al puesto con nosotros.

—Muy bien —dijo—. Yo le pondré el azúcar glas a los *funnel-cakes* y le cobraré a la gente. Julissa, tú haz los *funnel-cakes*, y Julio, usted prepare la masa.

Yo miré a mi papá, muerta de preocupación por si él se molestaba de que Tiffani hubiera irrumpido de esa manera dándonos órdenes, pero para mi sorpresa, él aceptó la ayuda.

—Está bien —dijo papá con una gran sonrisa—. Gracias.

Yo quería darle un abrazo a Tiffani, pero la fila era demasiado larga para detenerme.

Tiffani pasó las tres horas siguientes con nosotros, muy ocupada con los clientes y aguantando el calor de la freidora. Desarrollamos un ritmo como si fuéramos una máquina bien lubricada, o al menos bien engrasada. Con la ayuda de Tiffani, estaba segura de que habíamos vendido más *funnel-cakes* en una sola noche de los que habíamos vendido nunca, incluso cuando estaba mamá.

Cuando el reloj dio la medianoche, Tiffani tomó un puñado de azúcar glas y lo lanzó al aire.

—¡Feliz Año Nuevo! —exclamó.

Mi papá se rio y le dio un abrazo.

El papá de Tiffani llegó a buscarla poco después de medianoche.

—Gracias, gracias. Los amo. ¡Gracias! —les dije.

Me dio mucho gusto verlos a los dos y volver a conectarme con ellos al inicio de un nuevo año. Simplemente no tenía palabras para expresar mi gratitud, y mi padre también les dio las gracias.

Una vez más, Tiffani fue mi salvadora. Ella siempre sería mi hermana estadounidense, incluso cuando pasaron los años y la distancia física nos alejó.

Nos tomó dos horas a mi papá y a mí limpiar esa noche antes de cargar la camioneta y volver a casa, y mi papá parecía contento todo el tiempo. Yo le pedí que pusiera otra vez uno de los viejos casetes de José Alfredo Jiménez mientras hacíamos el largo camino de regreso a casa. Era la quinta vez ese día que habíamos escuchado la cinta, pero encajaba en el ánimo de celebración. Hubo algo mágico en el comienzo de un año nuevo y la exitosa noche que acabábamos de experimentar.

Cuando llegamos a casa, los dos estábamos demasiado acelerados y despiertos como para irnos a dormir. Estábamos emocionados por contar las ganancias del día.

Mi papá se sentó en una silla y mostraba una sonrisa nerviosa mientras yo formaba filas de billetes de uno, cinco, diez y veinte dólares bien ordenadas sobre la cama. Todavía traía puesta la misma ropa y olía a azúcar glas, masa de *funnel-cakes* y grasa; pero el olor de aquellos billetes verdes sobrepasaba a todo lo demás.

—No creo que hayamos hecho nunca tantos *funnel-cakes* en una sola noche —dije yo.

—No —respondió mi papá.

Se veía feliz y tranquilo. No lo había visto así en mucho tiempo.

Por lo general, yo me hacía una idea bastante aproximada de lo que habíamos ganado en cualquier día de trabajo, pero a cinco dólares por buñuelo pequeño, seis por uno grande, y dos dólares extra si añadíamos fresas, había perdido totalmente el rastro aquella noche, y contar esos billetes me dejó asombrada.

—¿Cuánto? —preguntó mi papá.

—Espera. Tengo que volver a contar —le dije.

Notaba que la expectación lo estaba matando; parecía un niño esperando poder abrir sus regalos de Navidad.

Después de terminar de contar por quinta vez, finalmente le dije:

—Adivina cuánto ganamos.

—¿Cuánto?

—Ándale, ¡adivina!

—¿Un millón de dólares? —dijo lentamente con una sonrisa.

—Casi —dije yo—. ¡Diez mil!

Los ojos de mi papá se abrieron como platos. Se puso de pie; agarró un montón de billetes y los lanzó al aire.

—¡Somos ricos! —gritó, y se rio.

¡Mi padre se estaba riendo!

—Jah, jaaaaah —gritó, y se subió de un salto a esa cama llena de dinero y me hizo la señal con la mano que me subiera yo también.

Fue un momento tan extraño de alegría con mi padre, que me abandoné de lleno como cuando era niña. Salté sobre la cama con él, y pasamos los siguientes minutos lanzando billetes al aire, riendo y proclamando:

—¡Somos ricos! ¡Somos ricos!

Nuestra familia no era rica, y ese dinero desapareció casi con tanta rapidez como había llegado. Pero oler ese dinero, sentir esa alegría y emoción, pensar en el poder del dinero en los Estados Unidos y lo que podría significar reafirmó mi deseo de llegar a lo más alto. Reafirmó esa idea ingenua de que si yo tenía dinero, podía arreglarlo todo.

CAPÍTULO 7

El accidente

Amedida que transcurría la segunda mitad de mi penúltimo año, aquella noche llena de risas cuando saltábamos sobre la cama en medio de un torbellino de billetes se convirtió en un vago recuerdo al que me aferraba, deseando, esperando y rezando para mantenerlo vivo.

Yo deseaba que mi padre pudiera ser siempre como aquella noche, y que yo pudiera estar siempre con mi padre.

Una noche, unos meses después, mi padre se descontroló por completo. No recuerdo cuál fue el motivo, pero en lugar de dirigir su enojo hacia mí, como siempre lo hacía cuando yo era más pequeña y antes de que lo comenzara a amenazarlo con llamar al 911, lo dirigió hacia mi madre.

Le dio un empujón, y después la golpeó. Yo amenacé con llamar a la policía si él no paraba, y mi hermano de siete años le gritaba también que parara, pero él no nos hacía caso.

Entonces agarré el teléfono.

—¡No! ¡Julissa, no! —me gritó mi mamá—. ¿Y si te piden que les enseñes tu identificación? ¿Y si hacen preguntas? ¡Todos podríamos meternos en problemas!

Yo tenía más miedo de lo que podría suceder si no llamaba al 911 que a ninguna otra cosa.

Realmente, yo no quería llamar a la policía para denunciar a mi papá. Yo no quería marcar. Fue casi como una experiencia fuera del cuerpo, y antes de darme cuenta, marqué el 9-1-1.

—Mi papá está borracho y está golpeando a mi mamá —le dije a la operadora.

Mantuve la voz tan calmada que me sorprendió incluso a mí. Julio estaba llorando.

—¿Está armado? —me preguntó la operadora.

—No, solamente está borracho. Está golpeando a mi mamá.

Ella me dijo que me metiera a un lugar seguro y que la policía estaba en camino. Cuando mi papá se enojaba, mi cuarto se convertía en mi refugio, cerraba la puerta y la atrancaba con el tocador para que él no pudiera entrar. Julio y yo dormíamos así casi todas las noches. Pero yo no iba a huir y a esconderme de aquello; no podía abandonar a mi mamá.

Cuando dos policías llamaron a nuestra puerta, mi papá se había tranquilizado, no necesariamente por decisión propia. Estaba casi a punto de desmayarse. Lamenté haber llamado a la policía en el momento en que puse mis ojos sobre ellos, y lo lamentaré siempre. Los policías se llevaron esposado a mi papá. Él no se resistió, ni tampoco me miró; se veía derrotado, quebrantado, y yo sentí que era culpa mía.

¿Cómo pude llamar a la policía para delatar a mi propio padre?

Lo que estaba a punto de entender bien por primera vez es que para personas en nuestra situación, cada decisión tiene consecuencias potencialmente transformadoras. Nada es tan sencillo como parece; siempre hay más complicaciones que afrontar. Yo había hecho lo correcto al llamar a la policía, pero también había hecho algo terrible al llamar a la policía, y el resultado sería demoledor.

Mi papá estuvo en la cárcel una noche, y mi mamá lo sacó pagando la fianza. Cuando regresó, se disculpó conmigo sinceramente y me dijo:

—Por favor, no vuelvas a hacer eso.

Creo que, bajo circunstancias normales, la vida podría haber ido mejor después de aquella noche. La amenaza de ir a la cárcel, de tener antecedentes por arresto, la vergüenza por la situación, podría haber sido el fondo que hiciera cambiar a mi papá; pero nuestra situación era cualquier cosa excepto normal.

Lo que yo no sabía cuando llamé al 911 es que él sería deportado. Tenía una visa vigente, pero por razones legales que yo no pude entender fue forzado a salir del país durante seis meses.

Con una sola llamada telefónica, convertí a mi madre en una mamá soltera. Apenas recuerdo cómo fueron aquellos seis meses sin él, excepto que todo se volvió más difícil para ella. Mi papá era quien nos llevaba a la escuela a Julio y a mí; iba a recogernos, preparaba la cena, me llevaba a mis partidos de baloncesto o a las prácticas de baile a las 6:00 de la mañana. Mi mamá hacía todo lo que podía para compensar su ausencia, pero no era una persona organizada como lo era mi papá. La casa era un desorden constante, y yo llegaba tarde a todos los entrenamientos. No tenía que apoyar el tocador contra la puerta, pero eso no significaba que no quisiera y necesitara que mi papá estuviera con nosotros.

Solamente deseaba que mi papá me quisiera como se supone que un papá debe querer a una hija. Deseaba no haber crecido teniéndole miedo, y también deseaba que él hubiera sido un idiota insensible todo el tiempo, para que odiarlo no me hubiera dolido tanto. Esa no sería la única ocasión en que comprendí que las personas pocas veces son completos santos o completos monstruos. Las personas y las circunstancias raras veces serían blancas o negras en mi vida.

Mi madre tampoco era intachable cuando se trataba de tener mal genio. Había veces en que mi hermano me daba con una espada de juguete u otro objeto y yo respondía dándole un golpe, y ella inmediatamente se giraba hacia mí y me golpeaba por haberle pegado a mi hermano menor.

Decidí pasar fuera de la casa tanto tiempo como pudiera. La escuela se convirtió en un santuario para mí; me sumergí en mis estudios y actividades, sabiendo que eran mi única vía de escape. Comencé a reunir información sobre universidades de todo el país, en lugares lejanos, creyendo en el sueño americano: que si trabajaba lo suficiente y obtenía buenas calificaciones, podría entrar en una de esas escuelas y salir de esa casa.

Trabajé con mis maestros y con mis consejeros incesantemente para enviar solicitudes de admisión anticipada a universidades que estaban muy lejos de San Antonio.

Estaba preparada para escapar, pero eso significaba mucho más que escapar de mi vida infeliz en casa. Ir a la universidad era el paso siguiente en el sueño americano que me habían enseñado a perseguir, y yo pensaba constantemente en cómo sería sentirse alguien importante, exitosa y poderosa. Quería ganar todo el dinero posible para así poder resolver todos nuestros problemas. Yo terminaría la casa de ensueño que mis padres habían dejado de construir, pagaría para que mi padre fuera a rehabilitación y pagaría los estudios de Julio. Yo resolvería mi estatus migratorio para que ya no fuera un problema y me elevaría por encima de todos los desafíos que mi familia y yo estábamos enfrentando, para vivir la gran promesa que los Estados Unidos ofrece a tantas personas. *Si yo fuera exitosa y rica, ¿por qué querría alguien prohibirme la entrada?*

Tenía puestas mis esperanzas en que en octubre de mi último año tendría una idea aproximada de a qué universidad iría y a qué zona del país finalmente podría escapar. Cuando las primeras cartas de rechazo llegaron, fue cuando comencé a entender lo difícil que podría ser llegar hasta ahí.

Ese año escolar mis calificaciones fueron casi todas sobresalientes. Estaba en todas las clases de preparación para la universidad y en clases de nivel universitario en preparatoria. Tenía brillantes cartas de recomendación de mis maestros; sin embargo, las cartas que recibí de las universidades a las que había enviado solicitudes contenían la frase: "Lamentamos informarle". Cada una de esas universidades respondió diciendo que no podían procesar mi solicitud de admisión anticipada.

Recuerdo haber tomado el teléfono para llamar a la oficina de admisiones de la Universidad de Colorado. Quería saber qué era lo que estaba impidiendo que procesaran mi solicitud, y la persona con quien hablé por teléfono señaló que había dejado en blanco en la hoja de solicitud mi número de seguro social.

—Ah. ¿Es eso un problema? —pregunté.

—Bueno, sin número de seguro social no podemos procesar nada en términos de ayuda financiera —respondió ella.

—Entonces, si no tengo número de seguro social, ¿no puedo ir a la universidad?

No estaba segura de si la mujer que estaba al otro lado de la línea sabía o no lo que yo estaba dando a entender, pero toda la conversación me hizo tener la sensación de estar pisando terreno peligroso.

—No, no creo que eso importe —dijo la mujer—. Podrías estudiar en la universidad, suponiendo que fueras aceptada, pero tendrías que ocuparte tú misma del pago de la colegiatura.

La colegiatura se elevaba a unos treinta mil dólares al año, y no había ninguna manera en que mis padres o yo pudiéramos reunir tanto dinero; además, yo no podía optar por préstamos para estudiantes dado mi estatus migratorio, y mis padres tampoco me podían avalar porque no eran residentes permanentes ni ciudadanos estadounidenses.

Comprendí que los documentos de solicitud que había enviado a todas las universidades incluían una casilla para poner un número de seguro social, y yo había dejado en blanco esa casilla en todas las solicitudes. No tenía otra opción. Yo no podía cambiar eso de ninguna manera.

¿Significaría eso que no podría estudiar en la universidad?

Intenté sacar ese pensamiento de mi mente.

Para entonces, Chris y yo habíamos roto, porque él se había ido a estudiar a otra escuela, y yo comencé a pasar más tiempo con un muchacho que llegó a ser mi mejor amigo, llamado Troy. Como Chris, él también era un poco rebelde, pero de un modo distinto. Era bien parecido y con una gran inclinación artística; me escribía poemas y cartas muy largas. Yo sentía que podía contarle cualquier cosa. Nuestra amistad se convirtió en una relación romántica, y en la noche comencé a escaparme por la ventana de mi cuarto para pasar tiempo con él cuando mis padres estaban dormidos. Había veces en las que me subía al Cadillac de mi papá, lo ponía en punto muerto, avanzaba hasta la calle en silencio, y entonces arrancaba el coche para ir a verme con Troy bajo la cobertura de la noche.

Incluso cuando Julio llegó a descubrirme bajando por la ventana a mitad de la noche, nunca me delató.

Yo no tenía licencia de conducir, y eso hacía que mis escapadas fueran el doble de arriesgadas que las de cualquier otro adolescente. No podía obtener una licencia por la misma razón por la que no podía optar a recibir ayuda económica en esas solicitudes para la universidad. Esa casilla en blanco, la falta de aquellos nueve números, era lo que me retenía.

Recuerdo que un día estaba muy abatida por eso mientras estaba sentada con mi maestro favorito, mi maestro de física avanzada, quien tenía un apellido griego muy largo y a quien todos llamábamos Mr. G. Él era ese tipo de maestro superestrafalario y querido por todos, y yo era sin duda alguna la consentida del maestro. Yo tenía una hora libre durante el último periodo de clases, y como era estudiante de último año podría haberme ido a casa temprano, pero no quería hacerlo. Mr. G me dejaba ir a su salón para ayudarle a calificar exámenes o, algunas veces, solo para hacer la tarea.

—No sé si voy a poder ir a la universidad —le dije aquella tarde.

No le expliqué todo el asunto, pero le dije que debido a la situación de mis padres no podíamos solicitar ayuda económica. No estoy segura de si él entendió o no lo que yo quise decir con eso, pero al parecer no importaba.

—Bueno, no te des por vencida solamente por eso —me dijo él—. Aun así deberías enviar solicitudes. Tú envíalas. Manda solicitudes a todos los lugares que puedas y ve qué sucede. Yo te voy a escribir las mejores cartas de recomendación, y van a *tener* que dejarte entrar.

Con el ánimo que él me dio, envié solicitudes a universidades como Georgetown y Dartmouth. Él insistió en que yo tenía las calificaciones y el empuje para entrar, y nunca olvidaré cuando me escribió una carta de recomendación para Dartmouth. No me dejó leerla, pero me dijo:

—Si esta carta de recomendación no te da la entrada, entonces el mundo está condenado.

También me animó a que enviara una solicitud a la Universidad de Texas en Austin. Yo le dije que quería ir a algún lugar muy lejos de Texas, pero él insistió:

—Es una universidad estupenda; es una de las mejores universidades del país. No la descartes.

Yo estuve de acuerdo en seguir su consejo, pero después pospuse enviar la solicitud porque no sentía que fuera la universidad adecuada para mí.

Mi madre insistía en que encontraríamos la manera de pagar la mejor universidad a la que yo pudiera entrar. Prometió que lo lograríamos, y yo le creí. Dado su historial para hacer funcionar las cosas en cada faceta de nuestras vidas, su ánimo, su optimismo y su ética de trabajo incansable me dieron esperanzas. Llené las solicitudes y esperé, y seguí esperando.

Mi padre regresó a casa después de haber pasado seis meses en México, y me recogía en la escuela cada día puntualmente durante mi último año, de modo que cuando salí el 17 de noviembre me sorprendió ver a Aris esperando en su coche a un lado del camino. Aris nunca me había recogido antes en la escuela, jamás.

—Hola —dije mientras abría la puerta del copiloto—. ¿Qué haces aquí?

—Mamá tuvo un accidente —me dijo.

—¿Qué?

Pude notar que ella había estado llorando.

—Se estaba instalando en la tienda de descuento para militares y el tanque de gas del asador… explotó.

—¡Ay, no!

—La lanzó hasta la banqueta*. No tiene quemaduras, y es un milagro que no se haya quemado, pero…

Aris se volteó y comenzó a llorar.

—¿Está bien? ¡Dios mío, Aris! ¿Está bien?

—Está en el hospital —dijo Aris—. No saben si va a despertar.

Lo siguiente que recuerdo es estar de pie frente a una ventana, en un iluminado pasillo con feos pisos de loseta blanca, mirando fijamente a mi madre que estaba tumbada en una cama de hospital. Le habían puesto un tubo en la garganta para ayudarla a respirar, y tenía tubos y cables por todos lados. Le habían rasurado su hermoso cabello, y se veía frágil. Parecía el cascarón desinflado de la madre que yo conocía.

Entonces, de repente, yo estaba de pie junto a un médico,

con mi papá y mi hermana detrás de mí. Mi papá no hablaba inglés y Aris tampoco hablaba inglés, de modo que el médico me miró a mí.

—Tiene suerte de estar con vida en este momento—dijo—. Sufrió una conmoción cerebral muy severa. Lo único que hemos podido hacer hasta ahora es intentar contener la inflamación, pero no hay mucho más que podamos hacer sino esperar y ver cómo responde. Tenemos razones para mantener la esperanza, pero tengo que decirles que hay una posibilidad muy real de que no logre superarlo.

Yo no estaba preparada para oír esas palabras; tampoco estaba preparada para traducir esas palabras a mi familia, pero no había nadie más que pudiera hacerlo.

Hicimos llamadas telefónicas. La hermana de mi mamá, mi tío Mike y mi otra hermana, Nay, tomaron un avión hasta San Antonio a la mañana siguiente. Antes de que ellos llegaran, recibí una llamada telefónica del hospital para decirnos que tenían que operar de emergencia a mi mamá porque su cerebro se estaba inflamando demasiado. El plan era cortar una parte del cráneo para permitir que se produjera más inflamación. El cráneo es un espacio finito; no puede ampliarse, y la única manera de que el cerebro no explote es cortar pequeños pedazos y esperar a que deje de inflamarse. Dijeron que había hemorragia, y que su objetivo era drenarla; si eso no contenía la inflamación, tendrían que cortar más pedazos, y cuanto más cortaran, más daños causaría. Yo intentaba asimilar todo aquello mientras se lo traducía a mi papá en tiempo real porque necesitaban su permiso para proceder con la cirugía.

—Tienen que respondernos ahora —insistían.

Ni siquiera había terminado de explicárselo a mi papá cuando respondí:

—Sí. Él dice que sí. Operen a mi mamá.

Yo tomé esa decisión, y cuando colgué el teléfono entendí que cualquier cosa que sucediera después sería consecuencia de mi decisión.

Nos las arreglamos para ir a buscar a todos al aeropuerto, y emprendimos el camino al hospital. La cirugía fue larga, muy larga. Afortunadamente, el accidente sucedió en la base militar, y un neurocirujano de fama mundial la trató en ese hospital. Todos nos sentimos afortunados de que fuera él quien operó a mi mamá, y esperábamos que ese fuera el modo que Dios tenía de cuidar de ella.

Mi educación católica y el poder de la oración nunca desempeñaron un papel fuerte en mi vida hasta ese momento. Me sentí un poco egoísta al orar cuando no había asistido mucho a la iglesia y no había orado mucho por otros antes de ese día, pero de todos modos oré, prometiéndole a Dios que desde ese día en adelante sería una mejor cristiana a la vez que le suplicaba que mi mamá viviera.

Cuando por fin salió el médico de la sala de operaciones, nos dijo que mi madre había logrado superar la cirugía, pero que el único modo en que podían mantenerla con vida era llevándola a un coma inducido, un coma del cual cabía la posibilidad de que nunca despertara.

Siguió explicando que si se despertaba de ese coma, podría volver a ser como una niña, y quizá tendría que aprender a caminar, a hablar, y podría no recordarnos. A pesar de lo que sucediera, necesitaría muchos cuidados.

—Puede ser que pasen años antes de que vuelva a la normalidad, si es que alguna vez vuelve a la normalidad —explicó el médico.

Tuve la sensación de que sus palabras eran una puerta gigantesca que se cerraba frente a mí.

Soy yo quien va a tener que ocuparse de mi mamá.

No estoy segura de por qué sentí que toda esa responsabilidad recaería sobre mí. Después de todo, tengo otras dos hermanas mayores, y ella tenía a mi papá, sin mencionar a nuestros demás parientes. Pero eso fue lo que pensé: *Voy a tener que ocuparme de mi mamá para siempre.*

Con mi madre en mi vida, yo sentía que podía hacer cualquier cosa; que podría resolver cualquier problema. Sabía que no había nada imposible para ella, y, por lo tanto, no había nada imposible para mí. Ella lo solucionaba todo de alguna manera, por algún camino. Ella hacía que sucediera. ¿Cómo iba a solucionar algo yo sola sin ella? Ella era quien me aseguraba que encontraríamos un modo de enviarme a la universidad. ¿Cómo podría hacer eso yo sola ahora? ¿Cómo podría hacer eso al mismo tiempo de tratar de solucionar cómo ocuparme de ella?

Volví a sentirme egoísta, al pensar en mí misma cuando lo único que importaba era que mi madre estuviera bien; sin embargo, no pude evitarlo. Estaba en mi último año de preparatoria, y era un año crucial para mí. Todo mi futuro estaba en juego, un futuro que ya no podía ni intentar imaginar. Me parecía imposible desarrollar una visión a largo plazo de la vida. Esa visión seguía siendo interrumpida, y lo único que podía ver era el paso siguiente; el paso siguiente era la universidad, e incluso ese paso ahora parecía fuera de mi alcance.

Transcurrió un mes entero. Yo dejé el grupo de baile. Mi mamá tenía un mostrador de joyería en una tienda local de recuerdos turísticos, y todos los días después de clases yo tenía que ir a trabajar a la tienda; y también tenía que trabajar en el puesto de *funnel-cakes* cada fin de semana. Mi papá y Aris necesitaban ayuda, y no podíamos dejar de trabajar. Necesitábamos el dinero, y ahora lo necesitábamos más que nunca porque teníamos que hacer frente a gigantescas facturas hospitalarias por el cuidado de mi madre.

Yo oraba cada noche para que ella despertara; oraba para que terminara la pesadilla.

Una semana antes de Navidad, sucedió. Mi madre al fin abrió los ojos. Yo sentí tanto alivio al verla despierta por primera vez, que me acerqué a su cama y no pude dejar de llorar. Pero no fue necesario mucho tiempo para entender la realidad.

Mi madre ya no era como había sido antes. No tenía capacidades motoras, y apenas podía hablar. Cuando hablaba, decía todo tipo de cosas que no tenían sentido. No sabía qué hora era, y tampoco sabía que era el año 2000. Sabía cuál era su nombre y sabía que tenía tres hijas y un hijo, pero no sabía que yo estaba en la preparatoria; ni siquiera me reconocía con mi edad actual.

Durante días no dejó de preguntar si el bebé había sobrevivido. Finalmente se nos ocurrió que ella pensaba que seguía embarazada de Julio. Había perdido por completo el sentido del tiempo. El médico insistía en que no era permanente. "Con el tiempo, eso mejorará", decía él, pero creo que yo no lo escuchaba de verdad. Lo único que podía ver era que mi mamá estaba completamente *perdida*. También se veía envejecida. Yo siempre había pensado en mi mamá como una mujer asombrosa y hermosa. Le habían rasurado su hermoso cabello, y ahora le estaban saliendo canas. Había envejecido de modo drástico en un breve periodo de tiempo, y eso me entristecía mucho.

Parte de nuestro sistema de apoyo desapareció cuando mi mamá despertó. Su hermana regresó a México, y finalmente también lo hizo Nay; sin embargo, mi tío Mike se quedó. Insistía en que se quedaría con nosotros todo el tiempo que fuera necesario; prometió que se aseguraría de que mi madre estuviera bien, y que la carga de cuidar de ella no recayera solamente sobre mis hombros.

—Sigue enviando solicitudes a las universidades. Has trabajado demasiado como para no hacerlo. Tu madre querría que lo hicieras —me dijo.

Así que eso hice. Seguí trabajando duro en la escuela, empleando bien mi tiempo, sacando estupendas calificaciones y enviando solicitudes a cada universidad que podía encontrar, mientras mi tío se convertía en nuestro salvavidas. Él se ocupaba de llevar a mi madre a terapia cada día. Comenzó a llevarme a la escuela y también a recogerme; incluso me organizó una gran fiesta de cumpleaños en un restaurante Olive Garden e invitó a veinte de mis amigos. Debido a él, comencé a sonreír de nuevo.

Pero había aprendido por las malas que las sonrisas no duran mucho tiempo.

Llené frenéticamente montones de solicitudes para universidades de las que apenas había oído, en algún sitio lejano que pudiera alejarme de todo lo que estaba enfrentando, y no dejaban de llegar cartas de rechazo.

Sin embargo, seguí enviando solicitudes.

Mi mamá, mi papá y yo, con mi amada Mamá Silvia en una reunión familiar en casa de mi abuelita. De niña, las ocasiones más especiales, incluyendo mis cumpleaños, las celebrábamos en casa de Mamá Silvia. Estoy sonriendo tanto porque era la primera vez que veía a mis padres en casi todo un año.

Con mis primas y mi hermana Nay en un viaje por carretera a lo largo de los Estados Unidos, viviendo mi sueño de la casa rodante. Fue uno de los veranos más memorables de mi vida. Estábamos saliendo de visitar la casa de Elvis Presley en Memphis.

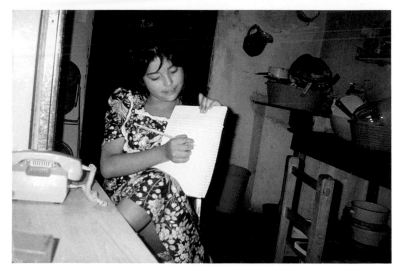

Después de hacer un trato con mi mamá de que lograría entrar a la escolta, estudié muy duro y mantuve la boca cerrada en clase. Entrar a la escolta significaba que mi mamá vendría a visitarme a Taxco. Esta fotografía fue tomada en el comedor de nuestro departamento en el segundo piso.

Después de una serie de circunstancias desafortunadas, mi mamá no llegó a verme marchar en la escolta. Estuve tan triste que marché perdiendo el paso. Probablemente, también lloré todo el tiempo.

Posando para la cámara con mi papá cuando estaba en séptimo grado en nuestro departamento en San Antonio, Texas. Este había sido un buen día, y estaba muy orgullosa de ser la hija de mi papá.

Era muy mala para muchas cosas en sexto grado, especialmente para el inglés. Pero cuando tuvimos que hacer un baile folklórico mexicano, yo era la única con un vestido auténtico. ¡Nada de leotardos con holanes* para mí!

En mi graduación de preparatoria con mi mamá, mi tío
Mike, mi hermana Aris, mi sobrino Víctor y mi hermano
Julio. Sin importar lo emocionada que estaba por graduarme
de preparatoria, cayó una sombra sobre mí, ya que mis
planes para asistir a la universidad todavía eran inciertos.

Después del accidente
de mi mamá, yo me
encargué del puesto
de *funnel-cakes*. En
esta fotografía mi
mamá se ve mucho
mejor después de
varios meses de
rehabilitación física.
¡Ella nunca deja de
sorprenderme!

Iván, yo, Delma y Kevin (de izq. a der.) en una fiesta de la universidad. Estos son unos de mis mejores amigos de todo el mundo. Juntos con Israel y Annie, formábamos el Grupo de los Seis.

La Asociación Hispana de Estudiantes de Negocios fue donde sentí por primera vez que pertenecía a algo. Llegar a ser la presidenta de la organización en 2003 sigue siendo uno de los mayores honores de mi vida. Esta fotografía fue tomada después de una junta con el resto de los miembros de la junta directiva de 2003.

Para obtener dinero extra durante mis prácticas profesionales sin paga en Chicago Fire, me vestí como la mascota de Monarcas. Fui la mascota de más corta estatura en la historia de la Major League Soccer, pero con eso pagaba mis gastos.

Después de obtener la residencia permanente, lo único que quería comer la primera vez que puse un pie en México eran las quesadillas de este puesto que se encuentra debajo de un puente. Trato de comer en este lugar cada vez que visito México.

Mi mamá y Nay flotando en Xochimilco durante mi primera visita a México en 2009. Estaba realmente feliz ese día. Aunque el dinero no compra la felicidad, en esta ocasión definitivamente la facilitó.

Aquí estoy en la empresa familiar de mis abuelos, Metales Avilés, en 2009. De chica me encantaba pasar tiempo allí imitando a mi abuelita, Mamá Silvia.

Soy la segunda desde la der. en esta fotografía con los recipientes de la beca del Fondo Educativo Ascend (AEF, por sus siglas en inglés) 2014-2015. Ser cofundadora de AEF ha sido uno de los mayores logros de mi vida. Ser capaz de ayudar a los estudiantes que están caminando en los mismos zapatos en los que yo anduve me trae una gran alegría.

Al dirigirme a nuestros invitados durante la Cena de Gala del Fondo Educativo Ascend 2016, estaba feliz y redimida. Les dije: "Ustedes son la diferencia entre que un estudiante logre su máximo potencial y que el talento de ese mismo estudiante se desperdicie". Recaudamos bastantes fondos esa noche.

Dándole los toques finales a *Entre las sombras del sueño americano* durante las vacaciones navideñas de 2015, rodeada por generaciones de mi familia. Este libro no es solo mío; le pertenece a todos ellos. Fue su sacrificio, su ánimo y su amor incondicional lo que me permitió vivir a través del fuego y embarcarme en esta nueva travesía.

CAPÍTULO 8

El muro

—¿Enviaste solicitudes a todos los lugares que querías? —me preguntó Mr. G un día de enero, cuando estábamos sentados en su clase calificando trabajos.

—Creo que sí —respondí yo—. ¡Envié solicitudes casi a todas las universidades!

—¿Incluida la UT? —me preguntó.

Yo bajé la mirada hacia el pupitre y no dije nada.

—¡Julissa! Te digo que es una universidad estupenda, y podría ser perfecta para ti. Si aún queda tiempo de enviar tu solicitud, creo que de verdad deberías hacerlo —me dijo.

—Está bien —dije yo—. Para muchas escuelas ya se pasó la fecha límite, pero lo voy a investigar.

Lo investigué y me di cuenta de que la fecha límite era al día siguiente. Esa noche comencé a llenar la solicitud, y a la mañana siguiente mi tío Mike nos llevó a Troy y a mí hasta Austin para entregar nuestras solicitudes en persona. Terminé de llenar el resto de la solicitud en el coche. Recuerdo que elegí la facultad de administración como mi primera opción porque estaba clasificada entre las cinco mejores del país, y no tanto porque quisiera ser administradora de empresas. Seguía estando bastante segura de que no quería ir allí, pero tampoco quería decepcionar a Mr. G., porque él había hecho mucho para ayudarme.

Mi madre progresó notablemente durante aquellos meses. No debería haberme sorprendido, pues mi madre es como el Ave Fénix, que renace una y otra vez. Para la primavera de 2001 ella ya estaba caminando otra vez, y hablaba, y quien que no la hubiera conocido podría haber pensado que había vuelto a la normalidad. Yo creo que ella también pensaba así a veces, porque en cuanto comenzaba a sentirse mejor quería regresar al trabajo, aunque todos reconocíamos que no podía hacerlo.

Se cansaba y necesitaba mucho descanso, y quienes estábamos cerca de ella podíamos ver que aún no había vuelto a la normalidad. Estaba bien un momento, y entonces decía algo que no tenía sentido, y su memoria a corto plazo era terrible. Me preguntaba algo y yo le respondía, y cinco minutos después volvía a hacerme la misma pregunta. Era tan olvidadiza que no sentíamos que fuera seguro para ella estar cerca del puesto de *funnel-cakes*; nos aterraba pensar en qué otra cosa podría suceder si la dejábamos cerca de la freidora y el asador de gas.

También mostraba algunas conductas bastante extrañas. Había veces en las que la llevábamos al centro comercial y ella sentía pánico por poner un pie en las escaleras eléctricas. La aterraban del mismo modo en que podrían asustar a un niño.

—Mamá, ¡súbete a la escalera! ¡Deja de comportarte así! —le gritaba Nay.

Eso me hacía enojar.

—¡Ya basta, Nay! ¡No quiere subirse a la escalera! —le gritaba yo—. Tiene que haber un elevador en alguna parte. Nos encontraremos arriba. ¡No la presiones para que suba por la escalera!

Me preocupaba lo que podría sucederle a mi madre si yo no estaba cerca. ¿Cómo la tratarían si yo entraba a la universidad y me iba de casa? Cada vez que intentaba imaginarlo, simplemente dejaba de pensar en ello. No podía permitirme a mí misma pensar a largo plazo o hacer planes a largo plazo. Nunca podía soñar en grande porque, cuando lo hacía, y daba un paso y pensaba en el futuro, lo único que veía era incertidumbre.

Troy era comprensivo con toda la situación, pero no dejaba de preguntarme qué era lo que me molestaba, y un día decidí contárselo. Simplemente se lo solté:

—Estoy en el país ilegalmente.

Troy al parecer no se molestó por el hecho de que yo estuviera en el país ilegalmente, pero al parecer si se molestó de que yo no hubiera confiado lo suficiente en él para contárselo antes.

—Tienes que entender lo difícil que es esto —le dije—. No puedo contárselo a nadie; nadie puede saberlo. No puedo arriesgarme a que alguien se descuide y diga algo en el momento equivocado a la persona equivocada, porque podrían deportarme. ¿Entiendes lo grave que es eso?

Él dijo que lo entendía, y por eso seguí explicándole toda la situación. Le conté que había llegado cuando tenía once años, que mi visa expiró sin que yo lo supiera, y que no tener un número de seguro social podría significar que no podría ir a la universidad.

Troy y yo siempre habíamos tenido una relación un poco tumultuosa, una de esas situaciones en la preparatoria en la que constantemente rompíamos y después volvíamos. Pero a final de cuentas, él era mi mejor amigo y quería ayudarme; de hecho, tenía tantas ganas de ayudarme que sugirió una manera para que pudiera conseguir un número de seguro social y estudiar en la universidad.

—¿Por qué no nos casamos? —me preguntó un día.

—¿Qué? ¡Estás loco! —respondí.

Yo no estaba preparada para casarme con nadie, pero no podía negar que la idea me había dado esperanzas. Había oído que el matrimonio podía proporcionar la residencia al instante y abrir el camino hacia la ciudadanía a cualquiera que lo quisiera. Suponía que la residencia me permitiría solicitar ayuda financiera, pero eran solamente rumores, cosas que había oído en la televisión y en las películas. En realidad no sabía cómo funcionaba nada de eso, y Troy tampoco lo sabía.

Por lo tanto, un día los dos decidimos, quizá tontamente, entrar a una oficina de inmigración a investigar. Nos saltamos la escuela y nos fuimos en el coche de Troy. Nos acercamos al mostrador, y de la manera más tonta e ingenua que pudimos, comenzamos a hacer preguntas:

—Nos gustaría saber que tendría que hacer "el primo de un amigo" para obtener su residencia mediante matrimonio.

Afortunadamente, la persona que nos atendió no nos hizo ninguna pregunta ni nos pidió que le mostráramos nuestras identificaciones, porque no estoy segura de lo que habríamos hecho en ese caso. En cambio, nos dio un montón de documentos y los leímos en el coche de Troy en el estacionamiento. No era tan sencillo como parecía en la televisión y en las películas. Para que alguien pudiera ser elegible para obtener la residencia por matrimonio, el cónyuge estadounidense tenía que cumplir ciertos estándares de ingresos para asegurar que él, o ella, pudieran sostener a la pareja. Ese era solo uno de los problemas. El proceso además era muy largo, y el pago por presentar la solicitud era muy elevado.

—Bueno, de todos modos no calificamos —dije yo, descartando enseguida la idea del matrimonio.

También gracias a Dios, porque no quería casarme con Troy, y menos a los dieciocho años de edad; sin embargo, como él era mi amigo y yo le había hablado sobre mi estatus migratorio, me resultaba más fácil seguir la relación con él que buscar un nuevo amor. No podía imaginar establecer una nueva relación con otra persona sabiendo que una vez más tendría que batallar con contarle la verdad sobre mi vida.

A veces, me preguntaba si alguna vez podría confiar en otra persona lo suficiente para confiarle mi secreto.

Mis padres me prohibieron ir al baile de graduación, pero yo ahorré algo de dinero, me compré un vestido, y me fui a escondidas; fue otro de esos momentos en los que yo simplemente necesitaba *vivir*. No regresé a casa hasta las cinco de la mañana, cuando estaba saliendo el sol. Sabía que había valido la pena pese a cualquier consecuencia que tuviera que enfrentar. Entré por la ventana y Julio se despertó, asombrado de verme entrar a esas horas. Me cambié rápidamente y fui al baño para lavarme la cara antes de meterme a la cama, y de camino hacia mi cuarto, me encontré de frente con mi padre.

—¿Acabas de llegar? —me preguntó.

Yo no respondí enseguida.

—¿Estás regresando a casa de alguna parte? —me dijo, con una voz cada vez más enojada.

Fue entonces cuando Julio salió del cuarto.

—No, Papi, ha estado aquí toda la noche —dijo él.

—Ah, bueno —contestó mi papá—. Está bien...

Siempre le deberé esa a Julio.

Al final del año escolar había recibido cartas de rechazo de todas las universidades a las que había enviado una solicitud, excepto una: Hendrix College, una universidad de artes liberales de una diminuta ciudad de Arkansas que yo había visto en algún libro de universidades (como dije, ¡envié solicitudes a todas partes!).

No podía pagar el costo de la colegiatura.

Intenté mantenerme positiva, y seguí adelante como si ir a la universidad fuera una posibilidad real. Hablé por teléfono con la chica que Hendrix había seleccionado para que fuera mi compañera de cuarto. Hablamos de lo que llevaríamos para organizar nuestro cuarto en la residencia de estudiantes, pero yo sabía que no podría ir a menos que se produjera un milagro del tamaño de la lotería para ofrecernos a mi familia y a mí un comienzo totalmente nuevo.

Hablé de ello con Mr. G, y me sugirió que me inscribiera en la Universidad de San Antonio (SAC): la universidad comunitaria local.

—¿Está bromeando? —dije yo.

Había un dicho en Roosevelt High entre los estudiantes que querían ir a la universidad: "Quienes no se logren inscribir, a SAC tendrán que ir". Inscribirme en una escuela de dos años después de todo el trabajo que había hecho parecía muy injusto; pero en resumidas cuentas, ni siquiera podía darme el lujo de ir a SAC.

Sin un número de seguro social no podía solicitar ayuda financiera. Y la fecha límite para pagar el enganche de la colegiatura en Hendrix llegó y pasó.

Vestida de toga y birrete, entré a mi graduación sin tener idea alguna de lo que me deparaba el futuro. Me gradué entre el mejor cinco por ciento de mi clase. Éramos todo sonrisas. Toda mi familia estaba orgullosa de mí; y todos estábamos preocupados.

El fin de semana después de mi graduación, allí estaba yo, con azúcar glas en el cabello, cubierta por una capa de grasa de la freidora, sudando bajo el sol abrasador de Texas y pensando: *¿Así va a ser mi vida ahora?*

Intenté no desanimarme por eso, y traté de adoptar la actitud de mi madre: "Encontraré una manera. ¡Lo haré!". Pero cada vez que intentaba pensar en mi futuro, era como mirar a través de una nube de azúcar glas. No podía ver esa vida de riqueza y felicidad que había imaginado y por la que había trabajado tanto tiempo; ni siquiera imaginaba que pudiera arreglármelas para llegar a fin de mes. No podía ver nada en absoluto.

Como había estado avanzando tanto tiempo pensando solamente en ese siguiente paso —ir a la universidad e irme de casa—, quizá no veía la realidad de lo que estaba sucediendo. Era como si hubiera apartado la vista de la carretera durante un segundo y después hubiera despertado tras un horrible accidente. *¿Había perdido el control del volante? ¿Iba yo conduciendo siquiera? ¿Qué diablos había sucedido?*

Pensaba que lo tenía todo a mi favor: me había graduado de la preparatoria, era una estudiante con honores, una chica trabajadora con buenos amigos y mentores y que contaba con el apoyo de su familia. Y aun así, no tenía absolutamente ningún lugar adonde ir; ninguno. De alguna manera, me había distraído y mi sueño americano había chocado contra un muro gigantesco.

PARTE II

El camino hacia Wall Street

CAPÍTULO 9

La oportunidad

El tío Mike me dio un trozo de papel que tenía escrito un número de teléfono y un nombre: Rick Noriega.

—¿Qué es esto? —le pregunté.

—Julissa, ¡tienes que llamar a ese número! Ahora mismo. Prueba ahora, antes de que cierren las oficinas. ¡Esto podría ser la solución! ¡Podría ser lo que hemos estado esperando!

Era el mes de julio, y hacía calor. Yo estaba cansada después de hacer *funnel-cakes* con un embudo todo el día. Lo miré con la mirada perdida.

—¡Acaban de aprobar una ley que permite a los estudiantes que no tienen papeles ir a la universidad aquí en Texas! —dijo él.

—¿Qué? —respondí con incredulidad.

A pesar de que San Antonio es una ciudad muy amigable para los inmigrantes, nosotros seguíamos viviendo en Texas; el mismo Texas donde algunos rancheros cerca de las ciudades fronterizas utilizan tácticas de intimidación para "supervisar" la frontera.

—Lo dijeron en las noticias. Ese es número el de la oficina del senador estatal que ayudó a aprobar la ley. ¡Llama! —me dijo.

Yo estaba asombrada. No sabía ni que estuviera en trámite una ley como esa. Una parte de mí se preguntaba si mi tío había cometido un error y había malinterpretado algo que salió en las noticias. No sabía qué otra cosa hacer sino marcar ese número. Me pasaron con el despacho de Rick Noriega y, de repente, estaba hablando por teléfono con una mujer llamada Linda Christofilis, la asistente del senador estatal. Le dije que quería averiguar si yo tendría derecho a ir a la universidad bajo esa nueva ley de la que mi tío había oído.

—La Ley 1403 del estado de Texas, sí —dijo ella—. Bueno, háblame un poco sobre ti para ver si te podemos ayudar.

Yo había aprendido a no hablar con nadie sobre mi estatus migratorio, en especial con alguien que estuviera en un puesto del gobierno, pero había algo en la voz de Linda que la hacía parecer amigable y segura. Así que comencé a hablar. Le conté cómo llegué a los Estados Unidos, y que me acababa de graduar de la preparatoria entre el cinco por ciento de los mejores de mi clase. Ella me preguntó todos mis datos, y yo se los di: dirección, número de teléfono, todo.

—Bueno —dijo Linda—, eres exactamente el tipo de estudiante para el que se redactó esta ley.

—¿De verdad? —pregunté yo con voz temblorosa.

Entonces me preocupó que quizá ya sería demasiado tarde para el próximo ciclo escolar.

—Envié la solicitud a la UT. Envié solicitudes a todas estas universidades —continué—, y todas me rechazaron porque no tenía un número de seguro social. Pero las solicitudes estaban todas llenas, con recomendaciones y todo, y me había propuesto ir a la universidad este año. ¿Hay alguna posibilidad de que esta ley sea retroactiva? ¿O tendré que esperar hasta el próximo curso para volver a enviar la solicitud?

Hubo silencio durante un momento.

—Mira, esa es una buena pregunta. Espera un momento —me dijo.

Me puso en espera durante lo que me pareció una eternidad.

—Hola —volvió a decir—, sí, es retroactiva y podría aplicarse a tus solicitudes para este ciclo escolar, sin duda.

Pensé que me iban a estallar las mejillas de sonreír tanto.

—¡Eso es increíble! —dije—. ¿Qué tengo que hacer? ¿Cómo puedo lograr que eso suceda? —Yo quería saber cuáles eran los pasos exactos.

—¿Adónde más enviaste la solicitud en el Estado de Texas? —me preguntó.

—Solamente a UT Austin. Yo...

Antes de poder explicarme, me dijo que no había problema. Ella redactaría una carta para que la firmara el senador, y la enviarían a la oficina de admisiones de la UT pidiéndoles que reevaluaran mi solicitud.

—¿De veras?

—Sí, y si tus calificaciones son como tú dices que son, y todo lo demás está en orden, creo que tendrás bastantes posibilidades de entrar; *y* podrías calificar para recibir la beca de Texas.

—Mi tío dijo algo sobre eso también. ¿De cuánto es la beca? —pregunté—. Porque el pago de la escuela sin duda será un problema para mí. Yo...

—Es de cinco mil dólares —dijo ella—, de modo que cubrirá una parte importante del costo de tu colegiatura local.

—Oh, Dios mío. ¡Eso es fantástico! —dije yo.

—Se basa en las necesidades y también en el mérito, así que tendrás que mantener buenas calificaciones si quieres seguir conservando esa beca cuando la recibas —contestó ella.

—Eso *no* es problema. Trabajaré duro, ¡lo prometo!

Estaba eufórica porque finalmente mis calificaciones importaban.

—¡Muy bien! —dijo Linda con una risita—. El senador se alegrará de oír sobre tu caso, y yo me alegro mucho de que llamaras hoy.

¡Ella se alegraba de que hubiera llamado ese día!

—Ni siquiera sé qué decir —continué—. ¡Muchas gracias!

—Gracias a ti, Julissa. Espero que todo esto salga bien. Estaremos en contacto pronto.

Colgué el teléfono y observé que mis padres, mi hermano y el tío Mike estaban todos a mi alrededor esperando con expectación que yo colgara.

Me tapé la cara con las manos y lloré un poco. Después levanté la vista y les dije:

—Me acaban de decir que esta ley se aplica a mi caso, ¡y el senador va a enviar una carta a la UT pidiéndoles que reevalúen mi solicitud!

Entonces todos lloramos, y mi madre no dejaba de decir: "Sabía que encontraríamos una manera".

La Ley 1403 fue mejor que ganarme la lotería, y yo creía que el haber aprobado una ley en ese momento exacto era prueba de que Dios existía y de que me amaba.

Texas fue el primer estado de los Estados Unidos que permitió que los estudiantes indocumentados estudiaran en universidades públicas, pagaran colegiaturas locales y recibieran ayuda económica estatal. En los quince años que han pasado desde entonces, solamente veinte estados han aprobado leyes similares. En lugares como Georgia, Carolina del Sur y Alabama, las leyes que se han aprobado son para prohibir que los estudiantes indocumentados tengan acceso a una educación superior. Cuando un estudiante de esos estados conoce las leyes que hay en su estado, me puedo imaginar claramente lo que de seguro está sintiendo.

Yo estaba abrumada de alegría, pero también albergaba ciertas dudas. Quizá las inscripciones a la UT ya estaban cerradas y no tenían lugar para ningún alumno más al estar tan avanzado el verano. Tal vez tendría que esperar un año, pero en ese momento pude respirar un poco, y pude comenzar a ver mi futuro otra vez.

Revisaba el correo todos los días. Cada día corría desde la casa hasta el buzón del correo y revisaba lo que había, buscando una carta de la UT. Un par de semanas después de aquella primera llamada telefónica, por fin reconocí el logo en la esquina superior izquierda del sobre. Ni siquiera esperé a entrar a la casa. Abrí el sobre; y comencé a llorar. Allí en la calle, corrían lágrimas por mi cara.

No puedo creerlo, pensaba. *No puedo creer que esto esté sucediendo de verdad.*

Corrí a la casa y les dije a todos:

—¡Fui aceptada en la UT! ¡Ya entré!

Mi mamá y mi papá me abrazaron y después se abrazaron ellos, y mi tío me dijo algo que nunca he olvidado:

—Felicidades, pero recuerda que tú te ganaste esto. Nadie te lo regaló.

Él siempre me llamaba su estrella brillante, y desde luego que estaba contento por mí, pero quería asegurarse de que yo no pensara que mi aceptación había sido como ganar la lotería o una limosna porque alguien sintió lástima por mí. Él quería que yo siguiera enfocada en que eso no habría sucedido si yo no hubiera trabajado tanto; quería que reconociera que para ser exitoso en la vida se necesitan dos cosas: preparación y oportunidades. Toda mi vida, mi mamá, mi papá y toda mi familia me habían ayudado a prepararme, y ahora el Estado de Texas me había dado la oportunidad que necesitaba.

—Esto es solamente el principio —continuó—. Este es solamente el primer paso.

Cuando recibí mi carta de aceptación, quedaban solo dos semanas para el comienzo del curso escolar. Nos montamos en el coche e hicimos el viaje de noventa minutos hasta Austin al día siguiente. Ya no quedaba ninguna plaza libre de alojamiento para estudiantes, así que mi tío, mi mamá y yo tuvimos que buscar por la ciudad. Pudimos encontrar una residencia estudiantil fuera del campus. Firmamos e hicimos un pequeño depósito, pero mientras nos alejábamos en el coche, estaba claro para todos que la renta iba a ser más de lo que mi familia podía pagar además de todos nuestros gastos mensuales.

—Encontraremos la manera de hacerlo —insistió mi madre.

Si mi mamá hubiera dicho esa frase: "Encontraremos la manera de hacerlo", como parte de una escena de una película, sería ahí donde comenzaría a sonar la música triste; donde sin que los personajes lo supieran, algo terrible estaría a punto de suceder.

Mi madre aún no se sentía bien. De hecho, una mañana poco después de todas estas buenas noticias mi madre sufrió una convulsión. Gracias a Dios que mi tío estaba allí y pudimos llevarla rápidamente al hospital, pero yo podía ver que a él le estaba pasando factura ese cuidado constante. Lo había dejado todo atrás en México y había estado con nosotros durante ocho meses.

Unos días después de regresar de Austin, mi tío nos sentó a todos y dijo que había tomado una decisión: iba a llevarse a mi madre y a Julio de regreso a Taxco. Allí, mi madre tendría la ayuda de Mamá Silvia y del resto de la familia. San Antonio estaba tan cerca de Austin que yo podría hacer el viaje cada fin de semana para trabajar en el puesto de *funnel-cakes* y usar el dinero para pagar mis gastos universitarios.

Para tomar esa decisión, en realidad no se tomaron en consideración los sentimientos de mi papá, pero mi madre estuvo de acuerdo, y Julio era demasiado pequeño para opinar. Todos acordaron que mi papá se quedaría a resolver los pendientes que hubiera con la casa y nuestras pertenencias, y que más tarde también se reuniría con ellos en Taxco.

Todo sucedió tan rápido que apenas pude asimilarlo. En una nada de tiempo, estaba empacando todas mis cosas y mudándome a la residencia estudiantil Madison House en la esquina de Twenty-Second y Pearl en West Campus, donde estaban ubicadas todas las casas de las fraternidades y hermandades.

Me mudé de una casa abarrotada de familiares a una residencia abarrotada de desconocidas. El lugar que renté formaba parte de un departamento con tres recámaras; cada recámara tenía espacio para dos alumnas, y había una zona común que todas compartíamos. Y, así como así, estaba estrechando la mano de una chica que no conocía y con quien compartiría mi cuarto, saludando a nuestras compañeras, y despidiéndome de mis padres y de Julio que emprendían el viaje de regreso a San Antonio sin mí.

Estaba muy emocionada y nerviosa, y al mismo tiempo me sentía totalmente insegura de lo que me depararía el futuro. Casi todos los demás jóvenes que vi en esos primeros días en el campus parecían emocionados de estar lejos de su casa, emocionados solamente por estar allí y por tener cierta libertad, pero yo me preguntaba: *¿Cuándo volveré a ver a mi madre y a mi hermano cuando se hayan ido a México?*

No había ninguna luz en el horizonte con respecto a mi estatus migratorio. No sabía de ninguna iniciativa de ley en el Congreso, nada de lo que se hablara y que pudiera ofrecerle a alguien como yo la posibilidad de poner en orden su estatus migratorio e iniciar el camino hacia la ciudadanía. Literalmente no había nada que yo pudiera hacer para cambiar mi situación. No había ninguna fila donde esperar, así que mis opciones eran seguir persiguiendo mis sueños o rendirme. Podría haber renunciado a mi beca, a la oportunidad de recibir una educación estupenda, podría haber regresado a México con mis padres y haber pensado en volver a los Estados Unidos más adelante; pero sabía que en cuanto aparecieran las incongruencias en mi visa y fuera obvio que había estado viviendo allí indocumentada durante cierto periodo, al instante tendría prohibida la entrada a los Estados Unidos durante diez largos años. *Diez años.* No podía esperar diez años para ir a la universidad, y no iba a dejar pasar la oportunidad de ir a la UT. Había trabajado muy duro, y mis padres habían sacrificado demasiado. Estados Unidos era mi hogar, y yo no iba a desterrarme a mí misma del país donde realmente me había criado.

Así que seguí adelante sabiendo que un día en un futuro muy cercano vería partir a mis padres y a Julio desde el aeropuerto, y que nunca, nunca podría ir a visitarlos. A mis propios padres; a mi hermano menor. Ese era el precio de mi educación universitaria. Ese era el precio a pagar por comenzar mi sueño americano. Mi familia no estaría conmigo y yo no podría verlos, y sabiendo cuál era su situación financiera, era muy probable que ellos tampoco pudieran visitarme.

Supongo que eso podría haberme hecho enloquecer; en cambio, me hizo enojar. Estaba enojada porque mi papá no dejó de beber cuando mi mamá estaba en el hospital; enojada porque ella tuvo un accidente, y enojada porque la vida había sido muy difícil para ellos. Yo había crecido viendo trabajar mucho a mis padres, viendo los sacrificios que hacían, viendo lo mucho a lo que renunciaron para enviarme a la escuela privada la mayor parte de mi vida y pagar mi ropa, y yo tenía en mi cabeza que iba a utilizar mi educación universitaria para lograr dos grandes metas: quería traer de regreso a mi hermano a los Estados Unidos, donde nació, para que también él pudiera estudiar en la universidad, cuando llegara el momento, y quería ganar suficiente dinero para sostener a mi mamá y a mi papá para que ellos no tuvieran que seguir trabajando tanto toda su vida.

Hacerse responsable de los padres en su ancianidad es muy importante en la cultura mexicana. Nuestros padres se ocupan de nosotros cuando somos niños, y cuando envejecen nos toca a nosotros ocuparnos de nuestros padres. Eso es lo que se debe hacer en la vida. Mis padres nunca me pidieron que una de mis metas fuera cuidar de ellos; nunca pusieron sobre mí ese tipo de presión. Pero en mi familia, sencillamente hay una regla no escrita que dice que nos ayudamos unos a otros, pase lo que pase. Nunca llevamos a nuestros padres a un "hogar". Ni siquiera había oído que hubiera hogares para personas ancianas hasta que llegué a vivir a los Estados Unidos, y la idea en sí me parecía cruel; sin embargo, cuando comencé a estudiar en la UT, ese deseo de ayudar a mis padres se convirtió en otra cosa para mí: era un fuego, la motivación de ser rica y poderosa para poder arreglar todas las cosas que estaban mal.

No recuerdo ni una sola vez en la que mi madre se comprara un vestido o un par de zapatos para ella, y lo mismo mi papá. No lo recuerdo comprando nunca cosas para él (a excepción del Cadillac de segunda mano, cuando tuvimos la necesidad de un coche para movernos). Después de ver ese tipo de sacrificios cuando era pequeña, sabía que yo no quería batallar de ese modo jamás. Ahora, con la oportunidad de estudiar en una de las mejores escuelas de negocios del país, puse la vista muy en alto desde el principio. Decidí que quería ser una mujer de negocios poderosa; quería viajar por el mundo; quería comprar un taller mecánico para mi papá y una joyería para mi mamá; quería llevarlos de vacaciones; quería que mi hermano no tuviera que preocuparse por todas las cosas por las que yo tuve que preocuparme. Para mí, *eso* era el sueño americano. Mis padres siempre me habían inculcado esta creencia: "La escuela es tu salvación. La educación es tu salvación. La educación es tu vía de escape".

Si había un momento en que necesitaba creer eso, fue ese emotivo día a principios del otoño de 2001 cuando llevé a mi mamá, a Julio y al tío Mike al aeropuerto.

Había personas por todas partes, caminando con prisa como hacen siempre, intentando conseguir taxis y manejar su equipaje, y oyéndose a sí mismos pensar por encima de los anuncios interminables que se hacen por los altavoces del aeropuerto. Llegamos tarde, por supuesto, y todo parecía ir demasiado deprisa.

—Te quiero —le dije a Julio mientras sostenía su carita entre mis manos—. Pórtate bien, ¿ok? Sé bueno con mamá.

—Lo haré —dijo él.

Abracé a mi mamá un largo rato, pero no fue suficiente. No la soltaba, y no puedo recordar lo que nos dijimos la una a la otra. Ni siquiera estoy segura de si dijimos algo; tan solo recuerdo que empapé el hombro de su camiseta con mis lágrimas; y ella también empapó mi hombro.

—Mamá Silvia y yo nos ocuparemos muy bien de ella —dijo el tío Mike—. Lo prometo.

—Sé que lo harán. Lo sé —respondí yo.

Los miré mientras caminaban por la rampa hasta que desaparecieron por la esquina y se subieron al avión, sin saber cuándo volvería a verlos.

CAPÍTULO 10

Casi normal

Para cualquier persona que no conociera mi historia, mi experiencia como alumna de primer año era igual a la que tienen otros miles de chicos y chicas por todo Estados Unidos.

Mi compañera de cuarto, Kim, era estudiante de segundo año y era un año mayor que yo; su padre era militar, y San Antonio era la última ciudad donde había vivido, de modo que teníamos eso en común. Las otras compañeras de departamento eran una muchacha que yo suponía que era blanca (me sorprendió mucho después enterarme de que ella también era hispana), una muchacha mitad árabe mitad alemana llamada Nadia, y una alumna internacional de México.

Madison House era una pequeña residencia estudiantil fuera del campus, así que todas llegamos a conocernos muy bien, no solo entre compañeras de departamento, sino también a todas las que vivían en el edificio. Todas estrechamos lazos gracias a nuestro amor en común por los "taquitos": las deliciosas tortillas de maíz fritas rellenas de queso que se servían los miércoles. Había noches de cine durante la semana y otras actividades para todas en la residencia. Eran las cosas normales que una estudiante en edad universitaria podría esperar y, lo más importante para mí, casi un millón de cosas por las que yo no tenía que seguir preocupándome. Mi papá no me gritaba; no tenía a mi mamá enferma en casa, y tampoco tenía que ayudar a mi hermano con sus tareas escolares. En las dos primeras semanas de clases comencé a entender que siempre había tenido la sensación de que no me permitían sentir lo que fuera que yo estuviera sintiendo. Siempre me sentía culpable por algo, incluso si nadie me hacía sentir así. Estaba acostumbrada a entrar a escondidas por la ventana en la noche, y ahora podía entrar siempre por la puerta principal. Era estupendo poder ser simplemente yo, ser egoísta, preocuparme solamente por mí misma. Ser normal.

Entonces llegaba el viernes, y eso me obligaba a recordar que yo *no* era normal. Cuando todas las demás comenzaban sus planes para el fin de semana, yo me subía a un autobús para hacer el viaje de noventa minutos a San Antonio para vender *funnel-cakes* y así poder pagar la escuela. Al recordar enseguida lo mucho que mi mamá, mi hermano y mi padre estaban dejando para que yo pudiera ir a la universidad, ¿cómo no iba a sentir que les debía todo?

Vi muy poco a mi padre durante los primeros fines de semana. Estaba agradecida de tenerlo allí para ayudarme a cargar la freidora y preparar todo para el mercado al aire libre. Estaba contenta porque él seguía en San Antonio, y me alegraba de verlo, pero no me quedaba con él. Me quedaba con mi hermana, que en ese tiempo vivía con su esposo en su propia casa, y tenía un bebé. Éramos muchos en su casa. Yo no tenía mi propio cuarto, y me sentía horriblemente culpable por quedarme allí en lugar de quedarme en casa con mi papá. Él estaba triste por eso y trataba de convencerme de que no bebería si yo pasaba la noche allí, pero yo no cedí. Lo deje a sus anchas para que bebiera a solas en su sillón cada noche.

Poco después me estaba despidiendo también de él. Yo amaba a mi padre, y tenía muchas emociones mezcladas de amor, remordimiento, perdón y amargura. Como me pasó con mi mamá y Julio, también me preguntaba cuándo volvería a ver a mi papá. Quizá, la siguiente vez que lo viera sería como el papá que me visitaba en México cuando era chica: divertido y amable, y *solamente* divertido y amable.

Desde entonces trabajaba yo sola en el puesto de *funnel-cakes*, y cada domingo en la noche hacía el viaje de regreso de noventa minutos en el autobús Greyhound a los Cuarenta Acres (el apodo para el campus de la UT) con una mochila llena de dinero en efectivo. A veces eran miles de dólares, en su mayoría en billetes pequeños. Yo sabía que era peligroso llevar tanto dinero, pero ¿qué otra cosa podía hacer? No podía abrir una cuenta bancaria; no tenía licencia de conducir, ni número de seguro social, y por eso no tenía otra opción. Guardaba todo el dinero debajo del colchón o en la funda de la almohada de mi cama en el cuarto que compartía con Kim, aunque no permanecía ahí por mucho tiempo. Lo utilizaba para pagar la colegiatura y la renta, y para comprar comida y provisiones.

Los lunes en la mañana regresaba a modo "normal". Iba a clases, también a la biblioteca y pasaba muchísimo tiempo estudiando. Una de las únicas cosas que me resultaban extrañas era que la universidad me matriculó como estudiante internacional. Debido a que la ley que me había permitido ir a la universidad se había aprobado en ese mismo verano, la escuela tuvo que pensar rápidamente en cómo acomodar a estudiantes como yo, que vivíamos en Texas, que éramos estadounidenses en muchos aspectos, pero que no teníamos papeles. Así que me agruparon junto con estudiantes de Tailandia, México y otros países, que estaban en los Estados Unidos con visa de estudiante. Eso significaba que cuando tenía alguna pregunta o necesitaba ayuda con algo, tenía que ir a la oficina de alumnos internacionales. Esa clasificación ofrecía una buena identidad, pero yo nunca hablé de ello con nadie. Aunque hice algunas amistades mediante esa conexión "internacional", estaba claro que no me sentía "internacional". Cuando alguien me preguntaba de dónde era, yo respondía: "De San Antonio". De ahí *era* yo, después de todo.

Ser clasificada como estudiante internacional no me molestaba demasiado, porque pronto encontré un lugar donde sentía que pertenecía. Creo que habían pasado un par de semanas de mi primer semestre cuando asistí a mi primera reunión de la Asociación Hispana de Estudiantes de Negocios (HBSA, por sus siglas en inglés), que se promocionaba como una organización profesional para ayudar a los estudiantes a desarrollar las habilidades necesarias para prosperar en el mundo empresarial. Fui a la reunión sin tener ni idea de que sería una experiencia transformadora para mí.

Pensaba que sería un grupo pequeño compuesto por uno que otro nerd* o algo parecido, y por eso me sorprendió cuando entré a un gran auditorio lleno con unas doscientas personas más o menos en esa primera reunión. Y entonces el presidente de la organización, que era un estudiante más veterano, carismático y bien parecido que iba vestido de traje, se levantó para tomar la palabra. Justamente antes de que comenzara a hablar, oí a alguien susurrar:

—Ahí está Scotty el Superguapo.

Scott destacaba marcadamente entre todos aquellos estudiantes hispanos, varones y mujeres, vestidos con trajes de aspecto profesional. Él tenía el dominio del lugar; hablaba como un hombre que lleva las riendas. Creo que antes de ese momento no me había encontrado nunca con un hombre hispano, aparte del tío Mike, que hablara con ese tipo de personalidad, y pensé: "¡Yo quiero ser *así!*". Imponente, profesional y carismática.

Me hice miembro de la HBSA allí mismo, y cuando estaba entre compañeros de clase de la HBSA era cuando más sentía que pertenecía. La asociación organizaba fiestas, así que yo iba a las fiestas; también tenían actividades sociales y seminarios de desarrollo profesional de todo tipo, y yo asistía a cada uno de ellos. Muchas personas consideran que en la universidad uno se encuentra a uno mismo e identifica su marca distintiva, ya que son los años de formación; pero creo que yo fui formada, moldeada y pulida en la HBSA.

La mayoría de sus miembros eran hispanos, así que conocían mi cultura y mi primer idioma, y muchos de ellos provenían de hogares de bajos ingresos y se habían matado trabajando para poder entrar a la facultad de administración de la UT.

No me atreví a decirle a nadie que yo era indocumentada, y tampoco en ese grupo le dejé saber a ninguno que había sido aceptada en la universidad solo un par de semanas antes de que comenzara el semestre. Lo único que ellos sabían, y lo único que yo sentía, era que cada uno de nosotros había encontrado su tribu.

En la preparatoria, siempre me había dedicado a actividades extracurriculares que mejoraran mi historial académico. No tomaba solamente clases de latín cuando la mayoría de los estudiantes tomaban español; tomé latín y después fui cofundadora de la Sociedad de Griego y Latín de nuestra escuela y me convertí en su presidenta. Además de disfrutarlo, sabía que en una solicitud para la universidad se verían muy bien ese tipo de puestos; y ahora que estaba en la universidad, pensé que también se verían bien en un currículum vitae. Como estudiaba en la facultad de administración de empresas, decidí intentar llegar a ser la representante de primer año del Consejo Empresarial Universitario. Era un puesto de elección, así que imprimí algunos folletos y un martes en la mañana me levanté temprano para distribuirlos por el campus.

Estaba con algunas amigas cuando observamos que varias personas salieron corriendo de uno de los edificios; sus caras tenían expresión de preocupación, y comenzaron a formar grupos y a hablar entre ellos. Un chico llamado Logan, de cabello pelirrojo y rizado, llegó corriendo hasta nosotras. Nunca olvidaré la expresión de su cara, pues tenía una expresión horrible.

—Atacaron las Torres Gemelas —dijo, y yo no sabía a qué se refería—. Creen que son terroristas. Estamos bajo ataque.

Eso no tenía ningún sentido para mí. En San Antonio, las Torres Gemelas era el apodo del potente dúo de Tim Duncan y David Robinson, los jugadores de baloncesto que dieron tanta fuerza a los Spurs de San Antonio.

—¿Las Torres Gemelas? —pregunté yo.

Todos los demás parecían saberlo: las Torres Gemelas eran el World Trade Center en la ciudad de Nueva York. Las Torres Gemelas se erigían en el Bajo Manhattan en el centro del Distrito Financiero y eran, en esencia, un símbolo de todo lo que estábamos aprendiendo en una de las escuelas de negocios más importantes del país. Poco después quedó claro que esas torres habían sido golpeadas por dos aviones comerciales, y que habían muerto muchas personas en los aviones y en las torres; y la situación estaba empeorando.

Cada vez más personas salían corriendo de los salones de clases. El personal de seguridad del campus entró de repente, como salidos de la nada. Jenna Bush, la hija del presidente, estaba estudiando en la UT en esa época, y los de seguridad comenzaron a buscarla con tal frenesí que nos asustaron a todos.

La hija del Presidente estudia aquí. ¿Y si los terroristas nos atacan por eso?

Cerraron la universidad. Yo regresé a mi residencia estudiantil, y con mis compañeras de departamento vi por televisión cómo se desarrollaban los acontecimientos. Lloré; todas lloramos. Vi una y otra vez en los días posteriores las imágenes de lo que siempre se conocería como el 11 de septiembre. No podía apartar la vista. No podía creer que hubiera sucedido.

Una de las imágenes que quedó grabada en mi mente fue la de varias personas saltando por las ventanas que estaban situadas arriba del incendio donde habían chocado los aviones. Los canales de televisión rápidamente dejaron de emitir esas imágenes, y las revistas y los periódicos casi no les dieron cobertura. Era difícil ver a una persona saltar por la ventana hacia una muerte segura. Yo no podía imaginar lo difícil que debió de haber sido para una persona tomar la decisión de que saltar era mejor que morir dentro de esos edificios. Solamente podía imaginar el calor que debió de haber hecho allí dentro, y también las preguntas que debieron haberse hecho a sí mismos. Podía identificarme con ese tipo de desesperación que conduce a una persona a saltar al vacío.

Después, observé la gran fortaleza y el espíritu estadounidense que surgieron de aquel terrible acto, y sentí que yo era parte de ello. Sentí el enojo que nos unía. Alguien había invadido *nuestro país*; alguien había matado a *nuestra gente*: a personas inocentes. Lo sentí por las personas que perdieron sus vidas, pero también sentí que yo era tan estadounidense como cualquier otra persona estadounidense. Lo que yo no sabía ese 11 de septiembre era que aquel terrible día afectaría mi vida profundamente. Como reacción a la tragedia, el sistema de inmigración de nuestro país cambió para siempre.

El 1 de agosto de ese año, los senadores Dick Durbin y Orrin Hatch habían presentado un proyecto de ley en el Senado de

los Estados Unidos dirigido precisamente a inmigrantes como
yo. La legislación se llamaba la Ley DREAM (Ley de fo-
mento para el progreso, ayuda y educación de menores ex-
tranjeros). El proyecto de ley creaba un proceso para que
los inmigrantes indocumentados que llegaron a los Estados
Unidos de niños y sin responsabilidad alguna por su parte,
comenzaran un proceso para obtener la residencia permanente y al final la ciudadanía. La ley argumentaba que esos
niños, como yo, se habían criado como estadounidenses y que
se habían ganado el derecho a ser ciudadanos del país al que
consideraban su hogar. Habría todo tipo de pruebas y comprobaciones de antecedentes, e incluso una provisión que dictaba que los inmigrantes como yo mostraran "buen carácter
moral", además de un diploma de preparatoria o un diploma
de equivalencia general (GED, por sus siglas en inglés) y otros
requisitos. No sería fácil, pero yo no esperaba facilidades; tan
solo buscaba un camino que pudiera emprender, cualquier camino que me permitiera seguir viviendo, trabajando y estudiando en la universidad, y siendo parte de este país que ahora
consideraba mi hogar.

Una parte de mí quería salir corriendo para unirme al movimiento y mostrar mi apoyo a esa ley, pero no podía hacerlo.
¿Y si esa ley no era aprobada y yo ya me había delatado a mí
misma? Me sentí como una cobarde. Oía la voz de mi madre
resonando en mis oídos: "Serás deportada". En cambio, veía
las noticias y leía los periódicos. Saber que la ley que me permitía estudiar en la universidad, la Ley 1403 del estado de
Texas, había sido aprobada, me hacía pensar que era posible
que la Ley DREAM también fuera aprobada.

Después del 11 de septiembre, la Ley DREAM que me
había dado tantas esperanzas, fue rechazada; y volvió a ser rechazada cada vez que era reintroducida. Y todos estos años
después, mientras escribo este libro, sigue sin haberse aprobado.

Hubo un aire de tristeza en el campus el resto de ese semestre, pero todos intentábamos regresar a la normalidad. Los terroristas no iban a ganar.

Conocí a mis seis mejores amigos y amigas por medio de la HBSA ese primer semestre. Cinco de ellos se habían conocido durante los programas de orientación del verano, y yo al principio me sentía un poco ajena porque no había podido asistir a esas sesiones de verano con ellos, pero en muy poco tiempo formamos nuestro grupo de los seis. Íbamos a la biblioteca y estudiábamos juntos durante la semana. Yo iba a fiestas con ellos cuando podía, aunque me resultaba difícil porque yo estaba en la ciudad solamente de lunes a jueves por la noche. No podía estudiar nada durante el fin de semana porque me pasaba todo el día vendiendo *funnel-cakes*, así que mis trabajos, estudiar para los exámenes y las investigaciones, todo lo que había que hacer, tenía que terminarlo de lunes a jueves, y eso no dejaba mucho tiempo para salir, hacer amigos o tener citas, aunque yo tenía mis ojos puestos en muchos chicos.

Uno de ellos era un muchacho llamado Robert. Robert no era muy alto ni increíblemente bien parecido, pero tenía unos ojos bonitos y de aspecto triste que me atraían. De la nada, un día me preguntó si quería que fuéramos a almorzar después de clases. Me acababa de hacer un piercing en la lengua por ninguna otra buena razón excepto porque podía hacerlo y nadie podía enojarse conmigo por ello. Todavía no me había recuperado del todo y tenía la lengua hinchada.

—Solo puedo comer sopa —musité.

Así que nos fuimos a un centro comercial cercano fuera del campus para comer sopa juntos.

Desde ese momento, incluso cuando yo no tenía tiempo, de alguna manera sacaba tiempo para Robert.

Durante el resto del semestre salimos juntos después de clase cada día. Dábamos largos paseos mientras él fumaba y yo fingía fumar, hacíamos cortos viajes en su coche rojo de dos puertas, él me pagaba el almuerzo, se reía de mis bromas y me seguía atrayendo su mirada triste.

Charlábamos de lo que estábamos estudiando y de lo que queríamos hacer cuando fuéramos mayores, y también de la preparatoria, Dios, religión y música. A él le gustaba el grupo de rock Nine Inch Nails, y a mí el hip-hop, pero a los dos nos encantaba Tupac. No teníamos muchos intereses en común, pero podíamos mantener muy buenas conversaciones y reírnos mucho, tanto que llegaba a dolerme el estómago. Ninguno de los dos éramos personas divertidas ni tampoco lo que cualquiera llamaría el alma de la fiesta, pero nos reíamos de nuestro sentido del humor. Nos entendíamos; éramos sarcásticos el uno con el otro, y descubrimos que a los dos nos gustaba la buena mesa. Yo podía pasar con él todo el tiempo que quisiera sin preocuparme por tener una hora límite para llegar a casa, ni preocuparme tampoco por mi papá. Cuando estaba con Robert, yo no era una estudiante internacional sin papeles; era simplemente una muchacha universitaria a quien le gustaba un chico. Otros muchachos mostraron interés en mí durante el semestre, pero yo me estaba enamorando de ese muchacho que era precisamente lo contrario al tipo de chico que yo creía que me gustaba. Nunca nos besamos, y nunca hablamos sobre ser novio y novia; quizá éramos tan solo muy buenos amigos. Yo no estaba segura, pero él me había enganchado, y no quería estar separada de él.

Una noche cerca del final del semestre, después de un viaje en su coche rojo de dos puertas, nos detuvimos en el estacionamiento de su edificio, y él se acercó para besarme. Y después, me pidió que le hiciera sexo oral.

Yo era tan ingenua y había estado tan protegida, que pensaba que al besar a un muchacho, él era automáticamente tu novio. A mí me gustaba él de verdad, y yo quería ser normal. Estaba muy confundida. *¿Qué no las muchachas universitarias normales le hacen sexo oral a sus novios?* Yo nunca le había hecho sexo oral a nadie. Quizá mi piercing en la lengua daba la impresión equivocada, o quizá precisamente eso le dio ciertas ideas. Fue un momento muy incómodo, pero intenté dejar a un lado mi vacilación. En mi mente, las muchachas universitarias normales y corrientes hacían todo tipo de cosas en el asiento trasero con muchachos que les gustaban. Vinieron a mi mente escenas de la película *American Beauty*, con todas sus perspectivas distorsionadas del amor, el sexo y las relaciones codependientes.

Robert era un buen muchacho. Era galante; era un caballero que siempre pagaba y siempre me abría las puertas, y notaba que él caminaba junto a mí por el lado izquierdo de la calle. Todas esas cosas pasaban por mi mente mientras hacía eso que él quería que hiciera; pero no podía olvidar que no habíamos hablado sobre nuestra relación ni una sola vez.

Me detuve, y lo miré.

—Entonces —le dije—, ¿qué somos?

—¿Acaso me estás tomando el pelo? —dijo él. Gimió mientras empujaba mi cabeza hacia abajo.

Yo sentí que eso no estaba bien.

—No puedo hacer esto —le dije—. Me incorporé y miré por la ventanilla.

—Te llevaré a casa —dijo él con un tono de decepción y enojo en su voz.

Ya no me sentía normal; quería saber que éramos nosotros, y que íbamos a ser. El dejó en claro que no íbamos a ser nada más de lo que éramos: amigos que almorzaban juntos, daban largos paseos e iban en su coche rojo de dos puertas.

¿Y esto?, pensé.

Me bajé del coche y caminé hasta mi casa. No quería volver a verlo.

Ya en la habitación de mi residencia me sentía avergonzada, me sentía sucia, me sentía utilizada. Al día siguiente saqué el tema con mi grupo de seis amigos, e incluso los muchachos pensaban que era extraño que Robert me tratara de ese modo. Iván y Kevin me protegían mucho, ¡y amenazaron con darle una paliza!

Eso me hizo sentir un poco mejor. Mi nuevo círculo de

amigos y amigas me respaldaba, y me dijeron que mis instintos eran correctos. El semestre casi había terminado, y vi a Robert solamente en clase algunas veces más, intercambiando miradas nerviosas, pero sin decirnos palabra.

Me sobrepuse a mi decepción con Robert mucho más rápido de lo que pensaba, quizá porque tenía que preocuparme por los exámenes finales además de programar los dos viajes de noventa minutos para ir a vender *funnel-cakes* y regresar. No podía abandonarme a mi sufrimiento cuando estaba preocupada por haber tenido algunas semanas de poca venta en el puesto de *funnel-cakes*. Pasé las vacaciones de Navidad en San Antonio con mi hermana y su esposo, aunque estaba triste por no poder pasarla con mis padres y Julio.

Era la segunda Navidad que había pasado sin mis padres. La primera fue cuando nació Julio, pero había pasado esa Navidad con Mamá Silvia y mis hermanas y todos mis primos. Esta Navidad era distinta. No había árbol de Navidad, no había sentir de celebración. No había pastel de cumpleaños para Julio. A pesar de que estaba con mi hermana, mi cuñado y mi sobrino, y que trataron de hacerme sentir incluida en su pequeña familia, fue uno de los días más solitarios de mi vida. Posiblemente era la primera vez en que caía en cuenta de lo solitaria que sería mi existencia en este país.

Pero no había tiempo de preocuparme por mis sentimientos, ya que tenía que concentrarme en ganar dinero en el puesto de *funnel-cakes*. Las semanas previas a las fiestas habían sido lentas, y la colegiatura de mi segundo semestre no se iba a pagar sola.

Afortunadamente, después de otro Año Nuevo altamente redituable, con muchas ventas en el puesto, el segundo semestre comenzó estupendamente. Los seis nos inscribimos a la misma clase de cálculo, así que comenzamos a estar juntos más tiempo que nunca. Una noche, decidimos ir a una loca fiesta de espuma. Fue asqueroso. Fue lo peor: un montón de desconocidos bailando en una habitación llena de burbujas de espuma que más bien parecía la nata de un baño caliente.

Decidimos irnos temprano, y todos nos reíamos mientras caminábamos hacia el coche de Kevin, que era el único de nosotros que tenía coche, un Firebird verde. Habíamos recorrido medio camino cuando un tipo loco y borracho que estaba al otro lado de la calle comenzó a gritarnos y a insultarnos. Fue entonces cuando nuestra amiga Annie decidió que sería una buena idea responderle a ese tipo.

—¡Dios mío, Annie! ¿Qué estás haciendo? —dije yo.

Annie era fuerte, pero el tipo era grande y estaba borracho. De repente, el tipo borracho comenzó a avanzar hacia nosotros como si quisiera matarnos.

—¡Corran, chicas! —gritó Kevin.

Iván y nuestro otro amigo, Israel, se quedaron allí para impedir que el borracho alcanzara a Annie. Estábamos mirando hacia atrás mientras corríamos cuando ese loco llegó hasta ellos, e Iván le lanzó un gran golpe y el tipo cayó completamente de bruces. Lo noqueó de un solo golpe.

—¡Iván, eres nuestro héroe! —le dijimos mientras nos metíamos en el coche y nos íbamos. Yo me sentía segura al estar con ese grupo de personas, y se debía a muchas más cosas aparte de tener a alguien fuerte entre nosotros. Kevin, Iván, Israel, Delma, Annie y yo; todos cuidábamos los unos de los otros, compartíamos los apuntes cuando estudiábamos, y nos cubríamos el uno al otro si alguien tenía que perderse una clase. Kevin vivía en un departamento con su hermano mayor, y todos íbamos a su casa y tomábamos turnos para cocinar. Recuerdo una vez en que yo intenté cocinar arroz y me quedó como si fuera sopa, y todos se burlaron de mí. Todavía se siguen burlando de mí, y siempre me dicen: "¿Cómo se prepara esa sopa de arroz que haces?".

En el segundo semestre también consolidé mi amistad con otras personas. Estaba Jessica, miembro de la junta directiva de la HBSA, que tenía puesta la mirada en llegar a ser la presidenta de la asociación. Otra muchacha llamada Tiana era la persona más relajada y divertida que he conocido en mi vida, y también conocí a mi cómplice: Clarissa. Pasaba también mucho tiempo con mi compañera de cuarto, Kim, que un día descubrió accidentalmente el montón de dinero que tenía escondido debajo del colchón.

—Ah, es que no he tenido tiempo de ir al banco —le dije mientras pensaba en otros lugares donde poder meter mi dinero y que no me descubrieran. Al ver todos esos billetes de dólar, estoy segura de que pensó que a escondidas traficaba con drogas o que me desnudaba en un bar; sin embargo, nunca me volvió a preguntar por ello.

Ese semestre logré ganar el dinero suficiente no solo para pagar la colegiatura, los libros y la renta, también pude ayudar a que mi papá fuera a rehabilitación. La rehabilitación era mucho más barata en México que en los Estados Unidos, así que le envié a mi hermana un dinero extra y pudimos meter a mi papá en un programa que con el tiempo funcionaría.

Ganar dinero estaba logrando precisamente lo que yo pensaba: hacer que todo fuera mejor.

Incluso pude ahorrar dinero suficiente para comprarme mi primer coche, un Dodge Neon 1998, y eso significaba que ya no tendría que seguir llevando mi dinero en un autobús lleno de personas desconocidas. Podía llevarlo en la mochila sobre el asiento a mi lado, sano y salvo. Sin embargo, aún no podía obtener mi licencia de conducir, así que cada vez que me subía al coche tenía que hacer a un lado un temor muy real a que me detuvieran en la carretera y que eso me causara graves problemas. No rebasaba el límite de velocidad, siempre utilizaba las direccionales y siempre me detenía por completo ante las señales de alto. Cumplía las normas de tráfico mucho más estrictamente que el conductor promedio, únicamente porque no podía arriesgarme a que me atraparan. Las consecuencias de algo tan simple como una multa de tránsito eran demasiado elevadas para mí. Pero en general, mi vida iba viento en popa.

Sin embargo, es chistoso que la vida siempre parece encontrar un modo de hacer un agujero en la vela justamente cuando al fin uno cree ir en el rumbo adecuado.

CAPÍTULO 11

De patitas en la calle

Justo a la mitad de mi segundo semestre, la ciudad de San Antonio decidió que debía darse un mejor uso al terreno donde los comerciantes ponían sus puestos para el mercado al aire libre los fines de semana. Se decidió tomar ese terreno tan bien ubicado y utilizarlo para construir un nuevo museo; y así, en un abrir y cerrar de ojos, mi puesto de *funnel-cakes* se quedó sin hogar, y yo me quedé sin mi única fuente de ingresos.

Una pequeña parte de mí se alegró, pues estaba cansada de perder tres horas en los viajes de ida y vuelta cada fin de semana y no poder pasar muchos momentos con mis amigos; nunca pude ir a un partido de futbol americano de los Longhorn de Texas ese primer semestre porque siempre trabajaba los sábados. El resto de mí era un manojo de nervios. Sabía que necesitaba rápidamente encontrar un empleo, y sabía que sin tener los papeles en regla, nadie iba a querer contratarme.

Una de mis compañeras de departamento tenía un novio que era mexicano. Al hablar con él imaginé que probablemente era indocumentado, aunque él nunca dijo nada, ni ella tampoco. Yo estaba desesperada, así que me arriesgué y le conté mi situación.

Ella habló con su novio, y un par de días después me puso en contacto con una mujer que me podía proporcionar papeles falsos.

Cuando llamé, la mujer me dio la dirección de su departamento. Saqué unos cientos de dólares de debajo de mi colchón y emprendí el camino hacia un complejo de departamentos común y corriente en Texas. La transacción fue completamente rutinaria: yo le entregué el dinero, ella me tomó una fotografía, anotó la forma correcta de escribir mi nombre y mi fecha de nacimiento, y dos semanas después recibí un sobre de su parte. Dentro había una tarjeta de residencia falsa y una tarjeta del seguro social falsa con mi nombre. Yo nunca había tenido en mis manos una tarjeta de residencia o una tarjeta del seguro social verdaderas, pero supuse que se parecían a los documentos del gobierno aunque no tenía ni idea de si eran o no buenas falsificaciones. No sabía si el papel tenía el espesor correcto, si el tipo de letra era el correcto o si engañarían a alguien; lo único en que podía confiar para seguir adelante era que el novio de mi compañera de departamento le había comprado papeles a esa mujer y los había utilizado para obtener un empleo, y yo esperaba que con esas tarjetas me sucediera lo mismo a mí. Lo único que tenía para seguir adelante era fe. Si no funcionaba, ese sería el final del camino para mí; si me sorprendían usándolas, probablemente me deportarían y perdería mi beca y también a mis amigos. *Lo perdería todo.*

No veía ningún otro modo de avanzar. Conseguir esos papeles y darles un buen uso era el único camino que tenía a mi disposición en aquel momento. Punto. Cualquier otra cosa habría significado darme por vencida, y yo no estaba dispuesta a permitir que eso sucediera.

Sabía que Iván ganaba bien trabajando en el centro de llamadas de una empresa de tarjetas de crédito de prepago. Estaba segura de que él estaba ganando entre doce y catorce dólares la hora, y sabía que había ayudado a Kevin y también a otros amigos a conseguir un empleo allí; así que lo siguiente que hice fue acudir a Iván.

—Oye, necesito un empleo porque mi puesto de *funnelcakes* cerró. ¿Puedes recomendarme?

—Sí, claro —dijo él—. Todavía estamos contratando gente. Puedo conseguirte una entrevista.

Él no sabía que yo era indocumentada. Ninguna de esas personas a quienes yo consideraba mis mejores amigos del mundo conocía mi secreto.

Yo había aprendido algunas cosas sobre el mundo empresarial en esas reuniones y convivencias de la HBSA. Aprendí a vestirme en forma apropiada para la ocasión; aprendí a dar un firme apretón de manos; aprendí a establecer contacto visual y hablar con cierta confianza. Mis calificaciones hablaban por sí solas, y el hecho de que había recibido una beca que cubría mi educación decía casi todo lo que un jefe en potencia podría querer saber sobre el tipo de persona trabajadora que soy. Tener la recomendación de un empleado dentro de la organización también ayudaba mucho.

Me fue estupendamente en la entrevista, y conseguí el empleo. En mi primer día de trabajo tuve que ir a la oficina de recursos humanos y llenar un formulario W-9. Por primera vez en mi vida, tuve que llenar la casilla del seguro social sabiendo que era un número falso, y sin saber si sería o no obvio para otra persona que mi número no era verdadero. Fue una de las cosas más aterradoras que había hecho jamás, pero después pasó a ser más aterrador todavía. Tuve que entregarle mi tarjeta del seguro social falsa y mi tarjeta de residencia falsa a la mujer que estaba en esa oficina para que pudiera fotocopiarlas para sus registros.

Yo estaba aterrada cuando ella tomó mis papeles. ¿Y si le parecían extraños? ¿Y si había algo erróneo que era obvio y que yo ni siquiera sabía? ¿Los examinaría detenidamente? ¿Existía algún plumón* detector como los que se usan en los supermercados para asegurarse de no estar recibiendo billetes falsos?

No solo me preocupaba ser sorprendida; me preocupaban las consecuencias. *¿Y si me descubren e Iván se mete en problemas por haberme recomendado? ¿Y si Iván se lo cuenta después a todos mis amigos? ¿Y si pierdo a mis amigos? ¿Y si pierdo esta oportunidad de trabajo y no puedo encontrar otro ni pagar la colegiatura, la renta, ni ninguna otra cosa? ¿Y si me confiscan los papeles y entonces ni siquiera puedo intentar conseguir otro empleo en otro lugar?*

La mujer tomó esos papeles, los puso en la fotocopiadora, mientras yo observaba la luz que brillaba por los extremos a medida que avanzaba hacia delante y hacia atrás debajo de la tapa. Observé cuando las fotografías en blanco y negro de mis tarjetas del seguro social y de la residencia salieron en una hoja de papel por un costado de aquella máquina. Observé a la mujer recoger esa hoja de papel, mirarla, y después levantar la tapa y recoger mis tarjetas. Esperaba que ella no pudiera notar que yo estaba temblando. Se acercó al mostrador, volvió a mirar las tarjetas, y me las devolvió.

—Correcto. Todo en orden —dijo.

Ella no examinó detalladamente mis papeles.

Cuando salí de aquella oficina, me sentía mareada. Literalmente había estado conteniendo la respiración todo el tiempo.

Bueno, pensé, *funcionó*.

Comencé a pensar en lo que acababa de suceder. Concluí que no había ninguna buena razón por la que alguien quisiera examinar detalladamente mis papeles. Yo era una alumna de primer año en la UT con un promedio de 3,8 en una escala de 4. Todo lo que había hecho para llegar hasta allí era prueba de que yo pertenecía precisamente a donde estaba, así que ¿por qué iba alguien a cuestionarlo? No había nadie recorriendo el campus de la UT buscando ilegales, y la mayoría de la gente ni siquiera sabía que las personas en mi misma situación podían estudiar en la universidad. Cuando la gente pensaba en ilegales, no imaginaban a personas como yo. Así que, ¿por qué alguien en el mundo empresarial esperaría que una estudiante de la UT estuviera indocumentada? No lo haría. Solicitarme mis papeles y hacer fotocopias de ellos era como marcar una casilla en un formulario, no era una prueba, era una formalidad.

Comencé a trabajar en mi primer empleo real, y trabajé tan duro como en todo lo demás. Aceptaba cualquier turno disponible que pudiera conseguir, y desde el principio comencé a tener un promedio de treinta horas por semana además de mi horario de clases. No tener que gastar tres horas en los viajes de ida y vuelta a San Antonio y liberar mis fines de semana de largos y grasientos días me proporcionó lo que me parecían montones de tiempo extra para hacer mis tareas de clase, salir con amigos y asistir a fiestas, y para cualquier otra cosa que quisiera hacer. Si hubieran habido más turnos disponibles, habría trabajado incluso más horas.

Estaba muy agradecida por tener ese empleo, pero el dinero que ganaba no era tanto como el dinero que había ganado vendiendo *funnel-cakes*. Algunas semanas solamente trabajaba veinte horas, y eso no me proporcionaba el dinero suficiente para pagar la colegiatura, la renta, los libros y todo lo demás. Estaba desesperada.

Me había mantenido en contacto con Linda Christofilis, la mujer de la oficina del senador Rick Noriega, y la llamé para hablarle de mi situación. No recuerdo si yo se lo pedí o si ella me lo sugirió tras oír mi difícil situación, pero independientemente de eso, Linda fue mi aval en un préstamo de diez mil dólares para mí. Nunca he entendido la bondad necesaria para que ella lo hiciera, ya que no me conocía personalmente y solo habíamos hablado por teléfono unas pocas veces; sin embargo, estuvo dispuesta a arriesgarse por mí. Ella sabía que era más que probable que no pudiera conseguir empleo después de la universidad, y que quizá nunca podría devolver el préstamo; en ese caso, la responsabilidad financiera del préstamo habría recaído sobre ella. Aun así, me avaló.

Dios seguía cuidándome, enviándome ángeles.

Una vez más, las cosas parecían estar encajando en su lugar, y comenzaron a abrirse nuevas oportunidades para mí. Ese mismo año, el banco Wells Fargo firmó un acuerdo con el consulado mexicano para permitir que ciudadanos mexicanos abrieran cuentas bancarias en Texas utilizando una identificación emitida por México llamada *matrícula consular*. De repente, mi nueva identificación mexicana era lo único que necesitaba para tener una cuenta bancaria de ahorro como todas las demás personas de mi edad. En el trabajo me pagaban con cheques que ahora ya podía endosar, cobrar o depositar sin tener que preocuparme por los elevados cargos que se aplican cuando uno cobra un cheque en uno de esos lugares que tienen un aspecto lúgubre y amenazador donde el personal te atiende detrás de ventanillas con cristales a prueba de balas.

A medida que mis amigos y yo nos fuimos estableciendo un poco más en nuestra vida universitaria, ellos comenzaron a hablar cada vez más de las oportunidades que tendríamos todos de estudiar en el extranjero, o incluso de poder saltarnos un semestre, pero yo sabía que no podría aprovechar ninguna de esas oportunidades tan buenas porque no podía viajar a otros países. Pero no dejé que eso me desanimara, y me sumergí por completo en el trabajo y las clases. Si había algo que quería y que costaba un poco más de dinero, sencillamente trabajaba más. Hacía casi cualquier cosa que tuviera que hacer para ganar un dinero extra.

Oí que se podía ganar bastante dinero vendiendo cabello a fabricantes de pelucas, así que lo hice. Gané más de doscientos dólares por mi cabello largo, oscuro y sin tintes, y después me pinté mi nuevo cabello corto de color rojo brillante, solamente porque podía hacerlo.

También vendí mi televisor de plasma para conseguir dinero, pero me pagaron mucho menos que por mi cabello.

Hubo veces en que mi cuenta bancaria llegaba a tener solamente cinco dólares entre sueldo y sueldo, y yo miraba el saldo y pensaba: *¡Oh, Dios mío! ¡No puedo salir esta noche!* Entonces aprovechaba el "Ladies Night"* de los clubes de la calle Sixth Street donde sabía que podía comprar cervezas por un dólar en caso de que algún tipo no me estuviera invitando bebidas toda la noche. Eso significaba que tendría suficiente dinero para poder comprar una rebanada de pizza cuando tuviera hambre.

Incluso cuando mi cuenta bancaria llegaba a cero, estaba segura de que podría encontrar un modo de ganar más dinero para hacer las cosas que quería hacer y pagar las cosas que necesitaba; tener como base un sueldo regular era muy liberador. Al final de mi primer año, después de tantos meses alejada de mis padres y de todos los problemas económicos con los que me había criado, ganar dinero seguía estando siempre en mi mente.

Solo que ya no me preocupaba.

En cambio, comencé a enfocarme en todo el dinero que iba a ganar algún día.

En ese momento estaba segura de que quería ser agente deportiva. Al igual que mucha gente, había visto la película *Jerry Maguire* a finales de la década de los noventa, pero no era por eso. Para mí, una admiradora de los Spurs, fan del futbol americano y alguien que sentía que el deporte era lo único que une a la gente, ganar millones siendo agente deportiva sería el trabajo de mis sueños.

El primer paso para conseguir el trabajo de mis sueños era tener la oportunidad de hacer prácticas profesionales. En la escuela había aprendido mediante varias organizaciones de desarrollo que una de las mejores maneras de avanzar hacia *cualquier* carrera profesional era conseguir un trabajo como becaria* en el campo que yo hubiera escogido.

A través de la HBSA, donde llegué a ser parte de la junta directiva en mi segundo año, conocí la Alianza Hispana para el Mejoramiento de Carreras (HACE, por sus siglas en inglés). Ellos llevaron un programa al campus que me permitió participar en las sesiones de formación de Dale Carnegie, que es básicamente el fundamento indiscutible de cómo tener éxito en los negocios. Contar con esa formación me daba otra gran ventaja para avanzar en mi camino, y me colocaba en los primeros lugares de la lista de personas elegibles para cualquier programa de prácticas profesionales que estuviera afiliado a la HACE.

El día que conocí al director general de la HACE, le pregunté en una manera casual:

—¿Conoce a algún agente deportivo que esté buscando una becaria en prácticas profesionales?

—No —dijo él—, en realidad no, pero sí tenemos una estupenda relación con la gente de los Chicago Fire, el equipo de futbol de Chicago de la MLS*, y ellos tienen un equipo de marketing hispano. Esa podría ser una gran oportunidad para usted.

La primera división de futbol de la MLS no era la NBA o la NFL, pero *era* una liga profesional deportiva, y, al verdadero estilo Dale Carnegie, reaccioné positivamente en el momento, y dije:

—Sí, eso sería maravilloso. ¡Me encantaría tener contacto con ellos!

Busqué en línea y aprendí todo lo que pude sobre los Chicago Fire. La MLS no tenía el nivel de juego de otras ligas FIFA en ese entonces, pero tampoco era la segunda división. Los Chicago Fire tenían varios jugadores que estaban en la selección nacional de los Estados Unidos, incluyendo a DaMarcus Beasley, y me emocionaba la posibilidad de trabajar para una organización como esa. Volví a hablar con el director general de la HACE y él me puso en contacto. Envié la solicitud, y el equipo me hizo una oferta. Las prácticas no eran remuneradas, y lo único que podían darme como compensación económica eran cien dólares para el transporte. Tendría que mudarme a Chicago en el verano, y eso significaba dejar mi trabajo en el centro de atención de llamadas, aunque yo no veía cómo podría hacerlo. Sin tener un empleo, no tendría manera alguna de pagar mi estancia en Chicago.

En ese momento, yo era muy soñadora. Sabía que mi estatus migratorio podría ser un problema; sabía que económicamente no podía permitirme vivir en Chicago, pero me obligué a mí misma a vivir en una realidad alterna. Me obligué a vivir en una pequeña burbuja donde ninguno de esos obstáculos tenía importancia, y donde todo salía bien siempre.

Y así fue.

Durante una de nuestras llamadas telefónicas regulares, les conté a mi madre y al tío Mike que había conseguido un trabajo como becaria en prácticas profesionales, pero no tenía idea de cómo iba a salir todo aquello. Lo que yo buscaba era un poco de ánimo, pero para mi sorpresa ellos me dijeron:

—Bueno, tenemos familia en Chicago. Vamos a llamarlos. Estamos seguros de que puedes quedarte con ellos.

¿Qué? Yo no sabía que teníamos familia en Chicago. Me emocioné, y después me detuve a causa de la preocupación de que a pesar de ser parientes, seguramente ellos no querrían tener a una perfecta desconocida viviendo en su casa durante el verano. Pero, rápidamente entendí que no debería haberme preocupado en absoluto. Éramos mexicanos, y la familia ayuda a la familia. Fin de la historia. Esos familiares lejanos a quienes ni siquiera recordaba se ofrecieron a acogerme, de modo que podría vivir sin pagar renta para perseguir mis sueños.

Todavía no estaba segura de cómo sobreviviría sin tener ningún ingreso durante todo el verano, así que le comenté mi dilema a la gente de la HACE, y ellos me ofrecieron un trabajo de medio tiempo* como becaria en su propia oficina de Chicago para el verano. Un trabajo como becaria de medio tiempo *remunerado*.

Así que partí hacia una ciudad totalmente nueva para trabajar en dos empleos durante el verano. Cada día trabajaba desde las 8:00 de la mañana hasta las 2:00 de la tarde con los Chicago Fire, y después trabajaba para la HACE de las 3:00 de la tarde a las 6:00 o 7:00 de la noche, o básicamente el tiempo que me necesitaran después de esa hora. La HACE organizó una gran feria de profesiones ese verano, y yo ayudé llenando sobres y en cualquier otra cosa que se necesitara. Así como mis padres me habían demostrado mediante el ejemplo, no había ningún trabajo que fuera indigno para mí. Mis parientes vivían bastante lejos en las afueras, y todos los días tenía que tomar dos trenes y un autobús para llegar al trabajo en el centro de Chicago. El viaje de ida era de una hora y media, al igual que el de regreso, pero yo lo sentía como la oportunidad de toda una vida, y el trabajo duro no me molestaba. Yo *quería* trabajar duro.

De hecho, aproveché bien el tiempo que pasaba todos los días en esos autobuses y trenes; fue entonces cuando leí el transformador libro de Dale Carnegie, *Cómo ganar amigos e influir sobre las personas*. En el libro, Carnegie sugiere que se lea cada capítulo dos veces antes de pasar al capítulo siguiente, para asimilarlo de verdad. Así que en el viaje de la mañana leía un capítulo, y volvía a leer el mismo capítulo en el camino de regreso.

Tenía la impresión de que tanto trabajo me llevaría un paso más cerca de lo que quería. Yo no estaba buscando una carrera profesional en el fútbol, ni tampoco quería una carrera en marketing, pero realizar esas prácticas profesionales me permitió hacer contactos en el deporte de primera división, y sabía que tener eso en mi currículum vitae sería muy útil.

Lo sorprendente era que con cada pequeño paso que daba hacia mi sueño de éxito, más capaz era de desarrollar una perspectiva a largo plazo y enfocarme en metas a largo plazo. Comencé a ver las cosas como más de lo que eran en ese momento. Con frecuencia me hacía a mí misma las preguntas: *¿Cuál es el potencial a largo plazo de esta oportunidad? ¿Cuál es el beneficio real? ¿Hay alguna desventaja? Quizá el beneficio real no sea el que parece.* Ya establecida en mi carrera universitaria, profundizaba más al considerar las oportunidades que aparecían: *¿Qué significa esto para mi vida y mi carrera?*

Creo que gran parte de ese modo de pensar me lo inculcaron desde el principio, pues toda mi familia era así. Cada persona en mi familia tenía una ética de trabajo muy fuerte. Mi abuela inculcó en nosotros gran parte de eso, incluyendo a mi mamá. Mi tío Mike siempre me decía: "Haz las cosas con excelencia. Si no vas a hacerlas con excelencia, entonces no las hagas". Ellos inculcaron en mí la idea de que todo lo que haces es un reflejo de lo que eres. Si entregas un trabajo escolar mal hecho o si entregas una tarea mediocre, eso lo dice todo acerca de *ti*. Si no quieres que la gente piense que eres una persona mediocre y descuidada, entonces no entregues un trabajo mediocre y descuidado.

Yo aplicaba eso a mi trabajo como becaria en cada ocasión, aun sabiendo que ellos obtenían todo el beneficio de mi trabajo a cambio de no pagarme nada. Yo no lo enfocaba con resentimiento ni tampoco pensaba: *Bueno, ¿por qué voy a trabajar tanto si no me pagan?* Yo trabajaba duro porque era un reflejo de mí misma y de quien quería ser.

También iba más allá del deber porque quería ganar más dinero. Ese verano, los Chicago Fire tenían una colaboración con los Monarcas Morelia, un equipo mexicano de fútbol. Se presentó la oportunidad de disfrazarme como la mascota de los Monarcas Morelia, y yo la aproveché. Me ponía un caluroso disfraz peludo de una mariposa monarca; agarraba la bandera del equipo y corría de un extremo al otro del campo para animar a las multitudes con todos los bailes y técnicas de animadora que aprendí en la secundaria y la preparatoria. Todos en la organización me hacían bromas por ser la mascota más bajita que jamás habían tenido, pero no me importaba: ¡me pagaban veinte dólares la hora por ser la mascota! También hubo un beneficio añadido además del económico: desde ese momento en adelante, haberme vestido de mascota siempre brindaba un tema de conversación cuando los reclutadores lo leían en mi currículum.

Aparté el dinero que gané como mascota y lo combiné con parte de lo que había podido ahorrar durante el año escolar, lo cual me permitió divertirme un poco ese verano, y uno de los mejores momentos de todos fue hacer mi primer viaje a la ciudad de Nueva York.

Cuando estaba en la preparatoria conocí a un grupo de tres muchachos: Ade, Kevin y Andrew, de la escuela Saint Anselm's Abbey, una sofisticada escuela de Washington, D.C. Nos conocimos durante la Convención Nacional de la Liga Clásica Junior, un tipo de olimpiadas de gramática griega y latina, oratoria, historia e interpretación dramática.

Nos habíamos mantenido en contacto, y yo sabía que Kevin había conseguido un trabajo como becario en el mundo financiero de la ciudad de Nueva York, en una empresa de la que había oído todo tipo de elogios en la facultad de administración. De hecho, no era solamente *una* empresa; era *la* empresa:

Goldman Sachs, la empresa que todos en la escuela parecían creer que era el pináculo absoluto de las empresas financieras. Para mí era más que impresionante que Kevin hubiera conseguido trabajar como becario en la división de operaciones de renta fija en Goldman Sachs.

Como muchas otras cosas en mi vida que deberían haber sido rutinarias y comunes, abordar un avión era alarmante y arriesgado. Ese primer año, cuando me subí a un avión por primera vez en un mundo posterior al 11 de septiembre, descubrí que mostrar mi pasaporte mexicano sin visa y una identificación como alumna de la UT era todo lo que necesitaba para que me permitieran pasar la seguridad del aeropuerto; sin embargo, saber que mi pasaporte mexicano había funcionado no hacía que pasar por la seguridad camino a la ciudad de Nueva York fuera menos estresante.

Kevin estaría trabajando cuando yo llegara al aeropuerto de LaGuardia temprano en la mañana, así que hice planes para estar con Andrew en la Universidad de Columbia cuando llegara. Volé hasta LaGuardia y tomé el autobús M60 desde Queens hasta Columbia. El dinero era escaso, y un viaje en taxi era imposible.

Fue sorprendente ver Columbia, que era un tipo de oasis urbano único en su clase, en una ciudad que, en comparación, hacía parecer que Chicago fuera un pueblo pequeño. Andrew me llevó a almorzar a una verdadera cafetería de Nueva York, y me enamoré de los cafés griegos que había aquí y allá. Después de almorzar, fui al centro y me reuní con Kevin, que estaba vestido de traje. El vestíbulo de su edificio estaba en un rascacielos lleno de todos aquellos becarios de Wall Street vestidos de traje y corbata, y las mujeres de traje sastre y tacones altos. El ajetreo de todo ese ambiente era embriagador.

Durante el curso de ese largo fin de semana, Kevin me enseñó el alcance de los sueños que ofrece la ciudad de Nueva York. Recuerdo haber ido a Times Square en la noche y haber visto todas las luces. Era la primera vez que había estado en un lugar como ese, y me detuve allí mirando hacia arriba y pensando: *Vaya. Esta ciudad es asombrosa.* Comimos pizza al estilo neoyorkino, y me llevó a ver la obra de *El Rey León* en Broadway. Fuimos a comer "dim sum"* a Chinatown, y aunque no me gustaba mucho ese tipo de comida, no perdí detalle de la conversación cuando él comenzó a hablar sobre la vida en Goldman Sachs.

Me dijo que trabajaba muchísimas horas, pero que no le importaba trabajar tanto porque estaba recibiendo una formación fabulosa.

—Apenas duermo, pero estoy aprendiendo mucho —me dijo—. Todos allí son *muy* inteligentes.

Yo consideraba a Kevin uno de los tipos más inteligentes que había conocido. Él estaba pensando en estudiar medicina, y para él unas prácticas profesionales en la empresa más poderosa de Wall Street era sencillamente una parada en el camino, del mismo modo en que yo pensaba que mis prácticas profesionales en el futbol eran sencillamente una parada en el camino hacia cualquier carrera a la que me dirigiera, ya que en ese momento comencé a desarrollar todo tipo de sueños que no tenían nada que ver con ser agente deportivo. De repente, me imaginé a mí misma trabajando en un lugar donde todos fueran tan inteligentes o incluso más inteligentes que Kevin, y donde todos tuvieran tanto empuje y fueran tan exitosos como Kevin, y esa idea me embriagó de emoción.

Kevin podría haberme hecho pasar un mal rato y quizá no me habría gustado para nada la ciudad de Nueva York. Podría *no* haber planeado ese asombroso viaje para mí; podría no haber hecho ningún plan para cuando yo estuviera allí, y nos habríamos quedado sentados en su departamento viendo la televisión y bebiendo cerveza. Yo no habría sabido hacer otra cosa, pero él *sí* hizo planes, y me enseñó un mundo de posibilidades que yo no sabía que existían. No estoy segura de si él supo el gran impacto que ese fin de semana tuvo en mi vida.

Yo quería ser rica, y allí estaba él, viviendo ya una vida de mucha riqueza. *¿Podría ocurrirme eso a mí en un año?*, me preguntaba. Entonces pensé en todo lo que había aprendido y todo lo que había leído durante esos largos viajes en autobús y en tren por Chicago, y corregí mi modo de pensar. Cambié mi pregunta convirtiéndola en una afirmación veraz que me recordaba a mí misma una y otra vez: *Así podría ser yo dentro de un año.*

Para cuando terminó ese fin de semana, yo sabía dos cosas: quería ir a Nueva York, y quería trabajar en Goldman Sachs.

Mi mamá solía decirme: "Dime con quién andas y te diré quién eres". Es importante escoger con quién se rodea uno; es importante considerar quiénes son sus amigos y quién lo está influenciando a uno. Me mantuve en contacto con algunos alumnos exitosos y dinámicos que había conocido mediante mis actividades académicas extraescolares, y eso tuvo un impacto directo en mi vida. Por lo que podía imaginar el potente efecto que tendría en mi vida rodearme a todas horas de personas que hubieran llegado hasta lo más alto del mundo financiero.

En la Universidad de Texas había oído sobre una organización llamada Patrocinadores de Oportunidades Educativas (SEO, por sus siglas en inglés). La SEO recluta y forma alumnos universitarios sobresalientes pertenecientes a minorías para que realicen prácticas profesionales de verano. Y no cualquier tipo de prácticas profesionales, sino trabajos importantes que conducen a empleos a tiempo completo en bancos de inversión, bufetes de abogados corporativos y otras compañías de primer nivel. Uno de mis amigos de la HBSA había conseguido empleo como becario por medio de la SEO.

Por coincidencia, entré en contacto con la SEO en la segunda mitad de mi segundo año, y también conocí a un reclutador de Goldman Sachs a través de la HBSA. No pensé mucho en ello en ese momento, pero le mencioné el nombre de Kevin a ese reclutador en una manera casual:

—¡Ah! Tengo un amigo que va a hacer unas prácticas profesionales en Goldman Sachs este verano —dije yo.

Sorprendentemente, él conocía a Kevin, así que teníamos un contacto en común.

El terreno ya está preparado, pensé.

CAPÍTULO 12

La carrera hacia la oferta

Regresé a la Universidad de Texas al comienzo de mi penúltimo año más decidida que nunca, pero antes de poder comenzar con mi plan maestro para regresar a Nueva York, tenía que solucionar cómo iba a pagar la colegiatura y la renta ese semestre. Durante el verano en Chicago no había ganado ni ahorrado mucho dinero, así que tomé el teléfono y, una vez más, Linda Christofilis me salvó. Ella me habló de la Beca de la Conferencia para Mujeres de Texas. La beca no estaba dirigida en particular a alumnos indocumentados, pero los requisitos para tener acceso a ella no especificaban el estatus migratorio; la solicité, y me la concedieron. Recibí una beca de diez mil dólares que me otorgaría en una ceremonia pública nada menos que Rick Perry, el gobernador de Texas en persona.

Cuando iba caminando hacia la plataforma para recibir la placa y darle un apretón de manos a él y a su esposa, no dejaba de pensar: *Me pregunto si sabe que le está dando la mano a una inmigrante indocumentada.* Me preguntaba si eso le importaría, pues después de todo, él había firmado la Ley 1403 del estado de Texas y ahora me estaba entregando un cheque por diez mil dólares. La placa tenía una inscripción que decía: "Hoy está estableciendo un historial de éxito que es un ejemplo para sus compatriotas texanos. A medida que aumenten sus logros y elogios, recuerde siempre que usted es el Texas del mañana y uno de los más brillantes rayos de esperanza de nuestro estado para el futuro".

A una inmigrante indocumentada, *a mí*, le estaban llamando un rayo de esperanza para el futuro de Texas.

Me lo tomé a pecho, y llegué a ser presidenta de la HBSA ese año. Al ser la presidenta, yo planeaba todas las reuniones semanales, y cada semana invitábamos a un patrocinador empresarial. Cada semana había un orador que nos hablaba acerca de algo que tuviera que ver con empleo, prácticas profesionales y planes de carrera que se podían tomar en sus empresas o en otros lugares. Tuvimos todo tipo de empresas que querían reclutar gente de la HBSA. Uno de los grupos que me aseguré que acudiera a hacer una presentación lo más pronto posible ese año fue la SEO. Como presidenta de la asociación, me las arreglé para poder pasar un tiempo extra con el reclutador, un puertorriqueño llamado Rafael. Comenzamos a hablar de las posibilidades que SEO ofrecía para alguien como yo, y él me dijo:

—Sin duda, debería enviar una solicitud. Debería enviar su solicitud en la primera ronda.

Así que lo hice. Solicité lo que podría llamarse una membresía de admisión temprana a la SEO.

Cuando llegó el momento de mi entrevista telefónica, estaba emocionada; y cuando la entrevista terminó, estaba totalmente desanimada.

Fue una entrevista con mucha presión, y yo nunca había experimentado nada parecido. Hacían una pregunta, y entonces justamente a la mitad de mi respuesta, en medio de una frase, hacían de repente otra pregunta como: ¿cuánto es catorce por diecisiete? Cuando dudaba unos segundos para hacer esa cuenta en mi cabeza, el entrevistador decía: "¿Cómo?, ¿no sabe eso? ¿No sabe eso? ¡Pero si es una operación sencilla!".

Sucedió varias veces. Yo seguía tropezando, aunque me las arreglé para mantener la compostura. No mostré enojo; tan solo lo hice lo mejor que pude. Cuando colgué el teléfono, pensé: *No hay manera alguna de que vaya a conseguir entrar a hacer prácticas profesionales en Goldman o en la SEO. Esta vez, si no consigo el trabajo será culpa mía. No será porque no soy elegible; será porque no estoy calificada.*

Llamé directamente a mi contacto en Goldman para intentar suavizar las cosas y quizá salvarme a mí misma, y admití que no creía que pudiera entrar a la SEO.

—Bueno, si pensaras que lo hiciste muy bien en la entrevista de la SEO, entonces tendrías un problema aún mayor.

Nadie cree haber salido bien en la entrevista de la SEO. Así es como funciona —me dijo él.

No podía dejar de pensar en ello. Me preocupaba que quizá me había puesto un objetivo demasiado alto. Me permití pensar que probablemente yo no era lo bastante buena o lo suficientemente inteligente, a pesar de mi promedio y el hecho de que había tenido tanto éxito en la Universidad de Texas.

Parte de mí se preguntaba si debía dar un paso atrás e intentar conseguir otras prácticas profesionales mediante la facultad de administración.

Había una mujer hispana que trabajaba allí, y, unos semestres atrás, cuando comencé mis estudios supuse que ella sería de utilidad para alguien como yo. Ella era una de las pocas empleadas hispanas. Creo que algo característico de formar parte de una minoría es creer que todos estamos en esto juntos, que nos vamos a ayudar unos a otros; pero no siempre funciona de ese modo, y algunas veces incluso tu propia gente intenta derribarte. Nunca olvidaré el modo en que ella me miró cuando entré por primera vez a su oficina con mi currículum, con mi cabello teñido de rojo y mi arete en la lengua. Yo sabía que eso no era profesional, por lo cual me quitaba el arete de la lengua para cada reunión de la HBSA y también me recogía el cabello para que no pudiera verse que era rojo. Ella prácticamente se burló de mí. ¿Y después? No hizo absolutamente nada para ayudarme a pensar qué podía hacer yo para iniciar en una posición aventajada a la hora de buscar una carrera profesional cuando me graduara. Yo tenía diecinueve años, estaba emocionada, era ambiciosa y buscaba ayuda, pero parecía que lo único que ella podía ver era el cabello rojo y un arete en la lengua.

Desde entonces decidí hacerla a un lado y encontrar otras maneras de avanzar. *No la necesito*, me había dicho a mí misma tiempo atrás al final de mi primer año; sin embargo, ahora me estaba preguntando si no me había precipitado.

Con todo eso en mente, como seguía pensando que había fracasado con la SEO, me estaba preparando para tragarme mi orgullo y tener otra conversación con ella.

Pero antes de hacerlo, aproveché otra oferta. Al igual que había enviado solicitudes a muchísimas universidades, envié mi currículum a varias empresas y conseguí una oferta de General Motors. No puedo enfatizar lo suficiente el estado de negación en el que me encontraba; no me detenía a pensar en mi estatus migratorio ni en el hecho de que mis papeles eran falsos; tan solo seguía avanzando, concentrándome solo en las cosas que yo podía controlar. Yo no podía controlar a Washington; no podía controlar si resucitarían la Ley DREAM y si sería aprobada por el Congreso. Los acontecimientos del 11 de septiembre causaron todo tipo de desconfianza sobre la seguridad de las fronteras, y también un temor al terrorismo que aplastaba la posibilidad de cualquier tipo de mejora para la comunidad inmigrante. Yo no podía preocuparme por eso; solo me interesaba conseguir hacer mis prácticas profesionales a través de la SEO. El resto no estaba en mis manos.

Llamé a Rafael a la SEO y le hablé sobre la oferta que había recibido de General Motors, información que él le comunicó al resto del comité de selección. Rafael me devolvió la llamada antes de que tuviera la oportunidad de llevar mi currículum a la oficina de la mujer hispana: ¡había sido aceptada! No sabía en qué empresa me pondrían, pero desde ese momento supe que estaba a punto de hacer los contactos más poderosos que la industria puede ofrecer. Al final del primer semestre de mi penúltimo año sabía que iba a conseguir unas prácticas estupendas para el verano siguiente. Todo estudiante de administración de la UT sabía que las prácticas que se conseguían entre el penúltimo y el último año eran las más importantes de todas, porque eran las prácticas que podrían conducir a una oferta de trabajo a tiempo completo antes de siquiera haber terminado el último año.

Yo me sentía en las nubes.

⚬⚬⚬

Unos días después iba en autobús hacia el campus, levanté la vista y vi a Robert. No me había encontrado con él ni había pensado en él desde aquella noche en su coche rojo en mi primer año. Él también me vio; me saludó, y yo también le dije hola. Comenzamos a platicar. Yo le hablé de mis prácticas en Chicago y de mi éxito con la SEO, y él me dijo que había enviado solicitudes para realizar prácticas profesionales, pero que no había tenido éxito. Yo le pregunté cómo eran sus calificaciones. Él tenía promedio de 4,0, así que le hice más preguntas y supe que no participaba en ninguna actividad estudiantil. No había conseguido prácticas profesionales en el segundo año como lo había hecho yo.

—Bueno, eso dificultará que consigas prácticas profesionales —le dije.

Momentos después, sin darme cuenta ya le estaba dando consejos e invitándolo a unirse a la HBSA, diciéndole cómo enviar una solicitud a la SEO, y ofreciéndome a ayudarle.

¿Qué puedo decir? Aquellos bonitos ojos de mirada triste que él tenía me tomaron fuera de guardia y me atrajeron, igual que lo habían hecho cuando comenzamos a dar largos paseos y a platicar después de clase en el primer año. Cuando llegué a mi parada, yo ya no tenía remedio. Bajé los escalones hasta la banqueta, y cuando el autobús se alejaba, pensé: *No puede ser.*

Desde que me había bajado del coche de Robert tres años antes había hecho nuevas amistades, había tenido nuevas experiencias, y en general había avanzado. Nunca me imaginé que una conversación en un autobús conduciría a que Robert volviera a ser parte de mi vida. Sin embargo, en poco tiempo regresamos a donde nos habíamos quedado: otra vez dando paseos, comiendo juntos, manteniendo conversaciones profundas y riéndonos. En otros aspectos también era como en los viejos tiempos: yo no estaba segura de si era mi amigo, mi novio o alguna otra cosa.

Nos dimos cuenta de que los dos nos habíamos mudado a la misma parte de la ciudad y habíamos compartido esa ruta de autobús durante todo el semestre. Para cuando comenzó el segundo semestre del penúltimo año, tomábamos varias clases juntos. Él también se incorporó a la HBSA y lo habían aceptado en la SEO.

Todo parecía estar encajando en su lugar.

Después de que me aceptaran en SEO, llamé al reclutador de Goldman con el que había tenido contacto el año anterior. Le dije que me habían aceptado en la SEO y que me gustaría mucho hacer mis prácticas profesionales en Goldman; y con esa llamada telefónica, me aseguré un lugar en Goldman Sachs.

Robert consiguió hacer prácticas profesionales para otra empresa en la ciudad de Nueva York, y cuando nuestro penúltimo año llegó a su fin, ambos volamos a Nueva York el mismo día. Los dos habíamos organizado vivir ese verano en habitaciones de la residencia estudiantil de la Universidad de Nueva York, pero nos pusieron en diferentes partes de la ciudad. Mi residencia estaba cerca de Union Square, pero le llamé en cuanto llegué y tomé el tren para que nos encontráramos en el McDonald's que estaba cerca de su residencia en Chinatown. El frente tenía un toldo ornamentado y menús en la pared muy bien iluminados tanto en inglés como en chino. Ese fue mi primera comida como becaria, un almuerzo totalmente estadounidense en el centro de Chinatown; no podría haber sido más neoyorkino que eso.

No estoy segura de si fue por el ambiente extraño, la novedad de todo o la emoción del gran paso para el verano, pero mientras estábamos allí sentados comiendo una Big Mac y McNuggets, Robert comenzó a confiarme cosas como nunca antes lo había hecho. No son cosas que pueda contar, pero Robert había experimentado algunas épocas oscuras en su vida, y nunca me sentí más cerca de él que cuando decidió confiar en mí lo suficiente para contármelas.

Supuse que eso abrió el camino para que también yo le confiara cosas. Le hablé de mi padre, de la bebida, de las palizas; de lo bueno, lo malo y lo feo de esa relación que aún me rompía el corazón.

No dije nada sobre mi estatus migratorio, pues aún podía oír la voz de mi mamá en mi mente: "Serás deportada". Era fácil hablar de los detalles más personales de mi relación con mi padre que decir que en realidad yo no debía estar en la ciudad de Nueva York trabajando como becaria en Goldman

Sachs. Desde que compré mis papeles, no le había hablado a nadie sobre mi estatus. Ni a una sola persona.

La experiencia de compartir nuestra niñez dolorosa y nuestros recuerdos familiares nos unió más que nunca, como había sucedido con Tiffani hacía tiempo cuando yo estaba en secundaria, pero seguía sin ayudar a definir nuestra relación.

Todo el verano fue una serie de experiencias divididas: divididas entre mi tiempo con Robert y el tiempo con los nuevos amigos que hice a través de la SEO y Goldman Sachs. Era casi como vivir en dos mundos separados que se conectaban solo ocasionalmente.

El primer día de formación de la SEO, que era sábado, me fui en metro temprano en la mañana hasta la Universidad de Columbia. Era fácil detectar a otros becarios de la SEO en la calle ese día: gente joven vestida de traje, con caras de emoción y miradas de temor.

Cuando entré al salón lleno de cuatrocientos estudiantes hábiles, inteligentes y con empuje pertenecientes a diferentes minorías, quedé asombrada al instante. El presidente de la SEO en ese tiempo, Walter Booker, dio una conferencia que me aterró y a la vez me inspiró. Sus comentarios podrían resumirse de este modo: *Ustedes son increíbles. Tienen una oportunidad única en la vida. No la estropeen.*

Antes del final del primer día de capacitación, conocí a un grupo de muchachos con los que me llevé muy bien desde el inicio: Kelvin, Steve y Tyler, y también a otras personas muy agradables y con empuje que parecían todas ellas disfrutar del logro que compartíamos de estar en la SEO. Solamente un puñado de personas de la Universidad de Texas lo consiguieron ese año, pero ahora, la parte competitiva había terminado. Todos estábamos allí para tener una experiencia única en la vida, para ayudarnos mutuamente y para avanzar.

Además de conectarnos con las empresas donde haríamos nuestras prácticas, la SEO organizó una serie de seminarios con ciertas personas clave ese verano, incluidos socios y directores generales de cada una de las grandes empresas financieras de la ciudad. Ellos nos enseñaron cómo actuar profesionalmente en esos seminarios; nos hacían escribir preguntas con antelación e insistían en que cada uno de nosotros levantara su mano durante la parte de preguntas y respuestas de cualquier sesión. Incluso nos dieron instrucciones concretas sobre cómo comportarnos en las fiestas y convivencias donde se esperaría de nosotros que dialogáramos con esos grandes personajes. Nos enseñaron *detalles*, como nunca comernos los camarones o distraernos con lo que se ofrecía en esas reuniones; nos decían que no estábamos allí para comer. Estábamos allí para hacer contactos, y que era responsabilidad nuestra mantenernos enfocados. También nos enseñaron a no beber en esas fiestas. Por lo general no se servía alcohol, porque la mayoría de nosotros aún éramos menores, pero nos decían que incluso si lo sirvieran, no querríamos arriesgarnos a apartar la mirada del premio. Hay que tener las manos libres para dar apretones de manos, pues las fiestas con personas importantes en la ciudad de Nueva York son oportunidades de negocios. Punto.

Teníamos que encontrar otras ocasiones para divertirnos. Kelvin, quien se autoproclamó jefe del comité planificador de fiestas, siempre tenía planes para nosotros después de los seminarios. Kelvin, Steve, Tyler y yo, junto con otras dos personas del grupo del verano, siempre comenzábamos la noche en un lugar llamado Dallas BBQ. La comida no era especialmente buena, pero aceptaban nuestras identificaciones falsas, y con un té helado Long Island de seis dólares estábamos preparados para la noche (sí, yo tenía una identificación falsa en la universidad al igual que muchos otros alumnos porque quería ir a los bares y comprar alcohol). Estaba claro que las consecuencias de que me descubrieran podrían ser peores para mí que para la mayoría de los estudiantes universitarios pero, aun así, mostrar esa licencia falsificada no daba tanto miedo como mostrarle a alguien mis tarjetas falsas del seguro social y de residencia).

Aunque pasaba cada vez más tiempo con esos amigos, las cosas con Robert seguían adelante. Una noche fuimos caminando hasta su residencia; después nos besamos, y yo pasé allí la noche. Él me dijo que me amaba, y también me dijo que quería esperar a tener relaciones hasta que estuviera casado o al menos hasta que supiera con seguridad que había conocido a la mujer con quien quería casarse. Nunca volvimos a hablar de eso, pero comenzamos a hacer más cosas de pareja: veíamos películas juntos, nos agarrábamos de la mano mientras las veíamos, y mostrábamos mutuamente más afecto físico.

Al pensar en eso ahora, no sé cómo tenía tiempo para manejar todo eso junto con las exigencias de las prácticas y la cantidad de tiempo y energía que empleaba en mis esfuerzos por sobresalir entre la multitud. Lo más importante del mundo para mí aquel verano era conseguir una oferta de trabajo; esa era mi única prioridad. Eso, y pensar en cómo vivir y trabajar en la metrópolis de la ciudad de Nueva York. Juro que cada vez que me subía al metro escogía la dirección equivocada, o tomaba el tren expreso en lugar del tren local, o me pasaba de mi parada, o algo parecido. Bajaba por las escaleras, compraba una tarjeta del metro, la acercaba correctamente a la máquina para que me dejara pasar por el torniquete, y entonces me subía al tren e iba sentada felizmente hasta que, de repente, me amanecía. *No puede ser. Otra vez estoy en Brooklyn.* Así que me bajaba y tenía que pasarme al otro lado, algunas veces teniendo que pagar por segunda vez para entrar a la estación y hacer el viaje de regreso a Manhattan. Y entonces me bajaba en la plaza equivocada.

—¡Ay no! Estoy en Times Square. ¡Tenía que bajarme en Union Square! Dios mío, ¿entenderé alguna vez esto del metro?

Todos los días tenía que salir más temprano solo para compensar mis errores en el metro. La SEO me había enseñado que llegar a tiempo es llegar tarde, y solamente llegando temprano se puede llegar a tiempo.

Tras dos semanas de estar recibiendo la capacitación de la SEO en todos los aspectos, desde en modelos financieros hasta cómo vestirnos para el lugar de trabajo, pasando por haber sido inspirados a ser los primeros en llegar a la oficina y ser los últimos en irnos, así como a entregar notas manuscritas de agradecimiento a nuestros jefes y colegas, la transición para comenzar a trabajar en Goldman Sachs me pareció un día de campo.

Me puse un traje sastre negro el primer día y emprendí el camino a Jersey City, donde recibiríamos capacitación en el número 30 de la calle Hudson. Acababan de terminar las obras en el edificio más nuevo de Goldman Sachs. No era el edificio emblemático y poco llamativo del corazón del centro de Manhattan, pero a pesar de eso yo estaba llena de orgullo. *Es aquí donde pertenezco.*

Cuando llegué a Jersey City estaba empapada en sudor. Nueva York es caluroso y húmedo en verano, y llevar puesto un traje sastre en el metro es una tortura. Me aseé un poco, y entonces emprendí el camino hacia la sala de conferencias donde todos los becarios comenzaríamos una semana de capacitación y presentaciones. Fue allí donde tuve mi primera introducción a los diversos grupos dentro de la división de administración de patrimonios privados (PWM, por sus siglas en inglés) de Goldman. Los dos oradores destacados eran Dave Coquilette, quien hizo una presentación sobre el grupo de mercados de cobertura, y Eric Lane, uno de los socios más jóvenes de GS y quien dirigía todas las inversiones especiales y alternativas, al igual que el grupo de mercados de cobertura. Reconocí de inmediato que ellos eran hombres de quienes quería aprender, y en los días siguientes hice todo lo posible por organizar cafés y reuniones con ellos para que pudieran conocerme. Esa primera semana se establecieron muchas conexiones: conocer a personas de diferentes grupos, asistir a cenas, codearse unos con otros, y tener siempre presente no comerse *nunca* el camarón.

Entonces pasamos a los negocios. El verano estaría dividido en dos: cuatro semanas con un equipo de administración de patrimonios privados y cuatro semanas con otro. La mecánica es que a cada equipo de administración de patrimonios privados se les encarga la tarea de administrar el dinero de los clientes. Salen, encuentran nuevos clientes y los registran como clientes de Goldman Sachs. El equipo actúa entonces como los administradores del patrimonio privado de esos clientes. Los equipos de PWM seguían en su mayor parte la filosofía de Grupo de Estrategia de Inversión, pero podían implementar sus propios enfoques individuales para ganar la mayor cantidad de dinero para sus clientes.

Un hombre blanco, una mujer blanca y un hombre asiático dirigían el primer equipo en el que me situaron. El hombre asiático era muy amable y nos ayudaba bastante, pero la mujer resultaba intimidante. Ella era mayor, y a mí me daba miedo incluso hablar con ella, pero eso no evitó que me ofreciera a hacer cualquier cosa y todo lo que pudiera para que sus tareas fueran más fáciles. Estaba contenta de que no me asignaran tareas sin sentido como a algunos de los becarios en la división de ventas y operaciones.

Había oído una historia sobre un becario en UBS que trabajaba en el piso de operaciones bursátiles. El piso de operaciones de UBS es inmenso; es del tamaño de dos campos de fútbol. Ese becario era un poco regordete, y una tarde su equipo tuvo un "día recreativo" con él. El jefe de corredores envió al becario en una búsqueda para encontrar un "repunte" en el piso de operaciones.

—Ve y encuéntrame un repunte y no regreses hasta que no lo tengas —le dijo el corredor al becario.

—¿Dónde lo encuentro?

—¿Te parece que tengo tiempo para explicártelo? ¡Ve y encuéntrame uno!

Uno de los corredores le dijo al becario que podía encontrar uno donde estaban los muchachos del área de tasas de interés. Antes de que el becario llegara al área de tasas de interés al otro lado del piso, el corredor en jefe los llamó y les dijo que lo enviaran a otro cubículo. Poco después, todo el piso de operaciones estaba enterado de la broma, y todos observaban a ese becario regordete correr de un lado al otro del piso. Al final, el becario terminó en el cubículo de ayuda tecnológica, sin aliento y con su camisa blanca empapada en sudor.

—Por favor, por favor, ¿dónde consigo un repunte? —preguntó.

—¡Nosotros no tenemos eso! —respondió el tipo de informática tratando de aguantarse la risa.

Lo que el desafortunado becario no entendía era que un repunte es un pequeño aumento en el precio de una acción. No era ningún objeto físico que él pudiera encontrar en ese piso a pesar de lo mucho que buscara.

La moraleja de la historia era que es mejor que uno conozca bien de lo que trata su oficio, a correr el riesgo de terminar siendo el hazmerreír de alguien más.

Además de las rutinas normales de los becarios, como llevarles café y el almuerzo a los jefes, también me dieron la tarea de leer las noticias cada día, y que, básicamente, intentara encontrar nuevos ricos para que ellos los investigaran como prospectos. Por ejemplo, si mencionaban a alguien en una noticia porque era dueño de un yate de veinte millones de dólares, yo tenía que conseguir su nombre e intentar descubrir más cosas sobre esa persona, porque era probable que si alguien tenía un yate como ese, valdría la pena buscar que fuera nuestro cliente. Yo imaginaba que muchos de nuestros clientes serían deportistas profesionales y gente famosa, pero para mi sorpresa, enseguida supe que muy pocas personas de ese tipo tenían suficientes activos que pudieran ser invertidos para figurar como clientes. Posiblemente ganen diez millones de dólares al año, pero después de impuestos y sus elevados gastos, no cumplen con el mínimo de Goldman Sachs de veinticinco millones de dólares en activos que puedan ser invertidos. La mayoría de nuestros clientes eran en realidad dueños de negocios de algún tipo.

Yo hacía listas de clientes potenciales y después hacía presentaciones en PowerPoint. Había muchas que hacer, y pasaba interminables horas elaborando cada presentación para que no hubiera ningún error. La puntuación, la ortografía, el diseño… todo eso importaba. No había muchas ocasiones en las que yo pudiera impresionar de verdad, y por eso era clave asegurarme de brillar en cada oportunidad que tuviera.

No se me permitía hacer operaciones bursátiles. No se me permitía hacer mucho de nada en términos de trabajo serio que tuviera que ver con los clientes, porque al ser becaria no tenía licencia para operar. No había pasado por las pruebas y los exámenes de antecedentes y otros requisitos que me permitirían hacer el trabajo real de Wall Street. En cambio, mis instrucciones eran: "Bien. Lee el *Wall Street Journal* y después hazte preguntas inteligentes sobre lo que leas". También: "Ve y encuaderna las propuestas", las propuestas reales que los asesores de patrimonios privados llevarían a los clientes nuevos, o las presentaciones en las que repasarían el portafolio de inversión de sus clientes. Estos eran clientes que operaban con millones de dólares a la vez, de modo que esas carpetas eran importantes. Al no ser un trabajo visible e impresionante, eso significaba que yo sola tenía que encontrar maneras de destacar y de impresionar.

Prestaba atención a todo lo que esos gerentes decían, hacían y escribían, y al material que tenía que encuadernar. Y de vez en cuando decía: "Ah, observé que su cliente tiene varias inversiones en este sector. Aquí tiene la última investigación sobre el sector que quizá le quiera mencionar a su cliente".

Cuando observaba que algún cliente en particular tenía una importante inversión en cierta acción, buscaba alguna noticia sobre esa acción y le decía al asesor de patrimonios privados: "Imprimí este artículo para que lo lea de camino a su junta, porque el cliente tiene una fuerte participación en esto".

No todos iban a recibir una oferta al final del verano, y por eso yo quería hacer todo lo que pudiera para asegurarme de estar entre esos pocos elegidos. Iba a pasar solo cuatro semanas en cada grupo, y eso no era mucho tiempo para destacar y dejar una buena impresión.

Cada día estaba lleno de actividades y pasaba rápidamente. Yo estaba en la oficina desde la mañana hasta avanzada la noche, y después en las fiestas nocturnas de la ciudad de Nueva York. Mientras tanto, mi vida personal era tan inestable como podría ser.

Una noche, Robert me dijo:

—Hay una muchacha en Indiana que conocí en las vacaciones de primavera del primer año.

De repente, me dijo que se habían mantenido en contacto.

—Bien, ¿y? —le pregunté. Él estaba en silencio, de modo que lo presioné—. Bueno, ¿es tu novia, o algo?

—En cierto modo —respondió.

—Pero ¿qué...?

Yo estaba furiosa. Comencé a caminar deprisa. En un monólogo largo y enojado, le hice un millón de preguntas.

—¿Por qué nunca me lo dijiste? Durante meses hemos estado saliendo casi todos los días y nunca me hablaste de esa muchacha. ¿Qué te pasa? ¿Por qué precisamente ahora, después de besarnos, me estás hablando de ella?

—Lo siento —dijo él—. ¿Podemos no... Podemos... Puedes olvidarlo?

—¡No, no puedo olvidarlo! ¿Estás loco?

El problema fue que yo *sí* lo olvidé. Robert tenía problemas, y esa otra relación seguro que no era nada serio, porque la muchacha vivía en Indiana y él y yo estábamos pasando todo el verano juntos en Nueva York. Como resultado, nuestra relación pasó a ser un ir y venir constante que podía pasar de: "No quiero volver a hablar contigo. No me llames más", a un: "Te amo, te extraño. Ven" de un día para el otro.

Había todo tipo de muchachos interesantes, bien parecidos e inteligentes en la SEO y en Nueva York en general, y como Robert tenía a una muchacha en Indiana y no era mi "novio", quise conocer a alguno de ellos; pero tampoco permití que nada se volviera demasiado serio, porque eso me habría obligado a dejar de ver a Robert. A veces me preguntaba si eso me estaba impidiendo encontrar una relación real.

Francamente, me estaba volviendo loca. ¿Quién tenía tiempo para preguntarse esas cosas cuando tenía una oferta de trabajo que conseguir? El verano estaba transcurriendo tan rápidamente que quedé pasmada cuando supe que casi había llegado el momento de mi evaluación a mitad del verano. Se decía que si la evaluación a mitad del verano de uno era mala, estaba frito, y casi no tendría caso continuar con la segunda mitad de las prácticas. Goldman era un lugar donde se esperaban resultados, y no había mucho espacio para segundas oportunidades.

CAPÍTULO 13

La oferta

Al entrar a la oficina del gerente de becarios tenía confianza en que lo había hecho bien, pero no podía evitar estar un poco nerviosa. Todo el mundo está nervioso cuando le hacen una evaluación como esa, ¿no? ¿Y si estaba frita?

A pesar de los nervios, me mostraba segura de mí misma y profesional; solamente esperaba con todas mis fuerzas haber causado una buena impresión.

Parece que así fue, pues el gerente de becarios pasó veinte minutos diciéndome que había hecho un buen trabajo, pero después hizo un comentario sobre que uno de los gerentes dijo que yo tenía que "prestar más atención a los detalles", lo cual me resultó realmente inquietante porque yo pensaba que *había* prestado atención a los detalles en cada ocasión. Pero en general, no mencionó ninguna de esas temibles áreas en las que yo "podía seguir mejorando". Así que le pregunté:

—¿Estoy pasando por alto algo? ¿Qué puedo hacer para mejorar en las próximas cuatro semanas que estaré aquí? ¿Qué puedo hacer mejor?

—Solamente sigue haciendo lo que estás haciendo —me dijo—. Lo estás haciendo bien. Sigue así.

—Está bien —dije yo. Me levanté, le di un apretón de manos, e inmediatamente comencé a obsesionarme porque en algún momento no había prestado "atención a los detalles". Debería haberme alegrado de haber hecho un trabajo tan bueno, pero no podía olvidar ese pequeño comentario. *¿Dónde cometí un error? ¿Cuándo? ¿Olvidé insertar un número de página en alguna parte?*

Me molestó.

Finalmente me calmé y me di cuenta de que lo que más importaba era mi ética de trabajo. Realmente yo era la primera que llegaba a esa oficina cada mañana y la última en irme. Me sentaba allí y trabajaba hasta que el último de los asesores de patrimonios privados se iba a casa; y si no tenía nada que hacer allí sentada, buscaba algo que hacer, y era en esos momentos cuando encontraba un artículo que resaltar o algún cliente en potencia que podría haber pasado por alto si me hubiera ido a casa temprano. Al recordar que solía hacer el viaje de 145 kilómetros [noventa millas] en autobús hasta San Antonio para vender *funnel-cakes*, estar de pie todo el día, acalorada, grasienta y sudorosa, pensaba: *Esto no es nada. Estoy sentada en una oficina con aire acondicionado. Un coche puede llevarme a casa si trabajo hasta tarde, e incluso me pagan la cena. ¡Esto es fantástico!*

Estaba agradecida por la oportunidad de estar allí, así que las largas y difíciles horas de trabajo no me molestaban, ni tampoco el trabajo en sí ("Por supuesto, le traeré su café. Engraparé estas hojas por usted. Iré a recoger su ropa a la lavandería. Haré cualquier cosa que usted necesite que haga") porque había hecho cosas mucho más difíciles.

También sentía una responsabilidad hacia las personas que me habían ayudado a llegar allí, como Rafael, el reclutador de la SEO que había luchado para que yo entrara en la SEO. Sentía que tenía una responsabilidad personal hacia *él* por conseguirme una oferta al final del verano.

Tras cuatro semanas, estaba segura de que no quería estar en la administración de patrimonios privados. Francamente, era un trabajo un poco lento y aburrido; no se necesitaba mucha capacidad mental para preparar las presentaciones de Power-Point, en lo cual empleaban su tiempo muchos analistas. Escuchaba a otros becarios decir: "En realidad no voy a intentar conseguir una oferta aquí, porque no quiero trabajar en esta división", y lo único que yo pensaba era: *¿Estás loco?* Yo sabía que tenía que conseguir una oferta para poder utilizar eso como palanca y así intentar obtener un empleo donde realmente quería trabajar, que en ese momento era el grupo de mercados de cobertura, un trabajo que era más movido. PWM era como un partido de beisbol*, y yo quería jugar baloncesto.

Me parecía que sería difícil conseguir un empleo en otro lugar sin tener una oferta sobre la mesa. Cuando un reclutador en cualquier otra división, o incluso en otro banco de inversiones, preguntara por mis prácticas profesionales y si había recibido una oferta de trabajo, entonces tendría que explicar por qué si la respuesta era negativa. ¿Cómo se explica por qué alguien que te probó durante ocho o diez semanas no quiso contratarte? ¿Cómo te haría parecer eso ante los ojos de alguien que casi no te conoce? A pesar de todo, yo quería poder decir: "Sí, me hicieron una oferta; sin embargo, estos son los motivos por lo que estoy interesada en trabajar para usted y no para ellos".

Mi segunda rotación fue mucho más emocionante. Todas las asesoras de patrimonios privados en el nuevo equipo eran mujeres: dos mujeres blancas, Marla y Chris, y una mujer de color llamada Nicole. Ellas tenían clientes que estaban mucho más orientados a las operaciones bursátiles, de modo que era un trabajo con un ritmo más acelerado. Todas teníamos que estar cada día al corriente de los mercados porque los clientes querían operaciones tácticas y de corto plazo, y no solo planificación estratégica a largo plazo. ¡Era estupendo ver a esas mujeres tan exitosas ser tan eficaces en Goldman Sachs!

Nicole en particular terminó siendo una mentora increíble. Uno de sus clientes había invertido en bonos estructurados, un producto financiero flexible que permitía a los clientes invertir en los mercados a la vez que protegían su capital inicial, u obtenían apalancamiento, o una combinación de ambas cosas. Fue la primera vez que yo oía sobre bonos estructurados y derivados financieros fuera de los salones de clases, y Nicole estuvo más que dispuesta a guiarme y dejarme verlo todo desde el interior. Para mí era emocionante aprender sobre bonos estructurados y cómo funcionaban, lo creativo que uno podía ser a la hora de armarlos y elaborar los componentes del contrato. Mi mente era un hervidero de ideas, y lo asimilaba todo. Quería aprender todo lo que hubiera que aprender sobre derivados financieros, y ella me alentó a hacer todo lo que pudiera mientras estuviera allí para lograrlo.

—Deberías sentarte con un equipo de derivados financieros. Habla con ellos—me dijo. Entonces dio un paso más: me presentó a algunas personas que trabajaban en el área de operaciones de derivados. Fue como si alguien interesado en la NASA se sentara a hablar cara a cara con los astronautas del Apolo, o como reunirse con estrellas de cine en su primer día de clases de actuación. Esas eran las personas que hacían el trabajo, quienes estaban allí para hacer que esas cosas se movieran y ganar millones y millones de dólares para sus clientes, para la empresa y para ellos mismos.

Algunas de esas cosas sucedieron al azar, ¿cierto? Yo no pedí que me pusieran en ese equipo. Situaban a los becarios donde quedaran. Quizá yo no habría aprendido sobre derivados financieros si me hubieran puesto en otro lugar, pero debido a lo que pude aprender durante esa última mitad de mis prácticas de verano en Goldman, decidí: "Eso es lo que quiero hacer".

Me hice el tiempo para sentarme en la oficina de mercados de cobertura y lo absorbí todo, y después aparté más tiempo para reunirme con el hombre que estaba a cargo: Dave Coquilette. También me reuní con varios directores administrativos (MD, por sus siglas en inglés) e incluso con socios de Goldman, pero lo hice de modo estratégico. Pensé: *Yo no soy la única becaria que está tratando de reunirse con estas personas. Me imagino que si esta persona tan ocupada fuera a reunirse con cinco personas distintas para tomar café una tras otra, quizá no nos dedique toda su atención a ninguno.* Así que yo misma comencé a organizar a los becarios:

—Voy a reunirme con esta persona. ¿Quieres venir?

Entonces enviaba un correo electrónico al MD o al socio y le decía: "Otros tres becarios y yo estamos muy interesados en aprender más sobre lo que usted hace. ¿Tiene treinta minutos que nos pueda dedicar?".

Muchas personas no hacían eso porque pensaban: *Ah, quiero reunirme con esa persona yo solo. No quiero que otro becario brille más que yo en la reunión.* Pero esa nunca era mi actitud;

yo pensaba: *Yo soy quien está tomando la iniciativa para fijar la reunión, y ya estoy destacando solamente por hacer eso.*

Cuando llegó mi evaluación hacia el final de esa segunda mitad del verano, incluía comentarios como: "Julissa es realmente proactiva, útil y eficiente con su tiempo".

Yo no era perfecta, claro está. Era joven e inexperta, y aún tenía mucho que aprender. Y durante el tiempo que pasé con el equipo liderado solo por mujeres no tuve que esperar hasta el final de las cuatro semanas para saber dónde me había quedaba corta en mi atención a los detalles. Cometí un error en una presentación; no era nada más que un error tipográfico, pero importaba. Una de las mujeres del equipo me mostró ella misma el error.

—Esto no puede volver a suceder —me dijo—. Has sido muy buena todo el verano, pero la gente recordará este único error que cometiste.

Entonces añadió algo. Me dijo que, como mujeres, estamos bajo el microscopio. *Como mujeres, tenemos mucho menos margen de error que los hombres.* Sencillamente no había lugar para ningún tipo de equivocación.

Eso conlleva mucha presión. Y en un lugar que ya está tan lleno de presión como Goldman Sachs, eso supone una cantidad *extraordinaria* de presión; y lo que entendí en ese momento fue que la presión era incluso mayor para mí como mujer latina. En realidad no me había dado cuenta de que no había muchas latinas en PWM. A pesar de lo mucho que había trabajado y el empuje que había demostrado, si quería lograr trabajar en un lugar como Goldman Sachs, tenía que sobresalir aún más.

Sin embargo, mi evaluación final fue mejor aún que la primera. De hecho, me permitieron participar en el programa de "movilidad interna" de Goldman, que me dio la oportunidad de realizar entrevistas en otras divisiones dentro de la empresa. Me autorizaron regresar para el "Súper Día" de Goldman, cuando se harían muchas entrevistas a la vez para nuevos reclutas en la división de valores.

Una vez más, yo estaba por las nubes.

Escribí a mano notas de agradecimiento para todas las personas con quienes trabajé ese verano, incluidos algunos de los asistentes y asesores de clientes a quienes probablemente no necesitaba agradecer, pero quise hacerlo de todos modos. Entendí que el éxito que había obtenido y esas evaluaciones brillantes no se trataban solamente de mí, sino que eran producto de un esfuerzo de grupo.

Como regla general, después de las prácticas Goldman Sachs no hace ninguna oferta de trabajo hasta septiembre. Hacen esperar a sus becarios con toda la preocupación que eso conlleva. De modo que, aunque tenía buenas sensaciones con respecto a mi posición delante de ellos, no estaba segura al ciento por ciento de que me harían una oferta de trabajo al final de mi periodo como becaria. Eso no me gustaba para nada. Yo ya quería saber algo. Cuando hice mi recorrido despidiéndome de todos, sentí mucho nerviosismo por dentro. Intentaba no pensarlo, pero esos pinchazos de inquietud me estaban torturando: *¿Y si esta es la última vez que veo a estas personas? ¿Y si no me hacen ninguna oferta de trabajo? ¿Y si nunca regreso aquí? ¿Nunca jamás?*

La división de administración de patrimonios privados estaba en el piso cuarenta y uno; el piso cuarenta era el hogar de las inversiones alternativas, del grupo de mercados de cobertura y de varios otros equipos, y una escalera los dividía. Después de despedirme de todos en el cuarenta, incluido Dave Coquilette, me dirigí a las escaleras. Para entonces ya me había entrevistado con todos en el equipo de Dave. Había tomado café con ellos; había hecho las rondas; había dado a conocer mi presencia. Lo único que podía hacer era tener esperanzas y esperar hasta septiembre para recibir las noticias que tenía tantas ganas de oír.

Ese verano se estaban realizando todo tipo de obras, con andamios y plásticos que bloqueaban la vista desde el piso cuarenta, así que me sorprendió cuando oí la voz de Dave a mis espaldas. No lo vi llegar.

—¡Julissa! —me dijo—. Déjeme acompañarla.

—¡Estupendo! —respondí yo.

A medio camino por las escales, me detuvo.

—Julissa, en septiembre puede esperar recibir buenas noticias.

—Vaya, es realmente maravilloso oír eso —respondí. Me di cuenta de que mi sonrisa representaba todos los saltos de alegría que necesitaba dar; podía sentir que eso era muy importante—. Espero tener noticias de usted en septiembre —continué.

Lo logré; verdaderamente lo logré. Sus palabras significaban una sola cosa: me estaban haciendo una oferta.

Salí hacia las calles de Manhattan sintiendo el revoloteo y la energía de las ajetreadas calles, lista para irme a casa y afrontar mi último año en la Universidad de Texas sabiendo muy bien que regresaría allí el próximo año; y que regresaría para tener un empleo a jornada completa en Goldman *superincreíble* Sachs.

⚬⚬⚬

Cuando llamé a mis padres para contarles las buenas noticia, me sorprendió que ya habían pasado casi tres años completos sin verlos. Tres años completos sin ver el rostro de mamá o de darle un abrazo; tres años completos sin un momento escuchando uno de esos viejos casetes de música de José Alfredo Jiménez en el coche con mi papá, y sin ayudar a Julio con sus tareas de la escuela. *¿Cómo fue que pasaron ya tres años?*

Ellos sabían que era muy importante que tuviera una oferta de trabajo. Pero no estaba segura de si realmente entendían el gran logro que era ser contratada en Goldman Sachs. Aunque no quisiera admitirlo, nuestras vidas diarias se estaban convirtiendo en mundos distantes. Yo trataba de estar en contacto tanto como me era posible, pero había momentos en los que era tan doloroso hablar con ellos que me era más fácil simplemente no hablar con ellos para nada. A veces, pasaban semanas sin tener una conversación con mi mamá, mi papá o Julio.

Parecía que cada nuevo logro era recibido con un sabor agridulce de lo mucho a lo que yo había renunciado, y lo mucho a lo que ellos habían renunciado, para que yo pudiera estar en este camino. Hice todo lo posible por hacer a un lado esos sentimientos de tristeza y enfocarme en cambio en todo lo positivo que había sucedido.

Cuando terminaron las prácticas profesionales pasé un par de semanas más en la ciudad de Nueva York. Tenía que dejar mi lugar en la residencia de estudiantes, así que me quedé en el sofá de Jessica y Antonia, a quienes había conocido mediante la HBSA y que ahora vivían y trabajaban en la ciudad.

Me quedé ese tiempo adicional para poder hacer algunas entrevistas más en la ciudad. Aunque básicamente tenía una oferta de trabajo de Goldman en mis manos, quería saber qué otras opciones tenía. Si era posible, quería obtener ofertas de otros lugares para así saber sin ninguna duda que la mejor oferta de todas era la de Goldman. Hice entrevistas en JP Morgan Chase, en UBS y en Lehman Brothers. Fue asombroso poder decirles: "No tengo aún una oferta de trabajo de Goldman porque ellos no hacen ofertas hasta septiembre, pero el reclutador me dijo que esperara buenas noticias". Eso hacía que mis entrevistas fueran mucho mejor, y las hice para casi todo, incluidos puestos en la banca de inversiones. Yo sabía que no quería trabajar en salidas a bolsa, fusiones y adquisiciones, pero de todos modos hice esas entrevistas, y me pidieron que regresara para su Súper Día. En ese momento, lo decliné porque sabía que esos eran puestos que les estaría potencialmente arrebatando a alguno de mis colegas de la SEO que era posible que realmente quisiera ese trabajo, y yo no quería obstaculizar las oportunidades de otra persona.

En cambio, regresé a la Universidad de Texas teniendo la plena confianza de que recibiría una llamada del reclutador de Goldman en septiembre.

Otra vez en la facultad al comienzo de ese semestre, Robert y yo teníamos en todos los aspectos una relación.

—Bueno, es obvio que le gustas de verdad —me decían mis amigas.

—Quizá. No lo sé. ¡Solo somos amigos! —insistía yo.

Una de nuestras profesoras mutuas no dejaba de preguntarme si éramos pareja. Ella nos invitó a los dos una noche a una cena de grupo en su casa, y después me dijo: —Si ustedes dos no están juntos, deberían estarlo.

Los dos organizamos un a carne asada el fin de semana del Día del Trabajo, y fue uno de los momentos más relajados y divertidos que había pasado en mucho tiempo. Ver a Robert bailando con una botella de tequila en su mano mientras preparaba margaritas para nuestros invitados me hizo sentir que había algo especial entre nosotros.

El Fin de Semana de los Padres, llegaron de visita los padres de Robert y él me invitó a conocerlos.

—Deberías venir con nosotros a cenar —me dijo.

Yo nunca había tenido a nadie con quien pasar el Fin de Semana de los Padres, pero no estaba segura de dar ese paso, pues aún no estaba segura de lo que éramos realmente el uno para el otro.

—Vamos, deberías venir—insistió. Así que fui. Conocí a sus padres y a su hermano en esa cena.

Finalmente decidí que no importaba qué nombre le pusiéramos a nuestra relación. Estábamos juntos a nuestra manera, y a los dos nos gustaba. Pensé: *No importa. Ya no voy a hacer más preguntas. Esto somos.*

Lo que no entendía era que enterrar profundamente en mi interior mi incomodidad por el estado de nuestra relación, y no abordarlo, era otra situación estresante que yo añadía a mi vida. No comprendería totalmente las consecuencias de ese tipo de estrés hasta años después, pero mientras estaba experimentando la situación, no era capaz de unir los puntos.

Era mitad de septiembre cuando sonó mi teléfono y vi que era el código de zona 212: una llamada desde Manhattan. Sentí mariposas en el estómago y apreté el botón de Llamada. Era Jen, la reclutadora de Goldman Sachs, que me ofrecía oficialmente un trabajo como analista en el Grupo de Mercados de cobertura.

—Muchas gracias —dije yo. Una vez más, intervino lo que aprendí en la SEO. Yo sabía que no debía aceptar la oferta de inmediato, y quería ser profesional: expresar emoción, pero no demasiada emoción. En mi interior estaba dando saltos de alegría, pero lo único que dije fue:

—Muchas gracias. Lo voy a considerar. Como sabe, voy a regresar para el Súper Día, pero me emociona mucho haber recibido esta oferta y esta oportunidad. Me mantendré en contacto.

En cuanto colgué el teléfono, grité y salté arriba y abajo de pura alegría. Además de mis padres, Robert era la única persona a la que quería decírselo. Él también se alegró mucho por mí; incluso pensé que lo había dejado un poco inquieto por no haber recibido él mismo una oferta de trabajo todavía. (Eso llegó un par de semanas después). Los dos estábamos muy emocionados por lo que eso significaría para mi futuro; y para *nuestro* futuro, pensaba yo.

Esa noche, sentí pánico cuando las cosas se calmaron: *Ay, no. ¿Cómo voy a aceptar la oferta? ¿Cómo voy a poder tener este trabajo? Tendré que pasar comprobaciones de antecedentes, y tendré que pasar por todas esas agencias del gobierno solo para obtener las licencias. No va a funcionar.*

Tuve un nudo en el estómago durante los dos días siguientes mientras un profundo sentimiento de angustia recorría mi ser. No dejaba de pensar: *¿Cómo diablos voy a hacer esto?*

La única solución en que podía pensar era enterrar mis preocupaciones y meterlas en un pequeño armario mental. Como siempre, me metí en mi pequeña burbuja donde todo iba bien. Avancé con una fe ciega en que de algún modo todo se solucionaría, y aunque estaba segura de que finalmente tendría que afrontarlo, no había nada que pudiera hacer al respecto en ese momento. Así que eso fue justamente lo que hice: absolutamente nada.

CAPÍTULO 14

Lo máximo

Viajé a Nueva York para el Súper Día de Goldman Sachs y me fue muy bien en mis entrevistas matutinas en la oficina de soluciones de capital estructurado (SES, por sus siglas en inglés). El equipo de SES armaba derivados para corporaciones en lugar de para personas físicas, lo cual me parecía realmente emocionante. Me fue lo suficientemente bien en mis entrevistas como para que me invitaran a regresar a la segunda ronda de esa tarde, mientras un grupo de mis competidores fueron enviados a hacer sus maletas antes del almuerzo. Sentía que estaba de camino a tener todo un abanico de opciones en mis manos, y confiaba en que cuando terminara el día podría escoger cualquier grupo en el que quisiera trabajar en esa empresa.

Fue entonces cuando sonó mi teléfono.

—Hola, Julissa, soy Eric Lane.

No podía entender por qué me estaba llamando Eric Lane, socio de Goldman Sachs, jefe de Dave Coquilette y una verdadera estrella de Wall Street, una leyenda básicamente, quien se convirtió en socio de Goldman a los veintisiete años de edad.

—Hola —dije con nerviosismo—. ¿Cómo está?

—Bien —me respondió. No era alguien con quien tener una charla trivial—. He oído que ha regresado para el Súper Día. Debería pasar por aquí. De verdad pienso que debería aceptar nuestra oferta —dijo.

—Puedo ir ahora mismo si usted quiere —respondí yo.

—Sería estupendo. Nos vemos pronto. —Y colgó el teléfono.

Cinco minutos después yo estaba en el despacho de Eric, donde él volvió a pronunciar la frase: —De verdad pienso que debería aceptar nuestra oferta —refiriéndose a la oferta que yo había recibido por parte de Dave por medio de Jen, la reclutadora, cuando me llamó por teléfono hacía dos semanas. Yo quería mantener abiertas mis opciones, parecer profesional, hacer lo que me habían enseñado; pero en ese punto, mis instintos anularon todo eso: si un socio en Goldman Sachs te dice que aceptes la oferta de su equipo, *¡aceptas la oferta!*

—Sí —le dije allí mismo—. Me encantaría trabajar para el área de mercados de cobertura.

—Bien —dijo él.

Mientras salía de allí me daba vueltas la cabeza. A mí me gusta saber cómo y por qué suceden las cosas, y comencé a pensar en las conversaciones que había mantenido con Eric. La mayoría habían sido tan breves que ni siquiera llegaron a ser conversaciones de verdad. Él siempre estaba yendo a alguna parte, siempre estaba en movimiento, siempre cambiaba al tema siguiente; operaba a un nivel tan elevado que no tenía tiempo para charlar con los becarios de cosas triviales. *¿Por qué se había acordado de mí? ¿Por qué me había llamado? ¿Por qué me quería en su equipo?* Estaba segura de que Jen le había pedido que hiciera la llamada, pero aun así, él no llamaba a todos los becarios para que aceptaran su oferta.

Entonces lo entendí: esa persona tan importante realmente se había tomado tiempo en más de una ocasión para hablar conmigo sobre los Longhorns de Texas y nuestra rivalidad con la Universidad de Oklahoma, y yo había sido capaz de darle, en un abrir y cerrar de ojos, conversación sobre estadísticas y jugadores como podría haberlo hecho cualquier tipo una tarde de domingo. Yo sabía que había hecho un buen trabajo, y sé que impresioné a los asesores de patrimonios privados para los que trabajé y que tuve evaluaciones estupendas, pero, en cierto nivel, todo en la vida se trata de las conexiones personales que hacemos.

Eric Lane se movía tan rápidamente que nuestras conversaciones deportivas probablemente me habían otorgado más tiempo personal con él, que a cualquier otro becario, y pensar en eso me hizo sonreír. Eso no era algo que yo hubiera aprendido en la SEO, ni tampoco era un plan o una estrategia; a mí me resultaba tan natural como respirar. También hablé de deportes con los muchachos del área de operaciones de valores. ¡Hablaba de deportes con cualquiera que quisiera escuchar! Los deportes habían sido siempre mi modo de entrar, el agente que nos unía a todos, y estaba segura de que eso tan sencillo me había ayudado en el mayor paso profesional de mi vida.

Cuando salí bajo la luz del sol en la ciudad donde se hacen los sueños, meneé la cabeza y sonreí. Tomé el teléfono y le conté la noticia a Robert, y después compré una tarjeta telefónica y llamé a mis padres a Taxco para contarles también la buena noticia, sabiendo que en cuanto terminara el año escolar estaría comenzando a trabajar en un empleo con un salario que estaba segura era mayor de lo que ellos pudieron llevar a casa en ganancias en la época de éxito de mi mamá en el mercado de la plata a mediados de los ochentas. Y lo haría desde una oficina con aire acondicionado en la ciudad de Nueva York.

⟨⟨⟨⟨⟩⟩⟩⟩

A pesar de lo emocionada que estaba por todo cuando regresé a la UT, mi cuerpo comenzó a decirme que algo andaba mal. No me sentía tan bien físicamente como estaba en mi mente y mi corazón.

Desarrollé un dolor de espalda durante mi primer año; estaba físicamente en forma y sin duda no estaba envejeciendo, así que no entendía por qué tenía ese dolor, en especial después de haber cerrado el puesto de *funnel-cakes*. El dolor de hecho comenzó a empeorar cuando acepté el empleo en el centro de atención de llamadas y me senté tras un escritorio, y siguió acosándome a lo largo de todas mis prácticas profesionales. Fui a visitar a un quiropráctico, y probé hacer todos los ajustes ergonómicos que todo el mundo te dice que hagas cuando trabajas en un escritorio y estás todo el día tecleando, pero nada parecía ayudar. Cuando regresé de Nueva York tras obtener el puesto en Goldman, comenzaron a aparecer también nuevos síntomas: tenía dolor en las articulaciones de todo el cuerpo, y parecía cansarme con facilidad.

Robert no dejaba de decirme que fuera a ver a un médico, pero yo estaba preocupada. Por una parte, tenía miedo de que pudiera ser algo grave; por otra, siempre me ponía nerviosa al entrar en una situación en la que quizá tuviera que mostrar algún tipo de identificación.

Cada vez se hacía más difícil ocultarle mi secreto también a Robert. Él no entendía por qué yo seguía trabajando tan duro para pagar la colegiatura en lugar de conseguir un préstamo de estudiante y disfrutar de nuestro último año juntos. Lo volvía loco que yo no tuviera una mejor compañía telefónica. "¡Sprint es horrible!", me decía. Pero Sprint me había dado un contrato de teléfono celular sin un número de seguro social, y por eso me convertí en una clienta fiel. Él quería saber por qué yo conducía tan despacio y por qué me ponía tan paranoide cada vez que había un policía detrás de nosotros en la carretera. Otros amigos simplemente pensaban que yo era un poco rara, pero Robert estaba conmigo todo el tiempo; con él, mis excusas y encubrimientos se parecían más a mentiras; en realidad, *eran* mentiras.

Una noche después de tres horas de estudio, tenía muchas ganas de comer en Jim's Tacos.

—Eso suena exactamente a lo que necesitamos en este momento —dijo Robert.

Estábamos seguros de que había un Jim's en la IH-35 justo saliendo de Austin. Nos metimos en su coche rojo deportivo y condujimos hasta allí. Lo miré fijamente; él tenía una mano en el volante y la otra en la palanca de cambios, y se veía muy sexy. Me di cuenta de lo muy enamorada que estaba de él. Condujimos y condujimos hasta que por fin encontramos el Jim's en San Antonio, a más de una hora de distancia. Valió la pena. Comimos tacos, tomamos té helado*, nos reímos e hicimos planes para nuestra nueva vida en Nueva York.

En el camino de regreso a Austin nos quedamos atascados en el tráfico a vuelta de rueda gracias a las interminables obras que había en esa autopista. Estábamos atorados dentro del coche sin ningún otro lugar adonde ir, y mientras estábamos en esa pequeña burbuja privada, finalmente me sentí inspirada a enfrentar los hechos: Robert era mi mejor amigo, acababa de conducir más de una hora para llevarme a comer tacos e incluso se negó a dejarme pagar, había conocido a su familia, los dos íbamos a mudarnos a la ciudad de Nueva York para comenzar nuestras vidas después de la universidad. Si había alguien en el mundo con quien yo debería poder hablar de lo aterrada que estaba por la posibilidad de ser deportada por usar papeles falsos, o de lo mucho que extrañaba a mi familia, o que estaba cansada de todas las pequeñas mentiras que tenía que contar, era *él*. El incidente en el estacionamiento parecía muy lejano. *Ahora puedo confiar en él*, pensé. Tras dos años de amistad, su mirada triste me decía una y otra vez: *Puedo confiar en él*.

Así que respiré profundamente y le conté todo. Le dije que mis padres me habían llevado a vivir a San Antonio cuando yo tenía once años, y que mi visa había expirado cuando tenía catorce, lo cual me situó en un estado de limbo. Le conté que compré papeles falsos a una mujer desconocida en la ciudad, y que solicité las prácticas profesionales con esos mismos documentos falsos. Le expliqué todas las cosas extrañas que hacía: por qué nunca me iba de vacaciones en primavera a México, por qué conducía con tanta lentitud, y otras cosas.

—Pensé que ese podría ser el motivo —dijo.

—¿A qué te refieres?

—Todas esas cosas. Pensé que tenía que haber un motivo. Y como tu familia no está y todo lo demás, me lo imaginaba. Eso es todo.

Siempre había estado segura de que había ocultado mi secreto perfectamente, pero si Robert había adivinado cuál era mi secreto, quizá otras personas también lo sospechaban. Tenía que hacer un mejor trabajo a la hora de ocultarlo. Tomé una nota mental de trabajar más para mantener encubierto mi secreto, incluso mejor de lo que lo había mantenido oculto todo ese tiempo.

Mientras estábamos allí mirando fijamente un mar de luces rojas traseras, le hablé de todas las Navidades y cumpleaños que había pasado sola. Le hablé de mi hermanito y lo mucho que lo extrañaba, y también le dije lo mucho que extrañaba a mi abuela. Le hablé de lo aterrada que estaba de que en algún momento todo eso pudiera terminar, y que pudieran arrebatarme todo aquello para lo que había trabajado tanto.

Fue entonces cuando Robert tomó mi mano, la besó, y la puso en la palanca de cambios bajo la suya.

—No te preocupes —me dijo—. Estamos juntos en esto.

Condujimos el resto del camino a casa con las manos entrecruzadas. Él no se soltó. Me había dicho que estábamos en ello juntos, y yo le creí.

<hr />

Durante semanas había alternado entre sentirme entusiasmada acerca de mi futura vida en Nueva York, y sufrir por si *realmente* debía o no seguir adelante con la oferta de Goldman. Una cosa era aceptar la oferta verbalmente, pero cuando llegaron por correo los documentos de la comprobación de antecedentes, parecía una historia diferente. Si aceptaba la oferta, estaría violando la ley *otra vez*; si no aceptaba la oferta, estaría renunciando a todo aquello por lo que yo, y mis padres, habíamos trabajado. No tenía miedo porque pensara que estaba haciendo algo malo, pues me había ganado esa oferta de trabajo. *Tenía* miedo a que me descubrieran o a tener que vivir con la vergüenza de que el reclutador de Goldman me dijera que no había pasado la comprobación de antecedentes.

Le pedí consejo a una abogada que me dijo, no como abogada, sino más bien como una madre:

—Si no lo intentas siquiera, lo lamentarás el resto de tu vida.

Mi dolor de espalda y las migrañas aumentaron incontrolablemente a medida que avanzaba el segundo trimestre. Ya no podía soportarlo más, y terminé yendo a consultar a un médico. Escuchó mis síntomas; me hizo todo tipo de análisis de sangre, y me dijo que sufría fibromialgia. Me explicó que el dolor extendido en músculos y huesos, mis migrañas ocasionales y mis problemas para dormir eran síntomas de la enfermedad. También me dijo que no había ninguna causa conocida, y tampoco se conocía ninguna cura. Era algo que tendía a suceder más en mujeres que en hombres, pero que no podía explicar por qué o cómo. Dijo que podía tomar medicinas para reducir los síntomas (paliativos farmacológicos, básicamente), pero que aparte de eso tenía que aprender a vivir con ello. También me dijo que debería ver a un psiquiatra. *¿Un psiquiatra?*, pensé. *Yo no estoy loca.* En mi cultura, no visitábamos loqueros; nos tragábamos los problemas y enterrábamos nuestras emociones. Los loqueros eran para las personas ricas con problemas de personas ricas.

—Ah, intente descansar más. Trate de relajarse y tranquilizarse. Eso podría ayudar —añadió, como si eso fuera una posibilidad remota para una mujer latina en camino hacia una carrera en Wall Street.

El diagnóstico no me pareció acertado. Me preocupaba que estuviera sucediendo otra cosa, y mi preocupación probablemente me hacía sentir más estrés que nunca. Entonces un día Ade, a quien conocía desde la época del club de griego y latín, me dijo:

—Ningún médico *de verdad* haría nunca ese diagnóstico.

Entonces quizá necesito esperar, pensé. *Quizá un médico de verdad en Nueva York pueda llegar hasta el fondo de esto.* Después de todo, Nueva York albergaba algunos de los mejores hospitales y médicos del mundo, y tendría acceso a todo ello cuando estuviera allí; y mientras tanto, decidí que haría todo lo posible por tragarme los problemas y seguir adelante con mi vida.

Antes de darme cuenta, teníamos encima el día de graduación. Me gradué *cum laude* de la Universidad de Texas, una de las cinco mejores escuelas de negocios de todo el país. *Yo*, una inmigrante mexicana: la hija menor de Luisa y Julio Arce. No sabía si algún otro alumno de mi generación era indocumentado, ni tenía relación con ningún tipo de grupo de apoyo u organización para personas en mi situación; me había mantenido informada de las políticas de inmigración solo desde afuera. Me avergonzaba el hecho de no estar mostrando más apoyo a quienes estaban luchando por mis derechos, pero era mayor mi miedo a que se supiera que yo era una inmigrante indocumentada.

Tenía buenos amigos, tenía a Robert, tenía la HBSA y la SEO, y también estaba a punto de formar parte de la familia de Goldman Sachs; sin embargo, estaba totalmente sola en muchos aspectos. Tenía la sensación de no conocer a nadie en el mundo que pudiera realmente reconocer y validar mis sentimientos de angustia y de pánico. Yo era una joven que no debía estar ahí, pero que de algún modo se las había arreglado para vencer ese obstáculo y aprovechar al máximo las oportunidades; yo era una de las primeras estudiantes en beneficiarse de la aprobación de una ley en Texas que me permitía perseguir mis sueños. Imaginaba que los legisladores que aprobaron esa ley podían haber sacado mucho provecho de presumir a una joven graduada brillante que se benefició de su buen trabajo, en especial una graduada a quien le había ido tan bien. Yo podría haber sido una estrella de oro en sus carreras políticas. Rick Perry, quien firmó la Ley 1403, la apoyó durante su búsqueda de la candidatura presidencial en 2012 y quien posó en una fotografía conmigo cuando recibí la Beca de la Conferencia para Mujeres de Texas, seguramente estaría encantado de estar a mi lado, pero en un mundo posterior al 11 de septiembre, lleno de retórica antiinmigración, eso simplemente no iba a suceder.

Cuando terminaron las clases, y como mi trabajo en Nueva York no empezaría hasta el final del verano, me mudé a San Antonio para quedarme con mi hermana durante unas semanas. Robert también era de San Antonio, y pasamos mucho tiempo juntos y con su familia. Nos fuimos juntos de vacaciones a Corpus Christi un fin de semana largo con algunos de sus amigos, e incluso pasé la noche en casa de sus padres muchas veces.

—Esto es extraño —dije cuando él cerró la puerta de su dormitorio—. ¿No les importa a tus padres? ¡Mis padres nunca lo permitirían!

—No, no les importa —me dijo él.

No es que sus padres tuvieran de qué preocuparse, ya que seguíamos sin tener relaciones. Yo quería, pero él me decía repetidamente que se estaba guardando para cuando se casara.

—Está bien —dije yo, y lo extraño de nuestra relación continuó.

Al parecer, siempre estábamos rodeados de otras personas durante esas primeras semanas del verano, fueran familiares o amigos. Era divertido jugar al baloncesto y salir, pero yo tenía muchas ganas de pasar tiempo a solas con él, y comencé a emocionarme de verdad por el viaje que teníamos planeado a Nueva York. Para ahorrar dinero en pasajes de avión, decidimos rentar un camión de mudanzas y hacer la mudanza nosotros mismos. Planeábamos tomarnos nuestro tiempo y hacer un verdadero viaje por carretera. Yo estaba emocionada por la posibilidad de viajar con él en la cabina de ese camión color amarillo brillante, deteniéndonos en restaurantes al azar, viendo los paisajes y visitando los lugares turísticos a lo largo del recorrido.

Entonces, de repente, en el último minuto, Robert se ofreció a llevar algunos de los muebles de su compañero de cuarto en nuestro camión, y, al parecer, era urgente que los muebles llegaran a Nueva York. Todo el viaje se hizo apresuradamente y se acortó al menor tiempo posible; además de que el compañero de cuarto de Robert terminó haciendo el viaje con nosotros. Nos fuimos directo casi sin hacer paradas. Nada de caminos alternativos; nada de cafeterías estilo retro; nada de lugares que no pudieran verse desde la autopista. Solamente Robert, y yo, y el Sr. Inoportuno. Qué romántico.

Fue una gran decepción para mí, pero hice todo lo que pude para sobreponerme; después de todo, había llegado el momento. Era lo máximo. Nos estábamos mudando a Nueva York, y los dos logramos encontrar departamento en el mismo edificio en el #45 de la calle Wall Street, directamente enfrente de un edificio Trump y a una cuadra de la Bolsa de Nueva York. Justo en el corazón de todo.

El simple acto de entrar al vestíbulo del 45 de Wall Street me dio la sensación de haberlo logrado. Las paredes estaban recubiertas con paneles de madera oscura y mármol, estaba decorado con hermosas luminarias y había varias personas bien parecidas, vestidas con trajes de negocios que entraban y salían a un ritmo rápido e incesante que solamente existe en Manhattan. Había un par de porteros tras un mostrador que estaban allí para ayudar en todo lo que fuera necesario. Y aunque Robert y yo no compartíamos departamento, era estupendo saber que estábamos a una corta distancia en elevador: él en el cuarto piso, y yo en el décimo.

Goldman Sachs me había proporcionado un bono por haber firmado el contrato: un poco de dinero por adelantado para ayudar con los costos de la mudanza y de establecerme; así que en cuanto llegué a la ciudad, decidí actualizar mi guardarropa. Tenía un poco de ropa de vestir; varios trajes sastre con falda que había usado en cada una de las reuniones de la HBSA el primer año, los cuales mejoré aún más cuando llegué a ser presidenta. Pero después de pasar el verano del año anterior haciendo las prácticas en Goldman, sabía que tenía que comprarme más zapatos de tacón y blusas con cuello, y mejorar un poco más mi aspecto. Como había aprendido por medio de Dale Carnegie y todo el tiempo que pasé en la HBSA: "Vístase para el trabajo que quiere, no para el que tiene".

En ese momento yo era muy conservadora. Mi guardarropa estaba formado principalmente por faldas negras y blusas hechas a la medida; pero estar en Goldman me mostró que una mujer de negocios podía estar a la moda. No tenía que vestir siempre de negro; podía ponerme vestidos negros, podía ponerme colores, e incluso podía llevar estampados florales, aunque nunca lo hice. Las mujeres en Goldman *tenían estilo*. Llevaban ropa impecable, y parecía que cada una de ellas llevaba los zapatos Christian Louboutin más hermosos con sus suelas rojas. Quienes estaban casadas o comprometidas también ostentaban los diamantes más asombrosos.

No había modo alguno de que yo pudiera gastarme seiscientos dólares en un par de zapatos. De chica, la mayoría de mi ropa la compraba en Goodwill o Target; pero también sabía que la ropa de H&M no encajaría en el mundo de Goldman Sachs. Como analista de primer año, sin duda tampoco tenía un presupuesto para poder comprar en Saks o Barney's, pero afortunadamente encontré una tienda que parecía hecha a la medida para mí: Club Monaco. Me encantaba todo lo que tenían en esa tienda; estaba bien iluminada, el espacio era minimalista, olía bien y las dependientas fueron increíblemente serviciales y amigables conmigo desde el momento en que atravesé la puerta. Casi cualquier cosa que tomaba de la percha parecía bonita y profesional. No era barato, pero tampoco era una exageración como para quedarme sin dinero para comprar comida. Si quería, podía darme el lujo de comprar una blusa de $150 dólares en esa tienda, y aunque aún pensaba que ese era un salto gigantesco en comparación con lo que había estado acostumbrada toda mi vida, descubrí que podía hacerlo y sentirme bien con la compra; después de todo, ahora yo era analista de Goldman Sachs. Tyler, uno de mis amigos de la SEO, y yo bromeábamos con que estábamos gastando con base en el valor actual de nuestras ganancias futuras. No es que fuera la manera más inteligente de pensar, pero tenía sentido para nosotros en ese momento. En un par de semanas yo entraría por las puertas de GS, y pensaba que estaría ganando mucho dinero.

Fue entonces cuando se produjo el ataque de pánico: sentada en el departamento de Robert, cuando faltaban solo dos semanas, rodeada de cajas y de ese amigo inoportuno tomando cervezas heladas y viendo televisión. El dolor en mi pecho, el hormigueo en mi brazo, el viaje apresurado al hospital, el claro sentimiento de que iba a morir, la confusión por el diagnóstico (¿ataque de pánico?, ¿yo?), y la silenciosa caminata de regreso al 45 de Wall Street al amanecer: todo ello se arremolinó convirtiéndose en la asombrosa revelación de que tenía todas las razones para sentir pánico.

Mi cuerpo finalmente estaba haciendo lo que mi mente se negaba a hacer: admitir que mi vida era increíblemente anormal, y que ocultar mi verdad e ignorar constantemente las consecuencias potenciales de que me descubrieran me había pasado factura.

CAPÍTULO 15

Zarpamos

Apenas me había recuperado del susto y la vergüenza del ataque de pánico cuando recibí una llamada telefónica sorpresa de Dave Coquilette.

—Eric y yo hemos decidido ponerte en otro equipo —me dijo—. Sabemos que estabas muy interesada en los derivados financieros. Hemos contratado a un hombre, Ted, para comenzar un equipo de derivados dentro de la administración de patrimonios privados, y creo que te caerá muy bien, y también creo que los dos encajarán estupendamente.

¿Derivados financieros? Suena interesante. Pero ¿quién es ese Ted?, pensé.

Dave siguió elogiando a Ted, y yo comencé a emocionarme:

—Goldman no contrata a personas de fuera como directores administrativos, y lo hemos contratado a él como director administrativo. Te caerá muy bien.

Yo era una becaria que había sido contratada como analista de primer año, y este director administrativo me estaba llamando con antelación para convencerme de que me gustaría el nuevo puesto donde iban a situarme. Siendo realistas, ni siquiera tenían que llamarme, y mucho menos interesarse en cómo podría sentirme con todo eso. Cuando terminamos esa llamada, yo estaba perpleja y sorprendida. ¿En qué otra empresa un director administrativo se tomaría el tiempo de hacer eso? ¿En qué otra empresa, de Wall Street especialmente, un jefe mostraría tal interés y atención hacia una empleada inexperta que ni siquiera había entrado aún por la puerta? Yo ya tenía un buen presentimiento con respecto a la cultura de Goldman cuando era becaria, pero ahora estaba segura de que Goldman era el lugar donde yo debía estar.

El interés por mí no se detuvo ahí, ya que una semana antes

de comenzar mi trabajo, mi nuevo director administrativo, Ted, me invitó a almorzar. Voy a reiterarlo: yo ni siquiera había empezado, y un director administrativo recién contratado en una de las empresas financieras más poderosas de la tierra me invitó a almorzar para presentarse él mismo *conmigo*. En el momento en que me senté con Ted, supe que la valoración de Dave era correcta: íbamos a llevarnos bien. Ted había pasado años trabajando en América Latina, y aunque era un hombre blanco de Maine, yo no lo consideraba blanco culturalmente; me refiero a que él se llamaba a sí mismo El Rey del Mambo. Cuando no estaba ganando millones para él mismo y para otros, tenía pasión por bailar salsa. Era dueño de un velero y también tenía pasión por el mar. Parecía ser un hombre que amaba la vida y la vivía al máximo, disfrutando verdaderamente de todos los beneficios que venían con la carrera exitosa en el mundo financiero que lo había llevado a cumplir su sueño americano.

Ted pasó ese almuerzo asegurándo*me* que todo iba a salir bien, asegurándo*me* que aunque yo no lo conocía y nunca habíamos trabajado juntos, él creía que para mí sería una oportunidad estupenda en mi carrera profesional. El equipo completo lo formábamos él y yo, y trabajaríamos para construir un nuevo equipo, encontrando las mejores maneras de promocionar derivados financieros entre los clientes de patrimonios privados. Él me dejó claro que quería que yo aportara ideas; que él estaría buscando mis aportaciones y mi creatividad. La mejor parte de ese cambio inesperado fue que yo trabajaría directamente para él.

Los analistas de primer año no consiguen trabajar con un director administrativo.

Obtener un trabajo en Goldman Sachs era el cumplimiento de un sueño, pero el empleo que Ted diseñó para mí era algo que estaba mucho más lejos de lo que yo había imaginado. Sentí que Dios me había guiado por un camino y me había otorgado regalos mucho mayores de lo que yo podría haber esperado. Estaba tan emocionada por comenzar que me desperté con pánico mi primer día de trabajo. No hay otro modo de expresarlo: estaba aterrada. Todos los nuevos analistas de la empresa, provenientes de todas las oficinas alrededor del mundo, habían llegado a recibir capacitación en Nueva York. Éramos cientos, y todos teníamos que ir a Jersey City ese año, al mismo edificio donde yo había ido para mi formación inicial como becaria el año anterior. La empresa había planeado trasladar todos sus pisos de operaciones a ese edificio en Jersey City, pero los corredores se sublevaron y se negaron a ser trasladados del Bajo Manhattan, así que ahora el edifico en Jersey se utilizaba principalmente para tecnología y para este tipo de actividades de formación, mientras Goldman construía unas nuevas y brillantes oficinas centrales en el 200 de West Street, básicamente cruzando la calle de donde antes estaban las Torres Gemelas. Ese edificio vanguardista no estaría terminado hasta dentro de otros seis años, y, mientras tanto, Goldman tenía oficinas en varios edificios en la zona de Wall Street.

Me alegré de tener mucha experiencia sobre qué trenes tomar y cómo llegar a Jersey City, porque tenía los nervios de punta esa mañana. Nos reunieron a todos en un gran salón de conferencias donde un alto directivo comenzó a hablarnos de la filosofía de Goldman; también nos presentaron un extenso panorama de qué esperar durante los seminarios de formación esa semana. En algún momento le repartieron a todos en el salón los famosos formularios W-4 del servicio de recaudación fiscal. Nombre, dirección, número de seguro social y firma: eso era todo lo que había que llenar. Simple. Fácil. *Aterrador*.

Yo llené la hoja mientras escuchaba.

—Necesitamos una fotocopia de una identificación suya emitida por el gobierno para archivarla con su W-4, y como ustedes son muchos, nos gustaría que todos dejaran sus identificaciones en la mesa. Nosotros las fotocopiaremos mientras ustedes almuerzan.

Mi corazón dio un vuelco, y me costaba trabajo respirar. Saqué mi tarjeta de residencia permanente y la del seguro social falsas y las puse encima de la W-4 sobre la mesa.

De camino al almuerzo me metí al baño, cerré la puerta y vomité. Se me iba la vida en tan solo respirar. *Ya has pasado la comprobación de antecedentes, Julissa. Trabajaste para ellos el verano pasado. Contrólate; todo va a salir bien.* Yo seguía preocupada por todos los nuevos analistas que estaban en ese salón que provenían de otros países. ¿Y si mi tarjeta de residencia permanente se veía claramente falsa cuando estuviera al lado de las de ellos? Tenía la boca seca, y las axilas empapadas. *Gracias a Dios por mi traje sastre.*

Dios, por favor, permite que mis documentos pasen, oraba. Tenía que creer que Dios tenía un plan para mí y que ese empleo seguía siendo parte de su plan; tenía que creer a pesar de lo terriblemente mal que me sentía. Mi oración era: *Dios, dame paz.* Sé que para algunas personas es difícil creer en Dios, pero para mí es difícil *no* creer en Dios. Incluso en los momentos en los que he querido pensar que quizá Dios no existe, no he podido hacerlo. Siempre vuelvo al pensamiento de que Dios tiene un gran plan para mi vida. Es algo que siento; es algo que sé en lo profundo de mi corazón. No sé cuál es el plan de Dios, pero desde que era pequeña tuve claro que yo estaba aquí con un propósito.

Orar a Dios en ese cuarto de baño me trajo calma por el momento.

Cuando regresé al salón después del almuerzo, una de las mujeres que había estado registrando nuestros datos estaba cerca de mi mesa, y me miró directamente. Yo intenté evitar el contacto visual, pero cuando pasé a su lado me habló.

—Puse sus documentos debajo de la hoja —me dijo.

—Ah —respondí—. Ok. Gracias.

Me senté en mi lugar y encontré mi tarjeta de residencia permanente y la del seguro social debajo de la hoja de instrucciones para llenar el W-4. Mi pánico aumentó. *¿Sospechó algo al verlas y las puso debajo de la hoja para ocultarlas? ¿Me va a reportar?*

Cerré los ojos, respiré profundamente e intenté pensar en otra razón por la que ella podría haber hecho eso. *Quizá solamente me lo dijo porque no estaban a la vista y no quería que yo pensara que se habían perdido, o algo así. O quizá no quería que yo destacara, ya que la mayoría de las personas de mi fila tenían pasaporte estadounidense.*

Todo lo que sucedió el resto de ese día estuvo envuelto en una neblina. Volví a meter mis documentos en la bolsa e intenté mezclarme entre la multitud de hombres vestidos con traje y mujeres que llevaban perlas y tacones altos. Pero no podía dejar de pensar en ello. *¿Se habrá dado cuenta? ¿Se dio cuenta y lo descartó? ¿Se dio cuenta, pero pensó: "Bueno, ella pasó la comprobación de antecedentes. Hizo prácticas aquí el verano pasado. Debe tener sus papeles en regla"?*

Traté de enfocarme en las muchas razones por las que nadie había cuestionado nunca mis papeles antes de ese día. Hablo bien inglés, tengo buenas credenciales, fui a la universidad en los Estados Unidos. Tenía sentido que tuviera residencia permanente porque mis padres vivieron en el país mucho tiempo, y seguramente llegué aquí con una visa de estudiante y mis padres me reclamaron. Yo sabía qué decir si alguien me cuestionaba; conocía lo suficiente sobre cómo funcionaba el sistema para sentirme confiada con respecto a cualquier cosa excepto esos documentos físicos que había estado llevando desde la segunda mitad de mi primer año en la Universidad de Texas.

También pensé en el hecho de que cualquiera que cuestionara a una mujer latina sobre sus "papeles" en un ambiente de clase alta y educación superior como ese no solo *parecería* racista, sino que *sería* racista. Y si ella estaba equivocada, la persona la podría demandar por discriminación.

Como nadie me acompañó hasta salir del edificio al final de ese primer día de formación me permití dar un gran suspiro de alivio: durante unos cinco minutos. En el tren de regreso a Manhattan volví a entrar en pánico. En los meses siguientes tendría que pasar toda una serie de pruebas con el fin de obtener las licencias para que me permitieran trabajar con clientes en la industria financiera. Había leído que tendrían que tomarme huellas digitales y pasar *otra* comprobación más

de antecedentes, y llevar una identificación con fotografía, lo
cual significaba usar mi pasaporte mexicano sin visa.

No dejaba de recordarme a mí misma las cosas buenas que
ya habían sucedido. Había dado ya un paso tras otro, tras otro,
tras otro, de modo que cada examen sería solamente un paso
más. Me decía una y otra vez a mí misma: *Funcionará. Todo
saldrá bien*.

Cuando ese sentimiento de pánico aparecía en cualquier día
dado, me obligaba a mí misma a respirar profundamente y a
pensar en el peor escenario posible. Si me descubrían, no iba a
morir; podrían despedirme, pero siempre existía la posibilidad
de que no me delataran y sería libre de conseguir otro empleo
en otro lugar, aunque fuera un empleo mucho menos interesante.
Incluso si informaban sobre mí y era deportada, tenía a
toda mi familia en México. Tenía una licenciatura. Sobreviviría;
mi vida no terminaría. La peor parte de la deportación
sería que me prohibirían la entrada a los Estados Unidos diez
años, una política que, como me enteré después, irónicamente
se había aprobado justo durante la presidencia de Clinton. Yo
pensaba que eso podría parecerse bastante a morir, pero estaba
segura de que también sobreviviría a eso. Después de todo, ya
había sobrevivido a casi una década de exilio de mi país de nacimiento,
y pensar en todo eso hacía que mi temor fuera un
poco más fácil de tragar. *No moriré*, pensaba.

Caí en cuenta de que yo era afortunada. Hay miles de inmigrantes
en los Estados Unidos que no son tan afortunados,
ellos *sí* enfrentarían la muerte de ser deportados.

Me fue muy bien en el resto de la capacitación sin más momentos
tensos, y una semana después por fin estaba lista para
comenzar mi nueva carrera en serio. Robert y yo nos habíamos
tomado el tiempo de trazar nuestras rutas al trabajo en un mapa.
Nos fuimos en metro hasta el centro de la ciudad a distintas
horas del día para comprobar cuánto tiempo le tomaría llegar
hasta las resplandecientes oficinas de Lehman Brother's justo al
norte de Times Square, donde iba a estar trabajando. También
cronometramos cuánto tiempo se tarda uno en caminar desde

nuestros departamentos en el 45 de Wall Street hasta One New York Plaza, a la orilla del río East: el edificio donde yo iba a pasar más horas al día de las que pasaría en mi propio departamento.

Esa mañana me levanté particularmente temprano. Ted me había dicho que él generalmente llegaba a las 7:00 de la mañana, y yo quería asegurarme de estar allí antes que él para empezar con el pie derecho. Salí de mi departamento a las 6:30 de la mañana, y caminé con brío el recorrido de diez minutos con mis mejores tacones (tuvieron que pasar algunas semanas para darme cuenta de que podía llevar zapatos de piso en el camino y ponerme los tacones cuando llegara a mi escritorio). Las banquetas estaban tranquilas y silenciosas a esa hora, y recorrí esas antiguas y serpenteantes calles con facilidad: girando a la derecha en William, tomando a la izquierda en la bifurcación frente a Delmonico's Steak House, un sitio emblemático del siglo XIX, pasando por las oficinas originales, sin letreros, de ladrillo marrón de Goldman en el 85 de Broad Street, en el centro de toda esa herencia histórica, y llegando finalmente a mi rascacielos plateado en el extremo de la ciudad más fabulosa del mundo. Goldman no se anunciaba con grandes carteles luminosos en el exterior del edificio del modo en que lo hacían Lehman Brothers y otras empresas. No había ninguna indicación en el edificio de que la empresa financiera más poderosa del país estaba en su interior, y eso me gustaba; pensaba que pasar inadvertido era un símbolo de fortaleza.

Tampoco había mucho alarde en el interior, excepto en ciertos pisos. Los clientes nunca visitaban el piso cuarenta, donde yo estaba a punto de instalarme junto con Ted, e incluso tras los trabajos de construcción del verano anterior, cuando salí del elevador a ese espacio silencioso y aún vacío, parecía un poco oscuro y ordinario. La alfombra era vieja, y no había nada en absoluto que destacara con respecto al mobiliario y la decoración interior. El piso cuarenta era un lugar donde se trabajaba, y punto.

No quería dar la impresión de ser la novata llena de asombro, pero después de hacer ese recorrido caminando y poner mis pies en esa oficina teniéndola toda para mí durante los primeros minutos del día, no dejaba de pensar: *No puedo creer que trabaje en Goldman Sachs. No puedo creer que viva en la ciudad de Nueva York. ¡No puedo creer que esta sea mi vida!* Momentos después, otros empleados comenzaron a salir en fila del elevador. Fui recibida con un flujo continuo de: "¡Hola! ¡Bienvenida otra vez!", y: "¡Qué gusto verte de nuevo!", y en cuanto llegó Ted nos pusimos a trabajar. Cuando me dijo que trabajaríamos juntos, lo decía de verdad: me situó en un asiento al lado del suyo, a la cabeza de una larga fila de escritorios llena de colegas de otros equipos, al frente de nuestro pequeño rincón del mundo Goldman Sachs. Eric Lane, el socio de Goldman que insistió en que yo aceptara la oferta, se sentaba detrás de nosotros. Yo podía literalmente girar mi silla y hacerle una pregunta. Él podía llamarme sin ni siquiera tener que levantar la voz. En un lugar como Goldman, el lugar donde te sientas importa, y yo no pude haber sido colocada en una mejor posición.

La División PWM en Goldman no es el Wall Street que se ve en las películas. Yo no estaba en un piso de operaciones bursátiles; pero nuestro pequeño rincón en el piso cuarenta se parecía más a un piso de operaciones bursátiles que la muy cortés división de PWM del piso cuarenta y uno. Quizá nosotros no gritábamos con cada movimiento del Dow, pero sin duda tuve que aprender a bloquear el ruido constante de los teléfonos sonando, los gritos y las llamadas telefónicas personales.

Ted y yo comenzamos a charlar sobre metas y ambiciones, sobre qué asesores de patrimonios privados tenían mayor probabilidad de recomendar nuestros productos a sus clientes, e incluso ese primer día él comenzó a enseñarme todo lo que sabía sobre derivados financieros y otras cosas. Aunque yo llegué a la oficina antes que él, me quedó claro que Ted se había levantado desde las 5:00 de la mañana, y había estado corriendo en una caminadora mientras leía los periódicos. Él ya conocía todas las noticias importantes del día antes de llegar. Había estado en contacto con los mercados internacionales y las operaciones que se habían realizado en el extranjero mientras el resto de nosotros todavía estábamos dormidos. Yo tendría que trabajar muchísimo para llevarle información que él no hubiera leído ya; sin embargo, él no me echaba en cara nada de eso para hacerme sentir mal por no seguirle el ritmo en todo, como podrían haberlo hecho otros jefes. En lugar de ello, pasaba el día entero enseñándome. Almorzábamos juntos, y él me dirigía en todo, aunque no solo con respecto al trabajo. Me enseñó a no pedir nunca sushi los lunes, lo cual fue algo bastante importante para mí porque nunca había probado el sushi antes de mudarme a Nueva York (la primera vez que lo probé, me comí un bocado entero de wasabi creyendo que era aguacate). Durante los primeros días comenzó a llamarme "J". A veces también me llamaba "preciosa", que por alguna razón no era ofensivo cuando lo decía él. Si otra persona me hubiera llamado "preciosa", tendríamos que haber tenido una conversación; pero yo confiaba en Ted, y él se convirtió rápidamente en mi mentor, y no solo en mi jefe.

Con el tiempo, Ted me enseñó cómo enfrentar a los corredores, cuándo pedir un aumento y los detalles no solo de hacer el trabajo, sino también de convertir mi trabajo en una carrera exitosa. Incluso en mi primera semana, me enseñó a salir de mi zona de comodidad, a interactuar en un mundo de riqueza y a soñar en grande.

Ted hizo una fiesta en su velero la noche de mi tercer día en la oficina, y me invitó a asistir. Yo no había estado antes en un velero, y nunca había visto uno en la vida real; al menos no un barco grande de ese tipo. Era más como un yate de vela, de los que se podían ver en *Vanity Fair* o en un video musical de los ochentas, semejante a las maravillas arquitectónicas flotantes en las que podría verse a las celebridades en Cannes. Y ahí estaba yo, la muchachita de Taxco, en el río Hudson, en un yate lleno de personas atractivas y bien vestidas con la Estatua de la Libertad como telón de fondo del atardecer más maravilloso. El barco tenía cocina y chef privado. Con mi cabello ondeando al aire y el aroma a ajo que salía de la cocina, la impresionante vista de Manhattan subía y bajaba delante de mis ojos.

Y comencé a marearme.

Dios, por favor, no. No me avergüences así. Me agaché en el interior del barco bajando un corto tramo de escalones diciéndome: *No voy a vomitar. No voy a hacerlo. Aquí no. ¡Ahora no!* Y no lo hice. De algún modo pude recuperarme y volver a la fiesta justo a tiempo para ver la puesta de sol de ese hermoso día a finales del verano.

Pasar de un yate a mi departamento tamaño caja de cerillos fue duro. Entendí que me quedaba un largo camino que recorrer antes de ser parte de ese mundo; de hecho, en las semanas siguientes me di cuenta de que mi "gran" salario de $55,000 dólares al año no era en realidad nada grande. La ciudad de Nueva York es un lugar caro para vivir, y después de impuestos, mi salario a duras penas cubría todos mis gastos.

Sí, yo pagaba impuestos. Como millones de inmigrantes indocumentados en los Estados Unidos, me deducían impuestos de mi salario cada semana, y esos impuestos iban a Washington bajo el número de seguro social que yo había proporcionado. Adónde fueran desde allí era cosa del gobierno. Mis impuestos entraban al sistema, junto con los cien mil millones de dólares que pagaron los trabajadores indocumentados al fondo del seguro social durante la última década. Yo, al igual que muchos otros, sabía que nunca vería los beneficios de ese dinero, ya que no podría recibir un cheque del seguro social en mi jubilación ni muchos otros beneficios gubernamentales a los que pueden tener acceso los ciudadanos y quienes tienen tarjetas de residencia permanente legítimas. En cierto sentido, el gobierno estadounidense estaba recibiendo inmensas cantidades de dinero de millones de personas indocumentadas, y, por lo tanto, no representadas, que viven en ese país. A veces me preguntaba cómo poder reconciliar eso con la idea de "no tributación sin representación" que me habían enseñado en mis clases de historia de los Estados Unidos.

No recuerdo exactamente cuándo llegó la primera carta

del servicio de recaudación fiscal diciendo que había una discrepancia en mi número del seguro social. Presenté la declaración de impuesto sobre la renta con un número llamado ITIN (número de identificación fiscal individual, por sus siglas en inglés) distinto al de mi seguro social falso. Recuerdo que la carta decía que también habían enviado una copia a mi empresa. A pesar de lo mucho que trabajara, o a pesar de lo bien que me estuviera yendo, siempre había un recordatorio de que yo no debía estar allí; de que en realidad no pertenecía a ese tipo de personas de Wall Street.

Metí la carta en un cajón e hice todo lo posible por olvidar que existía, y también hice lo mismo con otras cartas posteriores que llegaron año tras año. Las ignoré y esperé lo mejor, como hice con muchas otras cosas. Más adelante entendí que esas cartas no eran necesariamente una bandera roja de inmigración. La mayoría de las veces, les llegan "cartas de discrepancia" a las personas que escriben mal su nombre, o que no han actualizado un cambio de nombre en la Administración del Seguro Social, y no había ninguna razón por la que Goldman cuestionara mi estatus migratorio basándose en esas cartas.

Aunque tenía ese prestigioso empleo, rápidamente me encontré viviendo al día, de salario en salario. Otra vez me preocupaba todo el tiempo por el dinero. Mi diminuto departamento me costaba $1,200 dólares mensuales, más servicios, y mi presupuesto para ropa era mayor de lo que había sido nunca. Enviaba dinero a México para ayudar a mi familia, y en unas semanas descubrí que a duras penas podía seguir el ritmo. A la vez, muchos de mis compañeros parecían estar viviendo la gran vida en la ciudad de Nueva York, yendo a restaurantes y clubes de moda, y pasándola en grande. Me preguntaba qué estaba haciendo mal, y pronto descubrí que muchos de mis compañeros tenían padres ricos que les pagaban la renta, y eso les dejaba libre una abundante parte de su salario; sin mencionar que quienes tenían o no tenían padres ricos gozaban de algo que yo no tenía: tarjetas de crédito. Yo no podía conseguir una tarjeta de crédito aunque quisiera; era afortunada por tener una cuenta bancaria y una tarjeta de débito.

Pensaba en la broma que Tyler y yo hacíamos, diciendo que estábamos gastando basándonos en el valor actual de nuestros ingresos futuros; pero para mí no era solamente una broma, porque no tenía los medios para poder gastar con antelación mis ingresos futuros. Al ver en retrospectiva, probablemente fue algo muy bueno.

Tampoco tenía tiempo. Después de dos semanas en mi nuevo trabajo, a Ted y a mí nos golpeó un desastre de tamaño nuclear. Antes de que ninguno de los dos llegara a la firma, el Grupo de Estrategia de Inversión, que era el equipo que hacía recomendaciones a todos los clientes de patrimonios privados, había recomendado que los clientes invirtieran un pequeño porcentaje, del uno al dos por ciento, en bonos estructurados a corto plazo en la industria del maíz. Comerciar con materias primas no es como comerciar con acciones; no es tan sencillo como pensar que si el precio del maíz aumenta y uno tiene mucho maíz, gana, ya que hay en juego otros factores como el precio de los seguros, el almacenamiento y el transporte; todo eso influye en los precios futuros de las materias primas, incluido el maíz. Muchos inversionistas privados hicieron esas inversiones por las recomendaciones de sus asesores, pero en realidad no entendían los matices de cómo operaban. Por lo tanto, cuando el precio del maíz se desplomó, muchos clientes entraron en pánico; y, de algún modo, la responsabilidad de solucionar todo eso recayó casi por completo sobre el nuevo de la oficina, Ted, lo cual significaba que también recaía sobre mí.

De improviso, recibimos la misión de intercambiar diariamente millones y millones de dólares en bonos de maíz para cientos y cientos de clientes. Yo tenía que preparar hojas de cálculo cada mañana para esas complejas cotizaciones con las que nunca antes había trabajado, a la vez que intentaba apaciguar a los clientes que no dejaban de llamar.

No sé cómo lo hice, pero no cometí ni un solo error en ninguna de esas cientos de órdenes. Yo era muy profesional y tranquilizadora incluso para los clientes más beligerantes cuando llamaban. Estaba tan bien organizada que desarrollé mi propio sistema para hacer que el proceso de esas cotizaciones fuera más eficaz, lo cual nos facilitaría a mí y a otros manejar ese tipo de situación en el futuro. Los jefes quedaron impresionados con mi sistema de hojas de cálculo.

Yo era organizada y estaba dispuesta a hacer el trabajo. Francamente, esas fueron las horas más estresantes e interminables que había trabajado hasta entonces. Ni siquiera sé cómo podía levantarme en la mañana, especialmente con todo el dolor que tenía; pero terminó siendo una bendición disfrazada. Estoy segura de que la impresión que causé durante esa situación de crisis me validó ante los ojos de Eric y Dave, y de todos los demás que habían apostado por mí. Mis jefes supieron desde el principio que podían contar conmigo cuando llegara el momento de la verdad, y yo estaba segura de que mi actuación en ese momento de pánico de dos semanas me estaba preparando para un futuro muy brillante en Goldman Sachs.

Y no podía esperar a correr hacia ese futuro, que esperaba conllevara un gran aumento de salario; porque ya estaba cansada de sentir escasez.

A causa de mi estatus migratorio secreto, ese año no solo no pude viajar a casa para ver a mi familia en Navidad, sino que tampoco pude volar a Texas para pasar Acción de Gracias con mi hermana. Cuando Ted me preguntó por qué no me iba de la ciudad para pasar ese fin de semana inusualmente largo, le dije que sencillamente no podía gastarme setecientos dólares en un pasaje de avión.

—Bueno —me dijo él—. Sigue haciendo lo que haces, y un día setecientos dólares no te importarán.

Yo lo creí. Miré hacia adelante, a lo que el futuro podría traer, y redoblé mis esfuerzos para avanzar. Como siempre, creía que si ganaba dinero suficiente podría resolver de algún modo todos mis problemas.

Sabía que llegar hasta lo más alto no sería fácil. Veía quiénes eran los grandes jefes en Goldman, y todos eran varones;

varones blancos. Eran varones blancos que tenían padres y
abuelos que habían recorrido esos pasillos u otros parecidos
antes que ellos. Sabía por experiencia propia que yo tendría
que trabajar mucho más porque era mujer, y al mirar a mi alrededor también sabía que tendría que trabajar aún más duro
como una de las pocas mujeres latinas que había en ese piso.

El trabajo duro no me desconcertaba; y afortunadamente no
había experimentado demasiado la cultura de cortar cabezas de
Wall Street. Aunque estaba ahí, y existía dentro de Goldman
Sachs, no se manifestaba con tanta fuerza en los pisos de PWM,
y durante mi primer año estoy segura de que Ted me protegió
de eso. Él realmente me dio amparo, y me protegió de tener que
luchar por mi supervivencia. Me daba tareas especiales, permi-
tiéndome volar a Chicago y a otras ciudades para reunirme con
clientes. Esas responsabilidades no eran comunes para una analista de primer año, pero él me decía una y otra vez que pensaba
que yo era inteligente y que tenía empuje, y que él creía en mí.
Estoy segura de que hubo veces en las que me envió a reunirme
con clientes simplemente porque no tenía otra opción: no teníamos un equipo grande en el que apoyarnos, y si uno de nosotros no se reunía con los clientes en persona, esos clientes se nos
podrían haber escapado de las manos. Pero yo siempre estuve a
la altura de la ocasión, y construimos nuestra cartera de clientes
con más rapidez de la que nadie en Goldman esperaba que pudiéramos hacerlo. Claro que yo estaba nerviosa antes de cada
uno de esos viajes en avión, pues solamente tenía mi pasaporte
mexicano para poder pasar por seguridad; tampoco tenía licencia de conducir, lo que significaba que no podía rentar un vehículo. Cada uno de los viajes al aeropuerto era como hacer girar
la ruleta, pero de algún modo lograba evitarla, una vez tras otra.

Cuando el calendario cambió de 2005 a 2006, el mercado
de valores estaba que ardía, y los derivados financieros eran
lo más candente. De haberlo pedido, no habría estado en una
mejor posición en mejor momento, ni habría tenido un mejor
jefe y mentor.

Las noches de los viernes, muchos analistas, becarios y

corredores nos reuníamos en la calle Stone, una calle peatonal empedrada y llena de bares y restaurantes, todos ellos en fila uno tras otro a ambos lados de la calle con muchas terrazas al aire libre entre ellos. Era un lugar que frecuentaban las mujeres solteras para buscar futuros esposos adinerados de Wall Street en los bares (un fenómeno que nosotras, las mujeres de Wall Street, nos sentábamos a observar riéndonos). Era también un lugar donde se podía conseguir una rebanada de pizza fantástica de Adrienne's y tomarse unas cervezas para despejarse un poco al final de la semana. Incluso allí yo tenía que tener cuidado, porque si me pedían una identificación, la única identificación con fotografía que tenía era mi pasaporte mexicano. Así que si me pedían una identificación en la mesa, generalmente yo decía algo como: "¡Ups, perdí mi licencia! Lo siento", y otras personas en la mesa respondían por mí y al final terminaba tomándome un trago. O iba hasta la barra, lejos de la vista de quienes me conocían, y pedía una bebida con mi pasaporte en mano. No era fácil; yo quería ser parte de la cultura, y sin duda alguna necesitaba relajarme un poco al final de aquellas semanas.

Casi nunca trabajé menos de ochenta horas a la semana ese primer año, y al igual que cuando era becaria me quedaba hasta que mis jefes se hubieran ido. Encontraba la manera de echar una mano; quería hacer saber a todos en el piso que yo trabajaba duro y que lograba muchos resultados. En la mayoría de esas noches que me quedaba trabajando hasta tarde aprovechaba que podía pedir una cena tardía por cortesía de la empresa (lo cual me permitía ahorrar en mis gastos de comida en casa), y a veces también aprovechaba el servicio de transporte nocturno, y así no tenía que irme a casa caminando sola a las once o doce de la noche. Era un viaje de solo tres minutos, pero aun así me hacía sentir importante.

Robert trabajaba incluso más horas que yo como banquero de inversiones. Ocasionalmente en alguna noche entre semana nos tomábamos un par de cervezas en el sofá delante del televisor: ese era el mayor lujo que podíamos permitirnos. Los dos estábamos agotados todo el tiempo desde que pusimos nuestros pies en la Gran Manzana, y yo a veces no podía diferenciar si mi nivel de agotamiento era normal o si estaba relacionado con la fibromialgia o lo que fuera que me seguía atormentando. Pude visitar a algunos médicos y quiroprácticos "de verdad" en Nueva York, pero ninguno de ellos parecía encontrar una respuesta tampoco: a mi dolor de espalda, fatiga, dolores articulares, o a los problemas de estómago y dolores de cabeza que parecían empeorar semana tras semana.

"Al final encontrarás a los médicos adecuados y te ayudarán a que te sientas mejor", me decía Robert. Era bueno contar con su apoyo, y en muchos aspectos él parecía estar a mi lado más que nunca.

Un día fuimos juntos de compras, y nunca olvidaré la expresión de su cara cuando me probé una blusa particularmente bonita. Costaba más de cien dólares, pero me sentaba bien y el color era realmente favorecedor, y él insistió:

—¡Julissa! *¡Tienes* que comprarte esa blusa!

Aquella noche salimos con algunos amigos. Robert casi nunca bailaba, pero esa noche bailó conmigo. Yo llevaba la blusa color turquesa que él insistió en que me comprara. Regresamos a mi casa, y él se quedó a dormir como lo había hecho en muchas otras ocasiones; comenzamos a besarnos en lugar de caer bocarriba y desmayarnos de agotamiento, y no pasó mucho tiempo para que notara, por su forma de mirarme, que finalmente era la noche. Al fin íbamos a tener relaciones sexuales.

—¿Estás seguro? —susurré.

—Sí —dijo él.

—Pero creía que querías esperar hasta estar casado —le dije yo.

—No —respondió con una sonrisa sexy y tímida—. Lo que dije era que quería esperar hasta que estuviera *con* la chica con la que quiero casarme.

Dios mío, pensé. *Quiere casarse conmigo.*

CAPÍTULO 16

Cambio de temporadas

Mis sueños de casarme con Robert se desvanecieron poco después, pues nuestra relación volvió a ser tan extraña como había sido siempre, y seguí siendo totalmente indefinida. Pasamos de cero a cien y después otra vez a cero en el espacio de una semana, pero a pesar de eso no podía dejarlo ir. Robert era perfecto para evadirme de la realidad de mi estatus migratorio, y el trabajo era perfecto para distraerme de mi relación con él.

No era extraordinario que me quedara en la oficina hasta las 2:00 de la mañana ese primer año. Si estaba en la oficina hasta las 2:00 a.m., eso significaba que Ted se había quedado trabajando hasta la 1:45 a.m. Era un hombre trabajador e incansable, y me inspiraba a querer trabajar igual que él. La mayoría de los veteranos en Wall Street creen que hay que dejar correr la porquería hacia abajo, y ya que hacer las presentaciones en PowerPoint es un trabajo nada agradable, se lo dejan a los analistas. Pero Ted lo veía de modo distinto. Éramos un equipo, y crear una presentación en PowerPoint de vez en cuando no era una tarea indigna para él. Ted me daba la libertad de sentir, y, por lo tanto, pensar más allá que una analista. Yo investigaba para obtener clientes y trabajaba con los corredores en la división de bonos para idear maneras en que los clientes invirtieran en los mercados. Me tomaba en serio incluso la petición más extraña que hiciera un cliente; estábamos intentando construir un negocio, y ninguna petición era demasiado pequeña.

No logramos librarnos por completo del desastre de los bonos de maíz, y durante años los clientes y sus asesores lo sacaban a tema como un motivo para no invertir con nosotros.

Se nos estaba dificultando establecernos como un equipo respetable y confiable, pero éramos incesantes.

Ted creía con convicción en el primer principio de negocios de Goldman: los intereses de nuestros clientes siempre son primero; por lo tanto, era muy riguroso con los corredores. Los corredores trabajaban para la empresa, y nosotros trabajábamos para el cliente. Él comenzaba cada conversación desde el punto de vista del cliente: *¿Cómo voy a resultar timado?* Yo escuchaba con atención cada conversación telefónica, tomaba notas y hacía preguntas. Comencé a imitar a Ted, haciendo las mismas preguntas que él hacía a los corredores y adoptando la misma actitud. Los asesores de patrimonios privados comenzaron a reconocer que estábamos de su parte, pero la actitud de desconfianza no nos proporcionó las mejores relaciones con nuestros propios colegas en la división de bonos. Ted era un director administrativo, y *él* podía ser exigente. Yo era una analista de primer año, una *mujer* analista de primer año; podíamos usar las mismas palabras exactamente con el mismo tono, pero no causaban el mismo efecto.

Ted me dijo una vez: —Deja que yo sea el agresivo, porque tú tienes que seguir trabajando con los corredores. No querrás quemar ningún puente, y es mejor que tengas una buena relación con ellos, así que déjame ser el agresivo y entonces será culpa mía y no tuya.

No puse en práctica el consejo de Ted con suficiente rapidez.

Había un director administrativo de la oficina de Londres llamado Paul Humphreys, quien se describía a sí mismo como pelirrojo. No comenzamos con el pie derecho después de que yo lo molestara con mis muchas preguntas sobre la fijación de precios de una operación. Él me dio el beneficio de la duda y sugirió que fuera a pasar una temporada en la oficina de Londres para conocerlos a él y a su equipo. Yo inmediatamente le dije: "¡Sí!", y entonces pensé: *Ay no, no puedo ir a Londres.*

Mis papeles falsificados fueron lo suficientemente buenos para poder entrar a Goldman Sachs, pero no serían lo bastante buenos para hacerme atravesar la aduana en el aeropuerto. Lo fui postergando, pensando en una excusa tras otra, semana tras semana, hasta que la oportunidad se desvaneció. Sé que fue un movimiento que hizo daño a mi carrera profesional, y mi relación con Paul nunca llegó a arreglarse.

Lo hice a un lado y seguí asimilándolo todo, abriéndome camino por la empinada curva de aprendizaje. El puro agotamiento físico por trabajar tantas horas me hizo dudar de que pudiera seguir adelante, y si no hubiera sido por el tutelaje y la comprensión de Ted, quizá no lo habría logrado.

Una mañana no oí el despertador, y cuando finalmente abrí los ojos y miré el reloj, ya eran las 7:00 de la mañana.

—¡No puede ser! —grité, levantándome de la cama de un salto y apresurándome al trabajo más desaliñada que nunca.

Mientras iba corriendo por el camino iba debatiendo entre disculparme por llegar tarde o simplemente entrar y fingir que no había sucedido nada, y al final decidí que era mejor no llamar la atención hacia el hecho de haber llegado tarde. Me senté al lado de Ted y comencé a leer y a responder los correos electrónicos. Pasaron un par de horas. *Menos mal, Ted no lo notó.* Entonces Ted me miró y me dijo:

—¿Fue al menos una buena noche?

—Siento mucho haber llegado tarde hoy. No volverá a suceder.

—J, está bien divertirte hasta tarde con los muchachos, pero tienes que llegar temprano con los hombres a la mañana siguiente.

Eso fue todo, y no tuvo que decirme nada más. Lo entendí.

Me costaba mucho mantener el ritmo de trabajo, pero Ted no solo estaba intentando establecer un negocio dentro de Goldman; también era el presidente de una organización llamada Change for Kids [Cambio para los niños]. Change for Kids ofrecía programas de música después de la escuela para niños de pocos recursos. Hacían una serie de conciertos privados y eventos para recaudar fondos para organizaciones caritativas, y Ted me invitaba con frecuencia a asistir.

Mis mundos finalmente colisionaron cuando Ted nos invitó a Robert y a mí a su fiesta de cumpleaños. Lo celebramos viendo un concierto de Paul McCartney desde el palco privado de Goldman Sachs en el Madison Square Garden. La esposa de Ted también estaba, y algunos amigos, y fue una noche increíble y lujosa que estaba muy por encima de mi escala salarial.

Yo estaba muy contenta de que Robert conociera a mi jefe, pero como sucedía con frecuencia, los hitos en las relaciones importantes significaban muy poco en la montaña rusa de nuestra relación. Robert trabajaba todos los fines de semana. Algunas veces tenía los domingos para mí sola, y un día él me preguntó si me importaría sacar su ropa de la secadora y llevarla a su departamento. Yo le dije: "Claro". En realidad me gustaba hacer cosas como esa. Me gustaba cocinar para Robert, y me gustaba cuando él lavaba los platos, pues había algo maravilloso en la normalidad de esos momentos que hacía que la parte nada normal de mi vida se disolviera aún más en un segundo plano.

Decidí hacerle a Robert un favor todavía mayor ese día: doblaría su ropa y la guardaría, y pensé que él lo agradecería. Abrí uno de los cajones de su vestidor y vi una colección de cartas: eran de una mujer, *en Indiana*. No pude evitarlo; tenía que mirar, y saqué una de ellas. No era solamente *una* mujer; era *la* mujer, la muchacha que él había dicho una vez que era "en cierto modo" su novia. La mujer que me las había arreglado olvidar antes de que todo aquello regresara enseguida a mi mente en ese preciso momento.

Comencé a leer. Las cartas no eran tan solo correspondencia casual entre amigos, sino que eran serias, y hacían parecer a Robert menos como un exnovio distante y más como un esposo.

Me senté en el borde de la cama y seguí leyendo. Las leí todas. Con cada línea que leía, me quedaba aún más boquiabierta. *Oh, Dios mío.* En una de las cartas, esa muchacha

hablaba de que iba a comprar una casa en Indiana, porque al
final había decidido que nunca se mudaría a Nueva York.

¿Esta mujer había estado planeando mudarse a Nueva York?
Yo no podía entenderlo. No entendía cómo pude haber sido
tan ilusa.

Cuando confronté a Robert, él se enojó conmigo por haber
mirado sus cosas. Intentó desviar la situación; intentó cambiar
de tema; intentó decirme que esas cartas eran de hacía mucho
tiempo y que ahora las cosas no eran así. Intentó decirme todo
tipo de cosas pero yo no creí ninguna de sus palabras, y le dije
que nunca más quería volver a hablar con él.

Entonces llamé a la muchacha de Indiana.

Ella se quedó casi tan asombrada como lo estaba yo.

—Robert me dijo que ustedes eran solamente amigos. Me
dijo que una vez en la universidad ustedes se besaron y que
para él fue verdaderamente repugnante.

La conversación fue cuesta abajo desde ese momento. Yo le
solté varios golpes, y ella me soltó otros más a mí.

Incluso entonces tenía la sensación de que era incapaz de
alejarme de él; me sentía incapaz de no tener a Robert en mi
vida. En ese momento, él era la única persona que conocía mis
secretos, era la única persona que lo sabía todo.

Durante semanas, lloré todas las noches en mi departamento. Había veces en que tenía que levantarme de mi escritorio para ir a llorar al baño de mujeres en Goldman Sachs, y
después regresaba como si no pasara nada. Recurrí a mi amigo
Jeff, a quien conocía desde la universidad y que ahora vivía en
la ciudad, y él se convirtió en mi paño de lágrimas. Él era un
buen tipo, y me alegré de tener a Jeff cuando a veces sentía
que no tenía a nadie más.

Nunca hablé con Ted sobre los problemas de mi relación,
pero poco después él notó que yo no era la misma.

—¿Estás bien? ¿Qué sucede? —me preguntó.

—Ah, nada. Robert es un infiel —dije yo.

Fuimos a dar un breve paseo, y Ted me dijo: "

—¡Olvídate de él! Tú eres estupenda, y él se lo pierde.

Esa misma tarde sonó el teléfono en nuestro escritorio, y Ted mismo contestó.

—¡Goldman Sachs! —dijo (él hacía eso a menudo).

—Hola, Ted. ¡Soy Robert! —Yo podía oír la voz de Robert al teléfono—. ¿Está libre Julissa?

—No —le dijo Ted. Él no lo soportaba—. No estará disponible.

¡Y le colgó el teléfono! Ted me respaldaba.

En medio de todo eso, comencé a oír rumores sobre una ampliación en la oficina de Londres, y me puse nerviosa. El temor me inundó cuando oí rumores sobre la posibilidad de que aprovecharían a Ted para estar al frente de esa expansión; y un día, después de una junta fuera de la oficina, con la sensación de que mi jefe, que era siempre directo y abierto, me estaba ocultando algo, decidí intervenir y sencillamente hacer la pregunta.

Los dos íbamos en el asiento trasero de un coche negro por la autopista FDR, viajando hacia el sur a lo largo del río East hacia la oficina. Durante la mayor parte del trayecto él estuvo al teléfono, pero cuando colgó, le dije:

—Ted, ¿puedo hacerte una pregunta? ¿Te vas a trasladar a Londres?

Él vaciló por un momento, y eso fue lo único que yo necesitaba para saber la respuesta.

—Bueno, aún no está decidido. No es seguro —me dijo.

—Vas a irte a Londres —dije yo categóricamente.

Eso me puso muy triste por un millón de razones diferentes. En primer lugar, no quería perderlo como mi jefe y mentor; en segundo lugar, había una buena posibilidad de que cuando se fuera, me pidiera que le acompañara, y yo sabía que tendría que decir que no. Tendría que rechazar una oportunidad maravillosa porque con mi pasaporte mexicano sin visa, o con mis papeles estadounidenses falsos, no podría conseguir un permiso de trabajo para trabajar en Londres. En Goldman, la experiencia internacional puede ser crucial en la carrera profesional, y estaba furiosa por no poder aprovechar la oportunidad y también abatida por el hecho de que ya no tenía a Robert. Él habría sido la única persona que entendería realmente mi dilema. Tanto como lo odiaba por haberme mentido sobre Miss Indiana, también lo extrañaba desesperadamente.

Ted y yo finalmente comenzamos a progresar con varios asesores de patrimonios privados, y sencillamente no había horas suficientes en el día para mantener el ritmo. Necesitábamos ampliar nuestro pequeño equipo de dos personas. Le hicimos una oferta a un hombre llamado Rafael, que era brasileño, y yo fui recelosa de inmediato no porque no necesitáramos la ayuda, sino porque iban a contratar a Rafael como vicepresidente. Tenía miedo de que Rafael me viera solamente como una analista de primer año y que me tratara así.

Cuando Rafael entró para hacer las entrevistas, yo lo interrogué. Le hice todo tipo de preguntas técnicas sobre derivados financieros, solamente para demostrar que yo sabía más de lo que podría suponerse por mi puesto.

Rafael consiguió el trabajo, y resultó ser un amigo, colega y mentor realmente asombroso; aún seguimos siendo amigos hasta la fecha. Pero más adelante me dijo:

—Julissa, ¡la tuya fue la entrevista más difícil que tuve en todo ese día!

Poco después de que contrataran a Rafael, el traslado de Ted fue confirmado. Había buenas noticias: Ted seguiría siendo nuestro jefe y seguiría dirigiendo nuestro equipo desde Londres. Pero me preocupaba cuánto tiempo duraría eso.

Las cosas habían ido tan bien, que simplemente no quería que cambiaran. Cuando reubicaron las mesas y me removieron de mi lugar a poca distancia de Eric Lane, hice un berrinche, pues no tenía sentido para mí no estar sentada al lado de Rafael igual que me había sentado al lado de Ted, y lo sentí como una degradación. Sabía que tenía que aceptarlo. Los cambios son inevitables, por lo tanto, tenía que adaptarme.

Habían pasado meses y no había hablado con Robert, pero entonces un día él me llamó de la nada. Me dijo que la relación con Miss Indiana había terminado, y en mi desesperación regresé con él. Volvió a ser como antes: complicado, y yo nunca sabía en qué posición estaba. Sentía que no podía perderlo. Cuando las cosas se pusieron muy mal, intenté salir con otra persona durante un tiempo, pero no me abrí a esa persona ni permití que se acercara demasiado. Tampoco le dije que yo estaba en el país ilegalmente, y al final terminé regresando una vez más al único lugar donde me sentía segura: los brazos de Robert.

Para entonces él se había mudado a una zona más afluente de Manhattan. Yo me puse firme; le dije que necesitábamos tener citas y realmente llamarlas citas, y él estuvo de acuerdo. Hicimos eso aproximadamente una semana, y él parecía cumplirlo; de hecho, un día me llamó y me declaró su amor, totalmente, como nunca antes lo había declarado. Pero unas semanas después, volvimos a estar distantes. Ya no podía soportarlo más, y le dije que no volviera a llamarme.

Entonces sonó el teléfono el día de Año Nuevo, y yo respondí.

Esa conversación me dejó tan frustrada, que tenía que verlo en persona. Bajé las escaleras corriendo, me subí a un taxi, y recorrí el camino hasta su departamento. El portero ya me conocía, y entré directamente al elevador. Llamé a la puerta y no hubo respuesta; giré la manilla, y la puerta estaba abierta. Vi al compañero de departamento de Robert, el Sr. Inoportuno, durmiendo en su cuarto.

Entré en el cuarto de Robert, pero él no estaba. Observé que había un bonito perrito de peluche sobre su cómoda; tenía un lazo rosa, y era un regalo de Victoria's Secret. Me emocioné al pensar que él había comprado algo para mí, y entonces vi la nota que había debajo de ese peluche. Una nota de Robert... para otra mujer. Miré alrededor del cuarto y entonces me quedé con los ojos abiertos como platos: su armario estaba abierto, y adentro estaba la ropa de otra mujer.

Creí que me iba a morir; no podía creer lo mucho que me dolió. Me sentía estúpida, con ganas de destrozar el cuarto y lanzar todo lo que él tenía por la ventana; pero me detuve. No podía hacerlo. *Él no vale la pena*, pensé. No podía arriesgarme a que su compañero de cuarto o alguna otra persona llamara a la policía por mi momento de locura porque me habían roto el corazón. Yo tenía que ser la persona más madura, aunque en realidad no quería serlo. Quería estar furiosa y dejar que él comprobara cuál es el verdadero significado de una mujer despechada; pero tenía que permanecer dentro de los límites, pues no tenía la libertad de comportarme emocionalmente como lo hacen las personas normales cuando sufren más de lo que nunca imaginaron que nadie podría hacerlas sufrir. Mi estatus migratorio dictaba cada aspecto de mi vida, incluso cómo debía reaccionar ante un corazón hecho pedazos; no tener documentos me robó el poder sentir lo que fuera que necesitaba sentir aquella noche.

Miré otra vez la nota y rebusqué entre sus cosas, y encontré el nombre completo de la mujer y su número de teléfono. Salí hecha una furia. Me subí a un taxi y me dirigí al departamento de Jessica, mi amiga de la universidad de la HBSA, marcando el número de Robert en el camino.

—¡Quién es esa mujer! — le grité a su contestador automático.

Seguí llamándolo una y otra vez, hasta que al final él me devolvió la llamada.

Intentó que me tranquilizara.

—No —dije yo—. ¿Quién es ella, Robert? Olvídalo. Tengo su número. ¡Voy a llamarla ahora mismo para saber la verdad!

Entonces él dijo algo que yo no podía imaginar que nadie, y menos aún el hombre al que amaba y que me había declarado su amor, dijera nunca.

—Si te atreves a llamarla —dijo él —, ¡voy a llamar al servicio de inmigración!

Me quedé en silencio. Me quedé bloqueada. Entendí que yo no le importaba, y quizá nunca le importé; me di cuenta de que quizá él no era virgen cuando me juraba que se estaba guardando para el matrimonio. Tal vez todo lo que me había dicho era mentira. Acababa de amenazar mi vida misma; con una llamada telefónica podría haberme arruinado. Estaba dispuesto a destruirme por completo para proteger lo que quería realmente: una mujer que no era yo.

Me sentí avergonzada de que hubiera sido necesario que Robert me dijera algo tan repugnantemente horrible para finalmente entenderlo, para comprender cuán equivocada era esa relación y que era el momento de seguir adelante con mi vida.

A la vez que las calles cubiertas de nieve de la ciudad de Nueva York se difuminaban por la ventanilla trasera de ese taxi, mi enojo y desprecio por todas las mentiras y la infidelidad de Robert salieron de mi cuerpo por un agujero en algún lugar en lo profundo de mi alma.

Durante años me preguntaría por qué me había aferrado durante tanto tiempo, por qué le había dado el beneficio de la duda incluso después de descubrir que él había vivido una mentira y esencialmente había llevado una doble vida a mis espaldas.

Sin embargo, por mucho que me doliera en aquel momento, incluso mientras iba en el asiento trasero de ese taxi, en los borrosos momentos tras el duro golpe, sentí algo inesperado: un pequeño destello de felicidad.

Yo era libre al fin.

CAPÍTULO 17

La jungla de asfalto

—Hola, Ted, ¿cómo estás? —pregunté.

Fue una sorpresa ver aparecer su número internacional en mi teléfono celular un sábado. Y, efectivamente, él tenía una sorpresa para mí.

—Hola, solo quería confirmarte que Kate, de la división de bonos, va a estar en nuestro equipo —me dijo.

—¿Qué?

Yo conocía a Kate. En la tensa rivalidad entre la administración de patrimonios privados y la división de bonos de Goldman, yo pensaba en ella como uno de *ellos*; no como uno de *nosotros*.

—¿Va a ser ella mi nueva jefa?

—No, no —me aseguró Ted—. Yo seguiré siendo el jefe aquí en Londres, y ella se incorporará al equipo.

Había pasado menos de un año desde la última transición, así que yo sabía que Ted estaba intentando que me sintiera tranquila. Yo agradecí que él siguiera cuidando de mí desde el otro lado del charco, pues sabía que no tenía que hacerlo. Yo seguía siendo una analista, y fue asombroso de su parte que me informar con anticipación.

Kate era probablemente unos ocho años mayor que yo, con un aspecto de súper modelo y un guardarropa imponente, y yo me sentía muy intimidada por la actitud de mujer poderosa que ella mostraba. No confiaba en ella, y creo que ella probablemente leyó eso en mi cara en el momento en que puso sus tacones de Prada en el piso cuarenta. Todo en mi interior me decía que ella seguía siendo parte del otro equipo.

Ella me dejó claro que las presentaciones de PowerPoint las hacían los analistas, aunque yo le hice saber que Ted (que era *su* jefe ahora) hacía sus propias presentaciones de PowerPoint.

Yo fui una bruja con ella; me sentí mal por ser tan hostil, especialmente porque ella era una mujer, y no quería ser una de esas mujeres que ven a otras mujeres como amenazas en lugar de aliadas.

Casi dos semanas después, ella me dijo:

—Oye, qué te parece si vamos al spa este fin de semana.

Yo decidí darle una oportunidad.

—Está bien. Nunca he ido a un spa —respondí. Hicimos planes para el sábado; y ella se presentó una hora tarde.

Yo estaba furiosa.

Una parte de la cultura de Goldman que me molestaba inmensamente era que nuestras juntas nunca, nunca comenzaban a tiempo. Una de las maneras en que los ejecutivos mostraban su antigüedad y su escalafón era siendo la última persona en presentarse a una junta. La regla no declarada era que la última persona que llegaba era la persona más importante: la persona sin la que no podía comenzar la juntas. Por lo tanto, llegar tarde no fue un accidente; ella me estaba enviando una señal: "Quiero que seamos amigas, pero no olvides quién es la jefa".

Lo único que yo pensaba era: *¿Estás bromeando? ¿Me hiciste perder una hora de mi sábado? Esto no va a ir bien. Para nada.*

<hr>

Los cambios y las presiones de mi oficina y de mi vida personal consumían tanta atención que con frecuencia pasaban semanas sin que me preocupara o ni siquiera pensara un solo segundo en mi estatus migratorio. Entonces sucedía algo que volvía a ponerlo en mi cara, y los sentimientos de pánico volvían a abrumarme una vez más.

Yo quería aprovechar cualquier ventaja que pudiera para avanzar en mi carrera profesional, y un modo de hacerlo era llegar a ser Analista Financiero Certificado (CFA, por sus siglas en inglés). El CFA es una designación altamente respetada en el mundo financiero que requiere un mínimo de dos años y medio para obtenerla, y hay que hacer una serie de tres exámenes de seis horas. El nivel 1 se ofrece dos veces al año, mientras que los niveles 2 y 3 se ofrecen solamente una vez al año en junio. Las posibilidades de aprobar los exámenes son increíblemente bajas: entre el 30% y el 40% para el nivel 1, entre el 30% y el 45% para el nivel 2, y el 50% para el nivel 3. Por lo tanto, obtener el certificado CFA es en realidad una carrera de resistencia: ¿cuánto tiempo puedes mantener la disciplina necesaria para estudiar durante todos esos meses anteriores al examen?

Los exámenes tampoco eran baratos. Yo sabía que Goldman Sachs pagaría los casi dos mil dólares del costo del examen y los materiales de estudio, pero solamente si yo aprobaba el examen; si no aprobaba, yo tendría que pagar dos mil dólares además de las incontables horas de estudio. Era difícil imaginar cuándo encontraría tiempo para estudiar si estaba trabajando ochenta horas semanales.

Pero mi mayor preocupación en cuanto al examen no era su dificultad, o los fines de semana a los que tendría que renunciar para estudiar para el examen, ni el dinero que perdería si no aprobaba. Lo que realmente me asustaba del examen era mi identificación. El sitio web del CFA afirmaba claramente que era necesario presentar una identificación oficial con fotografía el día del examen, y yo no sabía si bastaría con mi pasaporte mexicano.

Un par de buenos amigos que también eran analistas se inscribieron enseguida en nuestro primer año, y yo sabía en mi corazón que si no me inscribía me retrasaría en mi carrera profesional; pero ¿y si me presentaba y el personal del CFA no aceptaba mi pasaporte mexicano como identificación? ¿Qué les diría a Kate y a Ted? El peor escenario que imaginaba era que mi secreto quedaría al descubierto; la gente del CFA se pondría en contacto con Goldman y les diría que yo estaba usando un pasaporte mexicano sin visa. Pero pensar que mis amigos del trabajo fueran testigos de todo eso era casi igual de aterrador.

Decidí que no podía hacerlo. No podía arriesgarme a que mi secreto se descubriera aunque eso significara quedarme atrás. Cuando alguien me preguntaba por qué no me inscribía, yo simplemente le decía: "Trabajo demasiado". Esa afirmación era cierta, y parte de mí pensaba que quizá podría arreglármelas sin ese título, ya que estaba estableciendo relaciones estupendas con nuestros clientes.

A principios de 2007 y con Ted en Londres, Rafael de salida y Kate de entrada, y sabiendo que dos de mis buenas amigas habían aprobado el nivel 1 y pasaban al nivel 2, decidí que no tenía otra opción sino la de inscribirme al examen. Tenía que hacerlo, o de lo contrario ya no podría continuar en el carril de alta velocidad; así que llené con nerviosismo el formulario de inscripción, compré los libros y comencé meses de estudio los fines de semana. Mi lugar favorito para estudiar era Financier, una pastelería francesa que no estaba lejos de mi departamento. Me despertaba a las 7:00 de la mañana los sábados y caminaba directamente hasta allí, donde desayunaba un *croque madame* mientras me sumergía en mis libros hasta el mediodía, después hacía un breve descanso para almorzar y volvía al estudio hasta las 4:00 o 5:00 de la tarde.

Mantuve esa rutina hasta principios de junio y engordé cinco kilos en el proceso, lo cual solamente agravó mi dolor de espalda y de articulaciones, que era ya terrible.

Me tomé dos días libres para un último repaso antes del examen, y cuando tomé mi bolsa para salir del trabajo ese miércoles, todos, incluyendo a Kate, me desearon suerte. Lo único que yo pensaba era lo mucho que la necesitaría no por el contenido del examen, sino por la situación de mi pasaporte.

En casa, me arrodillé y oré al respecto más de una vez, pero nunca dejé de preocuparme. Entre las horas de estudio intenté hacer ejercicio, pero seguía teniendo el estómago revuelto, así que me comí un pedazo de pastel y después bebí un poco de vino. Nada funcionó. No tenía a nadie con quien hablar, nadie con quien compartirlo, nadie que entendiera o que pudiera dejar que me desahogara para tranquilizarme. Estaba sentada en mi departamento deseando que Robert estuviera en mi vida otra vez. Cómo odiaba seguir extrañándolo; aborrecía estar batallando para comenzar una nueva relación con otra persona porque no podía dejar que nadie se acercara demasiado ni podía confiarle mi secreto. ¿Cuánto tiempo tenía que mantener mi secreto antes de poder confiárselo a un hombre? ¿Y cómo podría él confiar en *mí* cuando le confesara que le había estado ocultando algo tan importante?

La noche antes del examen seguía mirando el reloj mientras pasaban las horas, preguntándome si todo aquello por lo que había trabajado se detendría en seco a la mañana siguiente.

Fuera del lugar del examen hice otra oración: "Dios, por favor, quédate a mi lado". Entonces entré y puse la cara sonriente que tantas veces me había sacado de apuros.

—¡Buenos días! —dije, tan contenta como podía estar ante el grupo de individuos sin nombre que estaban detrás de una mesa plegable y que tenían mi vida en sus manos—. ¿Cómo están? ¡No sé cómo pueden lidiar con todas estas personas!

Es asombroso pensar en lo mucho que dependía mi vida de la fragilidad de la charla cordial. Tranquilizar a las personas, parecerles familiar, encajar: esas lecciones aprendidas en *Cómo ganar amigos e influir sobre las personas* eran verdaderamente como una brújula para mí.

No quería establecer contacto visual, sino desaparecer entre la multitud. Tenía mi pasaporte, el recibo del examen y una calculadora en mi mano, y los extendí. Alguien los recibió. Estaba tan nerviosa, que hasta la fecha no puedo recordar si le entregué mi pasaporte a un hombre o a una mujer. Bajé la vista, intentando ser lo más anónima posible, y observé que había una larga hoja de papel con nombres anotados. Alguien hizo una marca de comprobación, y mi corazón latía descontrolado. Me devolvieron mis cosas, y yo estaba demasiado asustada para moverme. Una voz me dijo: —Todo listo

—Gracias —dije finalmente, sonriendo y alejándome con tanta rapidez como pude. Cuando estaba a unos metros de la mesa, mis manos comenzaron a temblar, y tuve que respirar profundamente varias veces para tranquilizarme. Cuando pasé por la puerta y encontré un lugar donde sentarme, volví a orar en silencio: *Gracias, Dios.*

Pasarían algunas semanas para que llegaran los resultados, y el día en que llegaban era siempre un gran día en Goldman. Todos los que hicieron el examen sabían que se acercaba la fecha. Mi amiga, Erin, que había aprobado el nivel 1 en su primer intento y esperaba sus resultados del nivel 2 ese mismo día, planeó una salida para que todos los que hubieran hecho el examen pudieran celebrar o ahogar sus tristezas.

Pasé la mayor parte de ese día de trabajo haciendo clic en el botón "Actualizar" del sitio web del CFA cada pocos minutos, pues estaba muy ansiosa. Cada vez que actualizaba la página, se veía exacta y frustrantemente igual; así sucedió una y otra vez, hasta que al fin hice clic en el botón "Actualizar" y aparecieron los resultados, y vi la palabra que quería ver: *aprobado.*

—¡Sí! —grité en voz baja. Les envié un correo electrónico a todos mis amigos. Corrí hasta la oficina de Kate para darle la buena noticia, y después le escribí a Erin una palabra que lo decía todo: "¡Celebrando!".

Kate envió un anuncio por correo electrónico a todo mi equipo (para ese entonces habíamos añadido a dos analistas más al equipo), y comenzaron a llegar correos de felicitación. Me sentía muy feliz.

Erin me mandó un mensaje de texto: "¡Yo también! —escribió—. ¡Fabuloso! Mesa reservada. ¡Nos vemos en la calle Stone a las 5!".

Era un día de verano perfecto para sentarse al aire libre, beber y celebrar, y al fin podría alegrarme con mis amigos disfrutando que, al igual que ellos, yo había aprobado ese examen increíblemente difícil en el primer intento. Quería salir corriendo del edificio y comenzar a beber con ellos desde el momento en que el reloj marcó las cinco; pero el pensamiento de sacar mi pasaporte mexicano en un bar delante de mis colegas proyectó sobre mí una sombra más grande que nunca, así que me quedé un poco más de tiempo en el trabajo, esperando que cuando yo llegara todos estuvieran ya borrachos, o que quizá la camarera no se molestara en pedirme mi identificación. Eran casi las 7:00 de la tarde cuando llegué, y vi a más de una decena de personas apiladas alrededor de una mesa de picnic cubierta de múltiples jarras de cerveza. Algunas de las personas con las que yo esperaba celebrar se habían ido ya a casa, pero en cuanto entré, alguien me entregó una cerveza y una copa.

—¡Felicidades! —gritó uno de ellos.

—¡Gracias! —grité yo—. ¡Sí!

Me tomé la copa en medio de sus ovaciones y después la mitad de mi cerveza de un solo trago.

Nadie me pidió mi identificación. Era libre para celebrar, y lo hice. Me reí tanto, que lloré. No conocía a todos los que estaban en esa mesa, pero rápidamente establecimos vínculos contando historias compartidas de los fines de semana perdidos y las largas noches después del trabajo que pasamos estudiando. Me sentía normal, simplemente una analista más de Wall Street borracha en la calle Stone un viernes en la noche.

Cuando llegó la medianoche, la cuenta era al menos de treinta pulgadas (setenta y cinco centímetros) de longitud, y el daño rondaba los $2,500 dólares. Yo lancé sobre la mesa el dinero que me había costado tanto esfuerzo ganar al igual que todos los demás, como si no tuviera ni una sola preocupación en el mundo.

Nunca me imaginé lo mucho que el mundo se estaba preparando a lanzarme.

Los dos meses siguientes no ofrecieron otra cosa sino la confirmación de que yo estaba en el camino correcto, y me dieron mi primer y gran aumento de sueldo. Yo ahorraba dinero religiosamente, algo que aprendí de mi abuela, pero también enviaba más dinero a casa para mis padres y gastaba un poco de más aquí y allá. Hacía reservaciones en restaurantes de la guía Michelin para mis amigas y yo; un par de veces me di el gusto de pagar servicio preferente en Marquee, un lugar frecuentado por celebridades y estrellas del deporte en el lado oeste de Manhattan que cada jueves por la noche albergaba al grupo más candente de la ciudad. Usaba mis conexiones en Goldman para conseguir reservaciones imposibles, e incluso mejoré un poco mi guardarropa de Wall Street a petición de Kate. Yo quería ser una guerrera imponente como ella. Un día, ella miró la bolsa T.J.Maxx sin marca que yo llevaba siempre y me dijo:

—Esa no es una bolsa. No puedes presentarte delante de los clientes con eso.

No lo tomé como un insulto; fue realmente uno de los primeros momentos en que sentí que ella estaba de mi lado, pues me recordó algo que yo había dejado en un segundo plano: tenía que vestirme para el trabajo que quería, y no para el que tenía. Era momento de subir de nivel, así que salí y me gasté trescientos dólares en una bolsa Cole Haan de cuero café. No era un bolsa Hermés de cinco mil dólares, pero al menos no era una sin marca.

Yo no tenía interés en ganar dinero para presumir una bolsa nueva o zapatos nuevos; realmente doné mucho más dinero ese año a la beneficencia y a mi iglesia, y si hubiera querido presumir de algo, ¡habría sido de eso! Pero la bolsa fue un gasto de presentación, y sabía que valía la pena invertir el precio de esa etiqueta en mí misma. Mis ojos estaban fijos en el futuro a largo plazo; estaba preparada para ganarme ese CFA, estaba lista para ser ascendida de analista a asociada, y esperaba que llegara el día en que caminaría en los zapatos de Kate, aunque nunca podía imaginar gastarme seiscientos dólares en unos Louboutins.

Cuando conocí mejor a Kate, me di cuenta de lo equivocada que estuve y lo injusta que fui con ella, pues era una mujer inteligente que podía dirigir cualquier sala de juntas; sabía vender, y comenzó a encantarme ir a juntas con ella y verla en acción porque sabía que tenía mucho que aprender de ella. Ella también se tomaba el tiempo para conocerme, y sabía lo mucho que me gustaban los deportes, un interés que no compartíamos. Un amigo le regaló entradas de cortesía para un partido de baloncesto entre los Knicks y los Celtics y ella me las regaló a mí.

—Disfrutarás de esto mucho más que yo — me dijo. ¡Descubrió cómo ganarse mi corazón!

Con Kate como la nueva jefa, nuestro equipo iba estupendamente. La situación en los mercados era mejor de lo que yo había visto nunca, y los derivados financieros con los que comerciábamos ganaban más dinero que nunca para nuestros clientes. Sinceramente no creía que nada pudiera detenerme en ese punto.

Una noche, al llegar a casa a las 3:00 de la mañana después de estar en los bares y sintiéndome en la cima del mundo, sentí el impulso de llamar a casa en México. Mi papá respondió al teléfono; era medianoche, y él no estaba somnoliento, se le entendía bien al hablar y no estaba enojado. Le hablé de todas las cosas buenas que estaban sucediendo en mi carrera profesional, y me dijo que estaba orgulloso de mí. Yo le dije que también estaba orgullosa de él, y agradecida por todo lo que había hecho para ayudarme a llegar hasta donde estaba.

No estoy segura de cómo ocurrió, pero esa noche terminamos hablando de corazón a corazón. Nos perdonamos mutuamente por algunas de las heridas de nuestro pasado. Yo le perdoné por cómo bebía y, más importante, por el modo en que actuaba cuando estaba borracho, y él se disculpó y dijo que nunca quiso hacerle daño a Mamá, a Julio o a mí. Lo sentía de verdad. Yo entonces le recordé la ocasión en que llamé a la policía y que al final lo deportaron. Me seguía sintiendo muy culpable por eso, y me disculpé con él en esa llamada. Él me dijo: "Siento mucho haberte puesto en una posición en la que *tuviste* que llamar a la policía".

Él *me* perdonó. Yo lloré mucho, y fue un gran desahogo. Me sentí tan bien por tener esa paz con él que me resulta difícil expresarlo con palabras. Colgué el teléfono esa noche esperando el comienzo de una relación totalmente nueva con mi padre. Soñaba con poder pagar en algún momento los boletos de avión para que él y toda la familia me visitaran; soñaba con un tiempo en que quizá, tan solo quizá, la Ley DREAM reviviera y al fin me situara en el camino de poder dejar de vivir tanta parte de mi vida entre las sombras y poder viajar a México para ver a mi familia. Me frustraba tremendamente no poder subirme a un avión enseguida y pasar tiempo con mi padre.

Sentí que había recuperado a mi padre: el papá que era divertido, amoroso y amable. Mi hermano tenía la buena fortuna de conocerlo de esa manera. Como mi mamá aún se estaba recuperando y él casi había dejado de beber, mi papá dio un paso más y básicamente actuaba como madre y padre para Julio después de que se trasladaran a México. Mi padre lo despertaba, le preparaba el desayuno y lo llevaba a la escuela, le hacía la cena y se aseguraba de que tuviera dinero para el almuerzo; incluso lavaba su uniforme. Él había hecho eso también conmigo, pero con Julio los días no terminaban en enojo. Él era un papá asombroso para mi hermano. Yo estaba preparada para experimentar un poco de eso, y me sentía muy triste porque aún no podía lograr que sucediera. Comencé a sentir que estaba viviendo en una jaula muy hermosa y glamurosa. Quizá regresar a México no sería una pérdida tan terrible. En los Estados Unidos yo tenía recursos económicos, pero eso era prácticamente todo; aunque tenía veinticuatro años, me sentía avejentada y agotada, y las pequeñas arrugas que tenía bajo los ojos eran prueba de ello.

Comencé a cuestionar qué estaba haciendo al seguir en Nueva York, yo sola, cuando fácilmente podría volver a México con la experiencia que tenía a mis espaldas y conseguir allí un empleo en un banco o una empresa de inversiones. Me encontré pensando seriamente en la posibilidad de regresar a casa.

CAPÍTULO 18

La llamada

Era una mañana tranquila a principios de septiembre en el piso cuarenta de One New York Plaza cuando sonó mi teléfono. Era mi hermana Nay quien llamaba desde México. Me alarmé al instante.

—Hola, Julissa, ¿cómo estás? —me dijo.

—¿Qué pasó? —respondí yo—. ¿Qué pasó?

—Papá está en el hospital. Todo sucedió muy rápido. Hace dos días comenzó a orinar sangre, y está perdiendo la vista.

—Te llamo en unos minutos.

Podía sentir que mis ojos se llenaban de lágrimas. No se puede llorar en el escritorio, ni siquiera si su padre se está muriendo.

Colgamos y caminé por el pasillo; abrí la puerta del baño y me encerré en uno de los retretes.

—No se inquieten por nada; más bien, en toda ocasión, con oración y ruego, presenten sus peticiones a Dios y denle gracias —oré, con lágrimas corriendo por mis mejillas. Oré una y otra vez:

> *Alégrense siempre en el Señor. Insisto: ¡Alégrense! Que su amabilidad sea evidente a todos. El Señor está cerca. No se inquieten por nada; más bien, en toda ocasión, con oración y ruego, presenten sus peticiones a Dios y denle gracias. Y la paz de Dios, que sobrepasa todo entendimiento, cuidará sus corazones y sus pensamientos en Cristo Jesús.*
> —Filipenses 4:4-7, nvi

A duras penas pude trabajar el resto de ese día. Una serie de llamadas telefónicas con mi hermana y mi madre confirmaron que mi padre estaba realmente enfermo, y posiblemente muriéndose. Debería haber tomado un avión inmediatamente, pero ¿cómo regresaría a los Estados Unidos? Antes me había arriesgado a ser deportada por mucho menos, como esa vez en que fui a la fiesta con Chris, o cada vez que bebí en la universidad antes de cumplir los veintiún años. Me recordé a mí misma que a veces simplemente tenía que vivir sin importar cuáles fueran las consecuencias, pero ahora había mucho más que perder. Yo tenía una carrera profesional, y tenía una vida en los Estados Unidos. *Todo por lo que había trabajado, todo por lo que mis padres se habían sacrificado.*

Seguí yendo al baño a llorar. Le dije a Kate que mi padre estaba muy enfermo, y ella me preguntó si quería irme a casa temprano.

—No. Al menos aquí puedo mantener mi mente en el trabajo, y además no hay nada que pueda hacer desde mi casa.

—Bueno, entonces ¿por qué no te vas a México?

—No, no, mi madre insiste en que no es tan grave —dije yo—. Y tengo que cerrar este trato. Estoy bien.

Pero yo no estaba bien; sentía el estrés en mi estómago, en cada músculo de mi cuerpo. Me quedé en el trabajo hasta las 10:00 de la noche, llamando a mi madre y a mi hermana constantemente para que me pusieran al día. Ellas seguían diciéndome que estaba *bien*; pero entonces me llamó mi tía.

—Julissa —me dijo—, tu madre y tu hermana no están siendo sinceras contigo. Tu padre no está bien; no está bien. Ni siquiera saben si vivirá hasta mañana.

—¿Cómo? ¿Por qué me están mintiendo? ¿Por qué me lo han ocultado?

Me enojé mucho. Cualesquiera que fueran sus intenciones, yo estaba totalmente enfurecida porque no me lo dijeron. Era *mi padre*, y la decisión debía tomarla yo. Quería culpar a mi madre y a mi hermana, pero la realidad era que yo sabía en lo profundo de mi ser que mi papá estaba más enfermo de lo que ellas me decían.

Decidí tomar un avión. *¡Déjalo todo y vete!* Luego decidí quedarme, porque eso era lo que mi papá querría. *¿Puedo siquiera tomar un vuelo internacional sin un pasaporte estadounidense?* La frontera todavía era permisiva en algunas zonas por donde se cruzaba frecuentemente; era bastante fácil cruzar la frontera en un coche hacia México y decir "ciudadano estadounidense", y la patrulla fronteriza me permitiría seguir. Pensaba que podía volar a Laredo y después rentar un coche e irme manejando a Taxco, aunque la parte peligrosa sería el regreso. Si no podía lograr pasar en coche, quizá podría utilizar parte de mi nuevo salario tan elevado para pagarle a un pollero* para que me ayudara a cruzar la frontera. Incluso si lo hubiera podido lograr de ese modo, me estaría preparando para la desgracia en el futuro. Si la Ley DREAM llegaba a aprobarse, yo no podría acogerme a ella. La Ley DREAM requería haber estado en los Estados Unidos desde la edad de dieciséis años o menos, así que en cuanto yo cruzara la frontera de México, me estaba imponiendo a mí misma un castigo de diez años. Si alguna vez descubrían que había salido de los Estados Unidos y después regresado ilegalmente, no podría arreglar mi estatus ni aunque me casara con un ciudadano estadounidense, y ni siquiera si en el futuro tenía hijos nacidos en los Estados Unidos.

—¡Julissa! ¡No vas a arriesgar tu vida! Si te sucede algo, moriré —dijo mi madre.

Me fui a casa preguntándome si quizá todo eso era una señal de parte de Dios. Quizá era realmente el momento de regresar a México; tal vez era el momento de viajar a casa y dejar a mis espaldas mi vida estadounidense. Estuve dándole vueltas durante horas.

A las 6:00 de la mañana le llamé a mi hermana.

—¿Está despierto? —le pregunté.

—Un poco —me respondió—. Está conectado a tantas máquinas que no puede hablar.

—Deja que le hable, por favor. Solo acércale el teléfono al oído para que me oiga, ¿sí? Por favor.

Mi hermana acercó su teléfono celular al oído de mi padre.

—Papá —le dije yo—. Te pondrás bien. Todo saldrá bien. Te pondrás bien...

Podía oír que le costaba respirar. Le dije que no tenía que

decir nada; que sabía que él me quería, y eso era lo único que importaba.

¿Podría ser el final? ¿Se está muriendo mi padre? No podía encontrarle sentido. *Esto no puede estar sucediendo. No puede estar sucediendo ahora. No está bien.*

Batallé con qué decir, sabiendo que existía la posibilidad de que nunca más pudiera volver a decirle nada.

—Recuerdas esa conversación que tuvimos hace un par de meses, ¿sí? —le dije—. Recuerdas cuando te perdoné. No olvides eso. Te quiero. Te perdono, papá.

No podía soportarlo más, y comencé a llorar. *¡Esto tan tonto! Debí haberme ido en cuanto recibí la primera llamada telefónica de mi hermana. Ya debería estar en Taxco.*

—¿Papi? Estaré allí pronto —le dije—. Estaré allí pronto. Casi he llegado. Por favor, aguanta, Papi. ¿Sí? Por favor, aguanta. Te quiero mucho.

Mi papá murió dos horas después.

Mi hermana me explicó más tarde que salió un rato de la habitación para darse un baño. Me dijo que mamá estuvo allí todo el tiempo, pero cuando Nay regresó, entró a la habitación y dijo:

—Papá, estoy aquí.

Segundos después, mi padre dio su último aliento y murió. *"Papá, estoy aquí"*, dijo ella. Y después él se fue.

Tengo la seguridad de que él pensó que esa voz era la mía. Yo le había dicho que aguantara; le había dicho que estaría allí pronto, y creo que él pensó que era yo quien entró en su habitación del hospital. Él me esperó *a mí*.

⁂

Nunca tuve la oportunidad de tener una relación nueva con mi padre. Nunca tuve la oportunidad de volver a darle un abrazo.

No podía dejar de pensar en lo que él debió haber sentido en ese último momento. ¿Cómo fue para él dar ese último aliento? ¿Sabía él que era su último aliento? ¿Estaba asustado? Estuve obsesionada con eso durante semanas.

No pude despedirme. Comprendí que una vida feliz no es necesariamente una vida exitosa y llena de logros. Yo era exitosa, pero estaba sola, y comencé a imaginar mi vida en México aunque eso significara renunciar a mis sueños.

Esa mañana me cambió para siempre. Aún no me he perdonado a mí misma por no subirme a un avión en el momento en que me enteré de que él estaba enfermo. Estaba enojada porque este país y sus políticas de inmigración me habían obligado a elegir entre estar con mi papá y abandonar mi vida en los Estados Unidos. ¿Por qué tenían que arrinconar así a un ser humano? Yo quería culpar a todos y a todo. Y entonces lo dirigí hacia mí misma. ¿Fue todo culpa *mía*? ¿No tenía que haberme quedado en el país? ¿No debí haber ido a la escuela? ¿No debí haber aceptado nunca este trabajo?

De repente quedé destrozada por la culpabilidad y las dudas con respecto a todas las decisiones que había tomado.

Mi mente no paraba de correr, y no podía manejar mis propios pensamientos. Comencé a comer en exceso. Me quedaba despierta en la noche, refugiada en mi departamento viendo televisión durante horas para así no tener que pensar. Me sentía ansiosa todo el tiempo, como si estuviera esperando que algo sucediera, pero no sabía lo que era ese algo.

Oraba todas las noches. Le pedía al Señor que me enviara alguna señal; que me dijera si debía o no dejar atrás todo aquello e irme a México para estar con mi familia. *Señor, ¿qué es mejor para mi madre y mi hermano?*

Nunca obtuve una respuesta.

Lloré sobre el hombro de mi amigo Jeff más que nunca. Los dos nos habíamos acercado más durante el año anterior, y lo que era solamente una amistad se las arregló para cruzar algunas fronteras que nos hicieron querer algo más. Nunca fue una relación muy bien definida, pero no era tumultuosa del modo en que habían sido las cosas en mi relación indefinida con Robert. Con Jeff, todo era bueno siempre; todo era amoroso siempre. Nos decíamos: "Te quiero", el uno al otro, y provenía de un lugar muy profundo de amistad.

Jeff no podía entender por qué no tomé un avión inmediatamente cuando supe que mi papá estaba enfermo; no podía entender por qué tomé esa decisión. Así que cuando murió mi papá, le conté todo a Jeff. Le conté toda la historia. Él no se enojó conmigo por no habérselo contado antes.

—Me hubiera gustado que hubieras podido confiar en mí lo suficiente para contármelo antes —me dijo.

Yo me empleaba a fondo en mi trabajo durante el día, dándolo todo y enfocándome allí para distraerme del dolor que sentía: el emocional y el físico. Finalmente, en 2008 mi duro trabajo fue recompensado con un ascenso, y me convertí en asociada en Goldman Sachs. Mi compensación económica dio un salto a los $120,000 dólares anuales.

La muerte de mi papá me obligó a reevaluarlo todo, una y otra vez. Cuando me mudé a un departamento más bonito, no dejaba de preguntarme si mis acciones reflejaban mis valores y creencias. Un salario de $120,000 dólares era mucho dinero, pero sorprendentemente no alcanzaba para mucho en Manhattan. Yo no ganaba *millones* todavía. Estaba cómoda, pero no era rica, y aun así, me decidí y firmé un cheque de diez mil dólares para un fondo de becas para inmigrantes indocumentados. Daba más dinero a mi iglesia, y enviaba más dinero que nunca a mi familia. Era mi manera de compensar todo lo que había hecho mal.

Unos meses después, tras demostrar mi valía una y otra vez, mi compensación económica ascendió a los $190,000 dólares anuales. Lo chistoso era que yo no era ilusa ante el hecho de que había personas que ganaban más que yo. No solo unos cuantos miles de dólares más, o ni siquiera diez o veinte mil dólares más; sino mi salario multiplicado varias veces, y yo no era ciega a eso. Claro que nadie en Wall Street piensa que gana un salario adecuado, y todos creíamos que de una manera u otra nos engañaban con nuestro salario. Tan solo mi equipo era responsable de miles de millones de dólares en operaciones de valores cada año. En su apogeo, tan solo mi pequeño equipo le proporcionó a Goldman Sachs más de $150 millones de dólares en ganancias. Pero yo tenía una muy buena razón para creer que había hombres que hacían el mismo trabajo que yo y que estaban ganando mucho más que yo. Vivía con eso, y lo aceptaba como un hecho de la vida. Tenía hojas de cálculo con la cantidad de ingresos que yo proporcionaba y el trabajo que hacía, y me esforcé mucho por cada aumento de sueldo que pudiera llegar; después de todo, la razón de que yo estuviera allí era para hacerme rica. Esa era mi meta desde el principio, ¿no?

Sin embargo, enfocarme en el trabajo no podía alejarme de mi dolor, y en junio del año siguiente mi abuela, mi querida Mamá Silvia, también falleció. No fue un golpe tan duro como la muerte de mi padre, pues yo tenía una relación maravillosa con mi abuela. Hablábamos por teléfono todo el tiempo; ella estaba siempre en casa, y yo sabía que podía llamarla de día o de noche y ella estaría siempre ahí, así que no sufrí ese sentimiento de tiempo perdido con ella, sino traté de consolarme con que haber recibido el golpe de otra muerte tan pronto no me había noqueado tan duro. Intenté hacer las paces con el hecho de que tampoco podía asistir a su funeral, y que, una vez más, no se me permitía llorar con mi propia familia.

Después de la muerte de mi abuela, y a medida que se acercaba el primer aniversario de la muerte de mi padre, a veces me resultaba difícil levantarme en la mañana, pero pensaba que no se trataba tanto de la tristeza por las pérdidas que había sufrido. Mi cuerpo simplemente estaba lleno de más dolor físico que nunca, pero aun así, me sentía bastante contenta con cómo me estaba yendo. Pude mirar hacia atrás y vi con un poco de perspectiva lo triste que había estado el año anterior; por lo tanto, redoblé otra vez mi esfuerzo en el trabajo, justo a tiempo para enfrentar el desplome del mercado de valores de 2008 y observar cómo se derrumbaba toda la industria financiera.

Aunque muchos colegas a mi alrededor fueron despedidos, me las arreglé para quedarme; pero el desplome me hizo cuestionarme aún más mis metas, y me forzó a cuestionarme por qué seguía en ese trabajo. Comencé a cuestionar mis propios sueños, mis propias ambiciones, y si valían la pena. Comencé a cuestionarlo todo.

En medio de todo eso, me senté a leer la biografía del expresidente mexicano Vicente Fox, y me hizo enojar por lo injusto de mi situación. El presidente Fox escribía con mucho detalle sobre las contribuciones que los inmigrantes mexicanos habían hecho a los Estados Unidos, y el fracaso de México a la hora de crear oportunidades suficientes para que el talento se desarrollara en México. Él observaba las inmensas cantidades de ingresos en impuestos que los inmigrantes mexicanos proporcionaban al gobierno estadounidense aunque no tenían esperanza alguna de recibir ninguno de los servicios del gobierno estadounidense, y de hecho podían terminar deportados si alguna vez se encontraban en necesidad. ¿Qué justicia había en eso? Comencé a pensar otra vez: *Quizá pueda regresar a México. Claramente, ¡no me quieren aquí! Tuve éxito a pesar de un millón de obstáculos, ¡así que bien podría regresar y hacer allí algo con mi vida!*

Ese libro me movió tanto, que me senté y le escribí una carta al expresidente Fox. Le conté toda mi historia, incluyendo el siguiente párrafo:

> A través de muchos peligros pude conseguir un trabajo estupendo en Wall Street, y sin embargo no puedo avanzar tan rápido como quisiera por temor a que me descubran y me deporten. En los catorce años que he vivido en los Estados Unidos no se ha aprobado ninguna ley según la cual pudiera calificar para obtener la residencia. A pesar de todos mis logros, sigo siendo una "extranjera ilegal" que este país preferiría desechar.

Estaba que echaba humo. Nadie en mi vida excepto Jeff tenía idea de hasta dónde había llegado mi proceso de pensamiento: estaba lista para abandonar los Estados Unidos, para alejarme de Goldman Sachs, y ver qué podía hacer para cambiar el mundo desde mi antigua ciudad natal de Taxco. Comencé a pensar: *¿A quién le importa el dinero? ¿Y a quién le* *importa tener cosas si ni siquiera puede compartirlas con su familia?* No podíamos ir de vacaciones en familia, yo no podía darles regalos de Navidad en persona, ni podía darles un abrazo por mi cumpleaños. Me puse frenética.

—¿Qué estoy haciendo aquí? Esto no vale la pena. A la goma* con este lugar. ¡Me regreso a México! —decía yo.

Pero nunca le envié esa carta al presidente Fox; en cambio, pronto abandoné por completo mis planes de dejar atrás los Estados Unidos. Eso fue porque sucedió algo totalmente inesperado: me casé.

PARTE III

Redimida

CAPÍTULO 19

La propuesta

Yo era una bomba de tiempo, y lo único que Jeff podía hacer era escucharme. Durante semanas le había platicado *cada uno* de mis pensamientos.

—Mira, esto es lo que estoy pensando. El momento de irme sería cuando se termine mi contrato de renta.

Me había mudado a un mejor departamento en la calle Gold, con grandes y hermosos ventanales en mi cuarto, aunque seguía siendo muy pequeño; lo único que cabía en mi recámara era mi cama tamaño matrimonial, sin otros muebles más que un diminuto armario provisional de Bed Bath & Beyond; tampoco tenía una gran vista, pero sin duda era un gran paso hacia arriba comparado con el espacio diminuto de mi primer departamento en el 45 de Wall.

"En realidad, probablemente debería quedarme al menos hasta febrero, cuando nos den los bonos de desempeño, o quizá incluso hasta el año siguiente cuando mi bono podría ser todavía mayor, y entonces tendré más dinero que llevarme", le decía yo.

No sabía cómo podría llevarme grandes sumas de dinero a México, así que seguía tratando de solucionar eso hablándolo con Jeff. Yo no tenía una cuenta bancaria en México, y tampoco podía enviar más de diez mil dólares a la vez porque no tenía un número de seguro social. No quería perder inmensas cantidades de dinero en comisiones bancarias por hacer transferencias o mediante Western Union. Los bancos y los servicios de transferencia bien podrían ser bandidos con pasamontañas y rifles, dados los porcentajes que cobran por realizar esas transacciones; son depredadores. Y luego, perdería más dinero aún por el tipo de cambio al cambiar esos dólares a pesos. Parecía que no podía pensar en una solución que tuviera sentido, pero no permitiría que eso me detuviera. *Quizá deba llevar maletas llenas de dinero en efectivo.* Seguía haciendo planes.

"Tendría que decírselo a mis amigos. Tendría que ser sincera y decirles por qué me voy, y que básicamente nunca volveré a verlos a menos que ellos vayan a México a visitarme", le decía. No dejaba de darle vueltas al asunto.

Jeff escuchaba con paciencia, y me preguntaba: "¿Estás segura? ¿Estás segura de que eso es lo que quieres hacer?".

Yo veía que él no se sentía cómodo con las cosas que yo le decía, pero sabía cuándo escuchar y cuándo dar consejos. Esa era una de las cosas que más me gustaban de él.

"Extraño a Julio —le decía—. Mi hermano tenía ocho años la última vez que lo vi, y ahora tiene quince, Jeff. *¡Quince!* Extraño a mi mamá, y extraño a todos. Ya estoy harta de vivir en esta jaula de oro, ¿sabes? No veo ningún otro camino".

Una noche estábamos sentados en mi cama escuchando música con los sonidos de la ciudad y las luces del edificio de departamentos de enfrente que atravesaban mis grandes y hermosos ventanales cuando, repentinamente y con la voz más dulce, Jeff dijo:

—¿Y si nos casamos?

—¿Qué? —yo me reí—. Estás loco.

Giró hacia mí, me tomó de las manos, me miró a los ojos y me dijo otra vez:

—Cásate conmigo.

Yo no me reí esa vez.

—Mira —me dijo—, si nos casamos, no tendrías que irte. No quiero que te vayas.

Mi cabeza se desbocó, y miles de pensamientos recorrieron mi mente en un instante. *¿Es esto lo correcto? ¿Nos estamos precipitando a casarnos solo para arreglar este problema?*

—Tú eres mi mejor amiga —me dijo—. Te amo, y sé que tú me amas. Entonces ¿por qué no?

¿Por qué no?

Para mí, esas sencillas palabras fueron como una grúa que

se acercó y me quitó de encima el peso de un automóvil. Juro que me sentí más ligera físicamente.

—Ok, está bien —dije—. ¿Por qué no? ¡Vamos a casarnos! Un par de semanas después, emprendimos camino hacia el ayuntamiento para solicitar una licencia matrimonial. Los dos se lo contamos a nuestras familias, y ellos nos dieron un apoyo increíble. Nos sentamos con la mamá y el papá de Jeff y les contamos toda la historia, y yo fui sincera con sus estupendos padres y les conté cada detalle de mi trasfondo. Sentí que me quitaba otro peso de encima al saber que su familia aprobaba y apoyaba nuestra decisión de casarnos. Me sentía muy bien por saber que tenía a varias personas en el mundo que sabían lo que yo había tenido que pasar.

Como mi padre ya no estaba ahí para acompañarme hasta el altar y como no podía casarme delante de mi familia, decidimos hacer la boda sin ningún familiar. Dijimos: "Vamos a hacer esto rápidamente para obtener la residencia, y así poder ir a México. ¡Más adelante pensaremos en lo demás!".

Nos casamos un año y un día después del fallecimiento de mi padre. Contratamos a una amable y anciana funcionaria del registro civil para que oficiara la ceremonia en el patio trasero del departamento de Antonia. Antonia era una de mis mejores amigas desde mis tiempos en la HBSA, y fue nuestro único testigo. La ceremonia fue muy breve, pero yo llevaba un pequeño ramo de flores, y los dos leímos nuestros votos. Yo estaba tan nerviosa que comencé a reírme cuando Jeff me leyó sus votos.

—Ay, qué bonito. Estás llorando —dijo la amable funcionaria.

Yo pensé: *No. Me estoy riendo. Un momento, pero hay lágrimas en mis ojos; quizá estoy llorando.* Sinceramente, no podía ver la diferencia.

—Ahora los declaro marido y mujer —dijo la amable señora, y en ese momento los dos pensamos: *¿Y, qué hacemos ahora?*

Antonia nos acompañó a beber champán a una vinatería en Lower East Side.

Nuestra siguiente parada después de eso fue el despacho de un abogado de inmigración donde comenzamos el proceso de llenar la solicitud para la residencia. Me enteré de que tenía que solicitar un "ajuste de estatus" porque estaba "sin estatus", lo cual significaba que mi visa había expirado.

Yo había estado "sin estatus" durante mucho tiempo.

Uno de los mayores obstáculos que vencer fue establecer cuándo se produjo mi última entrada al país, y después tener pruebas de que realmente fue la última vez que salí del país y regresé; además, tendríamos que aportar todo tipo de pruebas para demostrar que nuestro matrimonio era legítimo.

Teníamos que demostrar que mi esposo tenía una buena base financiera, como descubrí en la preparatoria cuando fui por primera vez a la oficina de inmigración (que desde entonces había cambiado de nombre y ahora se llamaba Servicio de Inmigración y Ciudadanía de los Estados Unidos, o USCIS) con Troy y me enteré del proceso para obtener la residencia mediante matrimonio. Eso era fácil, pues Jeff tenía un empleo muy importante en Wall Street. Pero, desde luego, no fue tan sencillo.

Tras el desplome de 2008, justamente en medio de todo este proceso, mi nuevo esposo fue despedido. No podíamos creer que sucediera en un momento tan inoportuno; fue un golpe terrible para Jeff, y yo estaba preocupada por él, por su carrera profesional y por lo que haría; también fue un golpe terrible para nuestro proceso de solicitud.

Dios no quiera que alguien de otro país llegue a enamorarse de una persona pobre. En primer lugar, tuvimos que firmar un depósito de diez mil dólares con un abogado, que era mucho más dinero del que tiene mucha gente; y no había modo alguno de pasar por alto el requisito de los ingresos en el proceso de solicitud. Con Jeff sin trabajo, el abogado nos informó con términos muy claros que no obtendríamos la aprobación, a menos que encontráramos a alguien que nos avalara. Así que

Jeff recurrió a sus padres, y sin vacilación le pidió a su mamá y a su papá que intervinieran, y sus padres dieron un paso al frente y me respaldaron. Eso significaba que ellos tenían que poner toda su información financiera en la solicitud y acordar en un contrato legal vinculante que me sostendrían en caso de que su hijo no pudiera hacerlo. Yo quedé muy sorprendida, pues una vez más, a la hora de la verdad hubo ángeles que intervinieron en mi vida.

Todos los temores que tenía sobre si estábamos haciendo eso por las razones correctas se desvanecieron a medida que atravesábamos ese proceso, porque no era fácil, y Jeff seguía adelante con todo. Nada asustaba a ese hombre: ni la cantidad de papeles, ni la cantidad de solicitudes. Nunca retrocedió; nunca se acobardó; ni una sola vez se quejó. Él verdaderamente quería eso para mí; para *nosotros*. Y lo hacía mientras también buscaba con diligencia una nueva oportunidad profesional.

Mientras trabajábamos en todo eso, reuniendo toda nuestra documentación y presentando fotografías para demostrar que nuestra relación era verdadera, nuestro abogado me dijo que estaba impresionado con lo meticulosa y orientada al detalle que yo era. Yo tenía la sensación de haber pasado toda mi vida preparándome para no echar a perder esto. No dejé que se escapara nada; ni una sola cosa.

En ese punto teníamos algunos recibos de los servicios de la casa que estaban a nombre de los dos, y era muy importante poder demostrar nuestra unión, pero yo no podía encontrar el recibo de un mes de cable, y me asusté de verdad. El abogado nos dijo:

—Está bien, es solamente un mes —pero yo pensaba: ¡*No!* ¡*Tenemos que ser perfectos!*, y seguí rebuscando por todas partes hasta que finalmente encontré una copia que poder presentar al USCIS. No quería arriesgarme a nada; no quería que faltara nada. *Nada*. Por ejemplo, no llevábamos anillos de casados porque todavía no le habíamos anunciado nuestro matrimonio a todo el mundo, así que ¿por qué llevar anillos? Tampoco habíamos cambiado nuestro estado en Facebook. Pero yo fui y compré anillos para los dos para poder llevar puestos esos anillos a la entrevista, porque no quería que nadie tuviera que preguntarnos por qué no llevábamos anillos.

Un par de meses después de enviar nuestra solicitud, me llamaron para una cita de autenticación biométrica, un día muy largo en el que me tomaron una fotografía y las huellas digitales. Un par de meses después de eso recibimos noticias de que nuestra solicitud había sido examinada, yo había pasado la evaluación de antecedentes penales, y estábamos listos para llegar al paso final en el proceso: la entrevista con el USCIS.

No podía decirle a Kate que tenía que tomarme tiempo libre para hacer mi entrevista para la residencia, pues se suponía que ya tenía esa tarjeta. Durante mucho tiempo había sentado un precedente de nunca, jamás, faltar al trabajo, pero no podía decirle a nadie lo que sucedía en realidad, así que seguía poniendo excusas con mi salud, diciendo que iba a visitar a varios médicos. Entre las citas con los abogados, seguía visitando a diferentes médicos a causa de mis continuos dolores. Sabía con seguridad que había rumores en el piso sobre mí, y la gente se preguntaba si yo estaba haciendo entrevistas en otras empresas. Yo esperaba y oraba para que faltar tanto al trabajo no tuviera consecuencias negativas después de todo lo que había tenido que pasar.

Intentar obtener la residencia no era la única distracción que evitaba que me enfocara en el trabajo. Supe por mi mamá y mi hermana Nay que Julio había estado batallando en la escuela desde que murió nuestro papá. Julio tenía catorce años cuando perdimos a nuestro papá, y había sido muy difícil para él. Ya no le importaba la escuela, y Nay me dijo que estaba haciendo amistad con muchachos mayores que andaban en un mal rumbo, y un horrible pensamiento me mantenía despierta en la noche: *Podrían enganchar a mi hermano en una pandilla y terminar muerto.*

Yo no podía permitir que eso sucediera. Tenía dinero; estaba camino a obtener la residencia; era el momento de utilizar mis recursos para beneficio de mi hermano.

Jeff y yo tomamos la decisión de que mi hermano viviera con nosotros en Nueva York, y eso se convirtió rápidamente en una tarea que consumía casi todo nuestro tiempo. Julio nació en los Estados Unidos; era ciudadano estadounidense, pero se mudó a los ocho años, y mis padres nunca obtuvieron un pasaporte estadounidense para él. La única identificación que tenía como adolescente era su certificado de nacimiento, pero cuando lo llevó a la embajada de los Estados Unidos en Ciudad de México le dijeron que no era suficiente para demostrar su ciudadanía.

Por lo tanto, yo empleé muchísimo tiempo y dinero intentando encontrar las pruebas que necesitábamos. Ellos solicitaban informes hospitalarios, documentos que la mayoría de hospitales destruyen después de diez años, así que llegamos a un callejón sin salida. Viajé a Texas y fui a su antigua escuela para que me dieran sus viejas boletas de calificaciones y transcripciones como "prueba" sustituta de que él nació y vivió en los Estados Unidos durante un largo periodo de tiempo antes de mudarse a México. Entonces querían prueba de que nuestra madre estaba viviendo en los Estados Unidos cuando tuvo a Julio, y eso me puso más que furiosa, porque unos años antes le habían quitado la visa a mi madre y le habían prohibido la entrada a los Estados Unidos durante diez años, *¡precisamente* porque sabían que había estado viviendo en el país durante ese periodo!

Cuando por fin terminamos todos esos trámites y pudimos conseguirle un pasaporte, entonces tuve que preocuparme porque tuviera cobertura médica, que no era lo más fácil de hacer en los Estados Unidos. Es cuestión de rutina en la mayoría de países, pero aquí no. Un niño como Julio, que había caído en el olvido, podría sufrir horriblemente si se enfermaba y no tenía seguro, y el único modo de tenerlo cubierto bajo mi póliza de seguro era que yo me convirtiera en su tutora legal. Así que me propuse lograr eso: otra pesadilla burocrática que me hacía faltar al trabajo durante largos periodos de tiempo cada día.

Estaba emocionada de que finalmente me reuniría con mi hermano, pero yo no ignoraba que él tenía emociones encontradas con respecto a ello. Sabía que lo mejor para su futuro era venir a los Estados Unidos a vivir con Jeff y conmigo, pero sabía que se sentía culpable por dejar a mi mamá en México. En muchas maneras, Julio y yo tendríamos que volver a conocernos completamente. La última vez que habíamos vivido juntos, él tenía ocho años, y ahora era un adolescente que había perdido a su papá. Había momentos en los que yo quería ser su amiga, pero me veía como una figura paterna. En otras ocasiones, yo quería ser una figura paterna y él me recodaba que yo no era su mamá. Nos tomaría tiempo encontrar nuestro ritmo.

⚬⚬⚬

Nuestro abogado nos acompañó a Jeff y a mí cuando llevamos una caja llena de todos nuestros documentos a las oficinas federales del Bajo Manhattan, en el límite de Chinatown, enfrente de un McDonald's. Durante semanas habíamos pasado tiempo en la oficina de ese abogado ensayando entrevistas antes de ese momento.

"Estos son los tipos de preguntas que pueden esperar", nos decía él. Así que Jeff y yo nos quedábamos hasta tarde preparando cualquier cosa que pudieran lanzarnos. Habíamos oído que esas entrevistas podían ser brutales, y había mucho en juego. A pesar de lo nerviosos que estábamos, yo también me sentía muy confiada, pues habíamos hecho todo correctamente. Estábamos preparados; estábamos listos.

Esa mañana desde temprano estuvimos sentados lo que nos pareció una eternidad en una monótona sala de espera típica de una oficina federal atiborrada de otras parejas. Finalmente, nos llamaron. Entramos a la oficina de un hombre blanco bajito, regordete y un poco calvo que fue muy agradable y cordial con nosotros. No parecía nada frío y oficial, y eso me hizo ser recelosa. *Está siendo demasiado amable.* Nuestro abogado nos había dicho: "A veces fingen ser amables y entonces intentan que cometas un error con una pregunta aleatoria". Sentí cómo me sentaba erguida en el borde de mi silla, quizá con un aspecto un poco intenso.

Lo chistoso fue que cuando nos sentamos, el entrevistador pensó por error que yo reclamaba a Jeff.

—Ah, no —dije yo—. En realidad, es él quien me reclama a mí.

—Vaya. ¿Cómo la consiguió *a ella?* —dijo el funcionario.

Todos nos reímos de eso, y yo me sentí un poco más relajada. Entonces me preocupó el relajarme demasiado.

—Pues bueno —respondió Jeff—, ¡tuve que buscar que formalizáramos rápido nuestra relación!

La antena de confianza de Jeff parecía que no estaba nada alerta. Cuando entendió que tenía permiso de hacer bromas con ese hombre, comenzó a bromear; así era su personalidad. ¿Y saben qué? Fue perfecto.

El oficial nos preguntó cómo nos conocimos, cuándo nos conocimos, lo que me gustaba de Jeff, lo que a Jeff le gustaba de mí, y todo fue muy bien. Nos preguntó sobre lo que nos gustaba leer, y por qué nos casamos. Todo bien.

Entonces comenzó a leer algo y a tomar algunas notas, y yo me puse muy nerviosa. Él me miró y preguntó:

—¿Trabaja usted?

—Sí —respondí.

—¿Dónde? —me preguntó.

Nuestro abogado nos había advertido sobre eso: "Si te pregunta sobre tu trabajo, díselo claramente —me dijo—. No puedes mentir". El mayor obstáculo potencial en mi caso era que yo había usado documentos falsos para obtener trabajo, y solo por ese hecho mi solicitud podía ser denegada. Pero nuestro abogado nos explicó que en realidad no sería decisión del oficial; es esencialmente un proceso arbitrario, porque si dábamos con alguien que quisiera hacer que lo pasáramos mal, podía hacerlo. Si nos lo denegaban, habría un proceso de apelación que podríamos seguir, pero podría tomar meses o incluso años si no pasábamos al primer intento. La posibilidad de la deportación estaba allí sobre la mesa en ese momento, colgando sobre mí como una roca gigantesca a punto de empezar a rodar por el precipicio en mi mente.

—Trabajo en Goldman Sachs —dije yo.

El hombre me miró, y pareció hacer una pausa.

—Está bien —dijo.

Yo no podía saber qué estaba pensando; él seguía mirando esos documentos y tomando notas. Sentí que se me iba a salir el corazón del pecho, pero mantuve una expresión impasible y confiada.

Estaba preparada para responder cualquier pregunta que llegara después. Él podía preguntarme sobre los documentos mismos, dónde los conseguí, cuánto costaron o cuántas veces los había utilizado. Yo estaba preparada para contárselo todo.

Pensé en todas las parejas que habíamos visto en la sala de espera. Estaba abarrotada, y me preguntaba si estaba tan llena cada día de la semana. Había musulmanes con velos en la cabeza, otros hispanos, asiáticos, africanos, personas blancas, aparentemente todas las nacionalidades y antecedentes que uno se pueda imaginar estaban reunidos en ese lugar. Estaba segura de que todos estaban nerviosos igual que yo. Me preguntaba cuántos de ellos estaban indocumentados; me preguntaba cuántos de ellos habían recurrido a documentos falsos en algún momento de sus vidas. No era posible que yo fuera la única.

Esperé. Tomar a Jeff de la mano me daba seguridad.

Me preguntaba por qué ese era el único camino de entrada para mí. ¿Por qué tuve que casarme? ¿Por qué unirme a un hombre era la única manera de que yo pudiera triunfar en los Estados Unidos? ¿Por qué no podían ser suficientes mis éxitos para triunfar en este país? ¿Por qué un hombre tenía que rescatarme de mi situación? Recordaba cuando mi madre me decía que su única vía de escape fue casarse con mi papá, y que no quería eso para mí. Llegamos a los Estados Unidos para que yo pudiera llegar a ser exitosa independientemente de ningún hombre. La ironía de mi situación estaba punzando mi alma profundamente.

Jeff era mi mejor amigo, yo lo amaba y él lo significaba todo para mí; pero no podía dejar de preguntarme: *¿Por qué tuvimos que llegar a esto?*

El hombre calvo seguía tomando notas sin decir nada, y en mi propio silencio yo oraba: *Dios, estoy en tus manos. Todo lo bueno llega a quienes confían en el Señor.*

Finalmente, el oficial levantó la vista.

—Bueno, esto aún tiene que pasar a revisión, y mi superior revisará mis notas, pero... no veo nada que pueda evitar que ajuste su estatus.

—Oh, Dios mío. Gracias. ¡Gracias a Dios! —dije yo.

Le dimos un apretón de manos al hombre y salimos a esa sala de espera muy contentos. Yo podía sentir las miradas de aquellas parejas esperanzadas sobre nosotros mientras pasábamos por su lado mostrando nuestra mejor sonrisa.

Nos despedimos de nuestro abogado en el vestíbulo, y entonces nos quedamos allí y nos abrazamos.

—Gracias a Dios —dijo Jeff—. Eres muy afortunada. Dios te ama mucho. Todo salió bien, justo como esperábamos.

Yo casi no podía creerlo. Después de todo ese tiempo, toda esa preocupación, todo ese temor, todo ese pánico, todo ese sacrificio, todas esas dificultades, todo el asunto había terminado antes de las 10:00 de la mañana. Si no se producía ningún imprevisto, en cuestión de semanas podría recibir por correo mi tarjeta de residencia permanente: una tarjeta de residencia auténtica.

Me había tomado libre todo el día, así que regresamos a nuestro vecindario y celebramos con un almuerzo en nuestro pequeño restaurante puertorriqueño favorito. Nosotros éramos las dos únicas personas en ese pintoresco lugar que iban vestidas de traje.

CAPÍTULO 20

El viaje a casa

Comencé a llorar incluso antes de abrir el sobre. Cuando recogí nuestro correo aquella tarde fría a principios de la primavera, pude palpar la forma de la tarjeta que había en su interior: *¡mi tarjeta de residencia!*

Era el mes de marzo, justo antes de mi cumpleaños, y fue el mayor regalo que podía imaginar. Llamé a Jeff, pero no respondió. Él había conseguido un contrato temporal de trabajo en la ciudad. Lo llamé una y otra vez hasta que por fin me devolvió la llamada.

—¿Qué ocurre? ¿Todo bien? —me dijo al haber visto mi número aparecer en su teléfono una vez tras otra.

—¡Dios mío, Jeff! —dije yo—. ¡Ya llegó! Ya llegó mi tarjeta de residencia. ¡Conseguí mi tarjeta de residencia!

—¡Oh, Dios mío! —respondió él—. Voy a tomar un taxi ahora mismo. Voy a casa. ¡Vamos a celebrar!

Y una tarde entre semana, tomamos un taxi hasta Ricardo's en Harlem para cenar la carne más estupenda. No podía creer que ya no estuviera allí ilegalmente; ya no tenía ninguna razón para ocultarme, y ni siquiera podía comenzar a comprender cómo esa situación iba a cambiar mi vida.

No dejaba de sacar la tarjeta y mirarla. Pensaba una y otra vez: *Pasé por todo ese dolor a causa de este pequeño pedazo de papel.* Mis ojos estaban llenos de lágrimas mientras cenábamos. Estaba rebosante de agradecimiento porque el tiempo de esconderme había terminado, y estaba muy agradecida por *Jeff.* Él cambió mi vida para siempre; y no fue solamente mi vida lo que cambió, porque ahora tenía una tarjeta de residencia y podía ir a visitar a mi madre y llevar flores a la tumba de mi padre. Podía llevar a mi hermano a vivir conmigo para que pudiera estudiar en la universidad, como yo había soñado.

—¡Dios mío, Jeff! Esto significa que puedo viajar. Puedo ver el mundo; puedo ir a cualquier lugar del mundo y puedo *regresar a casa*.

Sentí que pude respirar por primera vez desde que tenía catorce años.

—Lo sé, hermosa —dijo Jeff con una gran sonrisa en su cara—. Entonces... ¿adónde quieres ir?

Él ya sabía la respuesta: a Taxco.

Habría reservado mi boleto esa misma noche si hubiera podido, pero no era así de sencillo. En cuanto recuperé el aliento, me di cuenta: —Oh, no. ¿Qué voy a hacer?

Goldman Sachs me había contratado con una tarjeta de residencia falsa y un número de seguro social falso. Ahora que tenía una tarjeta de residencia permanente auténtica (y la tarjeta del seguro social llegaría unas semanas después), tenía que hacer el cambio. ¿Y cómo le iba a explicar a Goldman Sachs que de repente tenía una nueva tarjeta de residencia permanente y un nuevo número de seguro social?

Parte de mí se preguntaba si tendría que renunciar; si tendría que irme a trabajar a otra empresa para así poder comenzar de cero con mi documentación legítima.

Seguía estando feliz; seguía llena de alegría, pero la idea de: *¿Cómo demonios voy a hacer esto?* no se separó de mi lado durante semanas.

Una vez más, el momento en que sucedieron las cosas resultó mejor de lo que nunca pude haber imaginado: casualmente, la fecha de expiración de mi tarjeta de residencia falsa se cumplió a principios de ese verano. No sé qué habría sucedido si esa fecha de expiración hubiera llegado y pasado, pues no hubiera sabido dónde comprar una nueva tarjeta de residencia falsa en la ciudad de Nueva York. ¿Y cómo iba a conseguir una nueva tarjeta falsa con el mismo número de la antigua? Habría sido otra razón más para tener que salir de los Estados Unidos y regresar a México permanentemente; pero eso no fue lo que sucedió.

En cambio, simplemente hice una llamada telefónica al departamento de RR.HH. y les dije:

—Ya recibí mi nueva tarjeta de residencia. Además, me dieron un nuevo número de Seguro Social.

Esperaba que no me preguntaran por qué, pues no tenía una buena respuesta, pero afortunadamente para mí, la mujer de RR.HH. me dijo:

—Está bien. Escanee las tarjetas nuevas, envíeme las copias y las meteremos al sistema.

Ella me dio la dirección de correo electrónico adonde enviarlas. Yo escaneé mis nuevas tarjetas de residencia y de seguro social, y un par de semanas después revisé el sistema y vi que mis números nuevos estaban ahí. Así de sencillo.

Me aproveché otra vez de los estereotipos de lo que la gente piensa sobre las personas que están en este país ilegalmente. Yo era una asociada en Goldman Sachs, y a nadie le cabía en la cabeza la idea de que yo pudiera estar en la misma categoría de alguien que pagó para entrar ilegalmente a este país en la parte trasera de un camión, o alguien que cruzó el río Grande bajo la cobertura de la oscuridad, o que entró en el país cruzando algún túnel. No sería posible que esa fuera *mi* situación, con mi traje caro y mis bonitos pañuelos de seda.

Cuando ese pendiente quedó hecho, tenía otra cosa que tachar de mi lista: obtener mi primera licencia de conducir. Había conducido durante años y no me habían levantado una sola multa en todo ese tiempo; sin embargo, en el estado de Nueva York se me requería que tomara una clase de cuatro horas, después un examen escrito y a continuación un examen de conducir. No podía creer que tuviera que tomar tanto tiempo libre del trabajo solamente para esperar en la fila del departamento de tránsito. Pero estaba contenta de hacerlo.

Quería atar todos los cabos sueltos, quería que todo fuera oficial, quería tenerlo todo en regla y que fuera cien por ciento legítimo en todos los aspectos antes de tomar un avión hacia México, una idea que después de muchos años de preocupación seguía aterrándome. No podía sacudirme el temor de llegar allí, de ver por fin a mi familia, y que después hubiera algún problema técnico en la aduana en el camino de regreso que pudiera obligarme a abandonar el país que amo, el trabajo que amo y la vida que amo.

El último punto de mi lista de pendientes para después de recibir mi tarjeta de residencia permanente era llenar una solicitud para un nuevo pasaporte mexicano, y otra vez: el momento oportuno. Mi pasaporte viejo, el que había estado conmigo en tantas comprobaciones de identidad en este viaje aparentemente interminable, también iba a expirar ese mismo año, así que lo renové. ¿Y entonces?

Era el momento de ir a ver a mi familia.

Jeff y yo llegamos a la Ciudad de México una tarde calurosa de finales del verano. Llegamos a la aduana y vimos las dos filas: la fila de los ciudadanos y la fila de los visitantes. Yo siempre sería ciudadana mexicana, y no iba a pasar por la fila de visitantes. Entregué con orgullo mi pasaporte mexicano con mi tarjeta de residencia al hombre que estaba en el mostrador, y después recogimos nuestro equipaje y nos dirigimos a la salida. En la aduana, teníamos que presionar un botón; si el botón se ponía verde, podíamos pasar sin que nadie revisara nuestras maletas, y si se ponía rojo examinarían nuestras maletas. Yo estaba tan emocionada por salir de ese aeropuerto a través de esas grandes puertas de cristal esmerilado al otro lado de la zona de aduanas que no quería que nadie se interpusiera en mi camino o me retrasara. Cerré mis ojos y oré para que se pusiera verde cuando presioné el botón; y eso fue lo que sucedió.

—¡Muy bien! ¡Podemos seguir! ¿Estás listo? —le pregunté a Jeff.

—¿Estás lista *tú*? —me preguntó él.

Sonreí y asentí con la cabeza, y comenzamos a caminar hacia las puertas. Se abrieron automáticamente y con lentitud desde el centro. Pude ver una multitud reunida alrededor de las barreras que había al otro lado. Había seres queridos que abrazaban a otros seres queridos y personas con carteles, globos y flores. Y cuando las puertas se abrieron del todo y finalmente salí, vi a mi hermosa madre, con la mayor sonrisa de todas entre la multitud mientras se le llenaban los ojos de lágrimas. Mi tío Mike estaba a su lado, y se veía exactamente igual que hacía tantos años. Y también estaba allí mi hermana Nay para recibirme.

Comencé a llorar antes de llegar hasta ellos, y cuando llegué, lancé mis brazos a mi mamá dándole el mayor abrazo de oso que pude.

—Bienvenida a casa —me dijo ella—. Mi chiquita.

—¡Qué gusto verte! —respondí yo entre lágrimas—. ¡Y a ti, tío Mike! —dije abriendo mis brazos y dándole un abrazo antes de finalmente abrazar a Nay.

—Escuchen todos —dije—, él es Jeff.

Ninguno de ellos se había conocido antes de ese momento, y, sin embargo, todos le dieron un gran abrazo. No podía creer que al fin estuviera abrazando a mi familia, y que mi familia estuviera abrazando a mi esposo.

Sabía que algunas partes de ese viaje serían dolorosas. Iría a visitar la tumba de mi padre y la tumba de mi abuela, y temía esa situación más que nada; pero en ese momento, en el aeropuerto, lo único que sentí fue pura alegría.

—¿Cómo está Julio? —preguntó mi madre.

—Está bien, mamá. Está bien. Está asistiendo a la escuela, y ya recorre la ciudad de Nueva York mejor que yo en mi primer año.

—¿Estás segura de que él está bien allí solo?

—Sí, mamá, te lo prometo. Va muy bien. Estarías muy orgullosa de él.

Mi mamá estaba feliz de que Julio estuviera viviendo conmigo en Nueva York; eso era lo mejor para él. Pero yo también sabía que era doloroso para mi madre y para Julio estar alejados el uno del otro. Me ponía triste el ver que a pesar de todo, nuestra familia seguía estando separada por una estúpida frontera y por leyes de inmigración injustas. Pero dejé de pensar en eso. *¡Estoy en México!*

Sabiendo que teníamos por delante un largo camino hasta Taxco, no nos quedamos mucho tiempo en el aeropuerto. Nos apilamos en el diminuto SUV de mi tío y rápidamente nos dimos cuenta de que no había asientos suficientes para todos, así que Jeff se tuvo que ir en la parte trasera con las maletas. Nos reímos mucho de eso. Fue como: "¡Bienvenido a México, Jeff! ¡Te toca ir en el maletero!".

Con nuestro vehículo lleno a rebosar, salimos de la Ciudad de México y nos fuimos directo sin detenernos hasta pasar Cuernavaca, la Ciudad de la Eterna Primavera.

—¿Alguien tiene hambre? —preguntó mi tío.

—Yo me muero de hambre —dije yo—, pero lo único que quiero comer son las quesadillas debajo del puente.

Él sabía exactamente a lo que me refería.

—Está bien —dijo—. ¡Vamos a comer esas quesadillas debajo del puente!

De repente, todo volvió a mi memoria. Pensé en ese puesto de tacos en el que siempre nos deteníamos en el camino de regreso a Taxco desde la Ciudad de México, y de pronto se me antojó la comida de ese puesto de tacos más que cualquier otra cosa que hubiera deseado en toda mi vida. ¡Estaba muy emocionada de que Jeff experimentara ese pequeño lugar al lado de la autopista! Sin duda, ya no estábamos en Manhattan.

Esas quesadillas no son como las quesadillas que tenemos en los Estados Unidos. Se hacen con tortillas de maíz y queso Oaxaca, que es más parecido a la mozzarella que al queso chédar que se encuentra en la mayoría de los platillos de comida mexicana que se come en los Estados Unidos. Todas las salsas son caseras, y las tortillas son hechas a mano. Cuando finalmente nos detuvimos en ese puesto al lado de la carretera, ¡me di un atracón!

—¡Ay, Dios mío! ¡Esto está riquísimo!

La comida en México tiene un sabor único. Incluso si cocinas exactamente lo mismo en los Estados Unidos, no sabe igual, y hasta los huevos saben diferente. No puedo creer que sobreviví tanto tiempo sin probar esos sabores.

Fue en ese momento, saboreando todos esos sabores, que al fin sentí que estaba en casa. Allí había nacido, y allí crecí. Estaba de regreso en el lugar de mis raíces.

Cuando volvimos a amontonarnos en el coche, cada vez estaba más emocionada por llegar a Taxco. El sol acababa de ponerse por el horizonte cuando tomamos esa curva final y familiar en la carretera, tras la cual se abría todo el perfil del hermoso panorama de las miles de casas blancas de Taxco, bañadas por el cálido resplandor de las luces de las salas y los porches de las casas, que se elevaban por la ladera de la montaña.

—¡Wow! —dijo Jeff desde atrás.

—Es hermoso, ¿verdad? —dije yo.

Cuando llegamos era ya tan tarde, que decidimos ir directamente a la casa de mi madre e instalarnos. Estábamos agotados tras el largo día de viaje, y pensé que me dormiría rápidamente con las ventanas abiertas y el aroma de ese aire nocturno de Taxco que me resultaba tan familiar como la última vez que había dormido en esa ciudad. *¿Realmente ya pasó más de una década?*, me maravillé.

Entonces apagué la luz en la casa donde me crie y me di cuenta de que estaba totalmente aterrada. Siempre había tenido miedo a los fantasmas; soy como un gato súper asustadizo, ni siquiera puedo ver un anuncio de una película de terror y tengo que cambiar de canal. Siempre he sido una persona espiritual, y siempre he creído en Dios, y debido a eso también creo que hay fantasmas y espíritus: buenos y malos.

Cuando era pequeña, le hice prometer a mi papá que él nunca moriría; después, cuando crecí un poco más, le hice prometer que si moría tenía que regresar a decirme que estaba bien. No pensé en que si hacía eso, él sería uno de esos *fantasmas* a los que yo les tenía tanto miedo. Ese recuerdo me inundó mientras estaba tumbada en mi cama, y de repente sentí terror de que su fantasma llegara a visitarme.

—Jeff, no puedo dormir. Él va regresar para decirme que está bien —susurré.

—Estás diciendo locuras. No va a suceder nada; todo va a ir bien —me prometió. Me abrazó hasta que se quedó dormido, y yo no dejaba de dar vueltas despierta. Volví a despertarlo:

—¿Oíste algo? ¿Qué fue eso?

Creo que el fantasma de mi padre nunca apareció porque él sabía que yo sufriría un ataque al corazón.

A la mañana siguiente, nos levantamos y fuimos directamente a casa de Mamá Silvia. Ahora era la casa de mi tío, y en el momento en que pasé al lado de las viejas buganvilias, subí los escalones de piedra y puse un pie en el interior, me derrumbé. Por primera vez sentí a plenitud la ausencia de mi abuela. Esa maravillosa casa exudaba una energía distinta; ella ya no estaba allí. Mi tío nos preparó el desayuno, pero la comida no era igual que la comida que yo comía siempre en esa casa. La luz seguía siendo hermosa y había recuerdos de ella por todas partes, pero ella no estaba. Ya ni siquiera estaba su gran perico verde porque su viejo pájaro murió un par de semanas después de que mi abuela falleciera, y todos estaban seguros de que había muerto de tristeza.

—Está bien —dijo el tío Mike—. Desahógate. Está bien; llora, desahógate.

Me abrazó fuerte durante mucho tiempo, y me dejó llorar y llorar.

Yo estaba muy feliz de regresar a casa, pero estar en esa casa fue como confrontar todas las cosas que había perdido, todas las relaciones a las que había renunciado, todas las Navidades que me había perdido con mi familia y todas las personas que nunca volví a ver con mis propios ojos. El hecho de que finalmente vivía y trabajaba en los Estados Unidos legalmente no compensó ninguno de los años que había perdido. Ninguna cantidad de dinero que pudiera ganar durante el resto de mi vida podría recuperar ese tiempo, ni ningún bono de fin de año podría hacer regresar a mi padre o a Mamá Silvia. Todo aquello me inundó de un modo que me hizo entender de verdad lo que la gente quería decir con la expresión "ahogándose de tristeza".

Esa tristeza se convirtió pronto en algo peor cuando me di cuenta de dónde habían vivido mi madre y mi hermano durante los dos primeros años después de dejar Texas para volver a México. Mientras mi madre se recuperaba, antes de que mi papá fuera a rehabilitación, el único lugar que tenían para quedarse en esa casa era un pequeño cuarto de huéspedes con una sola cama. Tenía ganas de dar un puñetazo a la pared, pues solamente pensar en eso me puso furiosa. *Pero ¿cómo podía estar furiosa cuando mi tío Mike siempre había hecho tanto por nosotros?*

Mientras nuestra casa de seis pisos se deterioraba porque nadie vivió nunca en ella, mi mamá y Julio estaban viviendo en un cuarto de huéspedes. Mi papá y mi hermana Nay vivían en nuestro antiguo departamento encima de Metales Avilés, y ver esa casa grande, aún vacía y aún incompleta y deteriorada, me puso enferma. Esa casa grande y sin terminar era un recordatorio físico de que el sueño de mis padres no estaba completo aún.

Una vez más me encontré cuestionando cada una de las decisiones que había tomado. Me preguntaba si algo de lo que yo había hecho había sido lo correcto. Estaba segura de que si lo hubiera sabido, nunca habría permitido que mi madre y Julio vivieran de ese modo.

Lloré en la cama esa noche, preguntándome cómo podría compensárselos.

CAPÍTULO 21

Feliz

Yo tenía preparada una gran sorpresa para el final de esa semana: había hecho planes de llevar a mi madre y a mi hermana a la Ciudad de México para quedarnos en el hotel de cinco estrellas Four Seasons. Pero antes tenía que hacer algunas cosas, y al día siguiente decidí enfrentar yo sola la más difícil de todas ellas.

Fui sola a visitar la tumba de mi padre. No quería que Jeff me acompañara, ni tampoco mi mamá; no quería que estuviera nadie porque no quería tener que pensar en ninguna otra persona mientras yo estaba allí. Si necesitaba llorar, quería llorar; si necesitaba gritar, quería poder gritar; si quería lanzar cosas, quería poder lanzarlas. No quería tener que preocuparme por lo que otra persona pudiera pensar o decir, y sin duda no quería que otro me diera unos golpecitos en la espalda y me dijera: "Está bien", porque *no estaba* bien.

Los cementerios en México son muy distintos a los cementerios en los Estados Unidos. Los cementerios en los Estados Unidos son muy uniformes, organizados, con una pequeña cruz o una pequeña lápida, y eso es todo. En México, especialmente en mi ciudad natal, los cementerios son una locura. La gente construye minicapillas sobre su terreno familiar; pintan esas capillas de distintos colores y se esfuerzan mucho para que sean hermosas y significativas para sus familias.

La familia de mi madre había tenido ese terreno durante muchas generaciones, y tiene una pequeña capilla abovedada que mantenemos cerrada con cinco candados para evitar que los indigentes se metan a dormir allí. Hay una hermosa buganvilia al lado de esa capilla. Yo había visitado las tumbas de mi abuelo y de mis bisabuelos cuando era una niña pequeña que crecía en Taxco. Desde ese tiempo, un primo también había sido enterrado allí; y ahora, aunque no era pariente de sangre, mi padre estaba enterrado en ese mismo terreno, junto con mi Mamá Silvia.

Abrí los candados y entré, y antes de tener la oportunidad de ponerme triste, me enojé. La capilla estaba *sucia*. Había flores viejas y marchitas en el interior y todo estaba cubierto por una capa de polvo, incluidas las fotografías de todos mis parientes que descansaban en ese espacio. El piso de loseta, que básicamente había que romper y abrir siempre que se enterraba a alguien más, era un completo revoltijo de cemento agrietado; no se había puesto un piso nuevo como debía hacerse después de cada entierro. Incluso las velas estaban totalmente derretidas.

Mi papá debe estar revolviéndose en su tumba en este momento, pensé.

Salí hecha una furia hasta la tienda más cercana y compré varios artículos de limpieza, y también las velas más grandes y duraderas que pude encontrar, y después me arrodillé y restregué los pisos. Limpié el polvo a todo, ordené todas las fotografías y encendí las velas. Cuando todo volvió a estar en orden y se veía bien, finalmente me senté allí y lloré; y cuando terminé de llorar, grité. Y después volví a llorar.

Allí sentada le hablé a mi papá. Le hablé de todo lo que había sucedido; le conté todo sobre Jeff, mi tarjeta de residencia, mis ascensos y cómo era vivir en la ciudad de Nueva York sin tener que seguir preocupada por si me descubrían. Y después le hablé sobre lo maravilloso que era estar de nuevo en casa y lo mucho que deseaba que él pudiera estar allí conmigo.

Me fui y hablé con mi tío sobre el estado de aquellas tumbas. Para él había sido muy difícil el fallecimiento de mi abuela, y me dijo que no era capaz de ir a visitar su tumba, pero que había contratado a una mujer para que se ocupara de nuestro terreno. Ella tenía que encender las velas, cambiar las flores y mantener limpio el lugar, como lo había hecho Mamá Silvia cada semana durante todos aquellos años cuando estaba viva. Él se enojó cuando se enteró de que ella no había cumplido y me prometió que eso no volvería a pasar.

Casi había transcurrido la mitad de mi estancia en México

cuando sentí que podía volver a respirar. Me disculpé con Jeff, y le dije que pronto nos divertiríamos. Él dijo que no le importaba, y yo sabía que lo decía de verdad; pero también fui sincera en lo que dije. Hice salir a todos de la casa para dar un paseo por Taxco. Quería enseñarle a Jeff los viejos paisajes. Pasamos por Metales Avilés; caminamos por el Mercado, le enseñé dónde estaba mi escuela y dónde tomaba clases de piano.

—Deja que te cargue la bolsa —insistía mi madre mientras caminábamos.

—No, no. Estoy bien —dije yo.

—¡Pero tu espalda! Se ve que tu bolsa está pesada, y estoy muy preocupada. Deja que yo lo lleve —y yo la dejé que lo llevara un rato. Me había dolido mucho la espalda, pero no creo que la bolsa tuviera nada que ver con eso.

Esa tarde quise sacar algo de mi bolsa, y no pude encontrarla.

—Mamá, ¿dónde pusiste mi bolsa cuando llegamos a casa?

Mi madre no se acordaba.

—Mamá. ¡Mi tarjeta de residencia y mi pasaporte están en esa bolsa! Mamá, si no tengo esa bolsa, no puedo regresar a los Estados Unidos. ¿Cómo diablos voy a poder regresar? ¡Acabo de conseguir mi tarjeta de residencia!

Buscamos por todas partes, y yo era un manojo de nervios. Esa no era una pequeña pérdida; lo era todo. Volvimos a recorrer todos los lugares por donde habíamos pasado, miramos debajo de todos los muebles y llamamos a todas las tiendas adonde habíamos entrado. Incluso llamamos a la estación de radio local y les pagamos para que pusieran anuncios enseguida ofreciendo una gran recompensa (sin pedir explicaciones) por la devolución de esa bolsa y su contenido.

Yo comencé a pensar tres pasos adelante: Bueno, si nos vamos hoy mismo a la embajada en la Ciudad de México y podemos conseguir una nueva tarjeta de residencia, quizá la tengamos a tiempo para el vuelo de regreso.

Intentaba calmarme pensando: *Yo no puedo ser la única persona que haya perdido alguna vez su tarjeta de residencia.* Pero de todos modos tenía pánico. *¡Mi primer viaje a México y pierdo mi tarjeta de residencia!*

Apareció horas después. La bolsa, de algún modo, se había caído detrás de la cama, pero no llegó a caer al piso, por eso cuando la buscamos, aunque alguien miró debajo de la cama, no estaba ahí.

Casi no tengo palabras para expresar lo aliviada que me sentí al recuperar mi bolsa, junto con todo su contenido tan importante, pero entonces me sentí mal por haber sido tan dura con mi mamá. Me juré a mí misma en ese momento que nunca más volvería a ser así con ella. Tuve la sensación de que sería otra cosa por la que iba a querer compensarla toda la vida.

De hecho, mi culpabilidad hizo que el final de nuestro viaje en el hotel Four Seasons fuera aún más importante para mí. Yo estaba tan acostumbrada a volar a lugares y quedarme en buenos hoteles en mis viajes de negocios que casi se había vuelto una rutina para mí; pero valió la pena todo el dinero que pagué por ver los ojos de mi madre y de mi hermana brillar cuando entramos a ese hermoso vestíbulo. Realmente me dieron una tarifa estupenda en ese hotel gracias a mis conexiones de Goldman, y eso nos dejó mucho dinero para poder gastar durante varios días y noches en la ciudad.

El Four Seasons ofreció llevarnos en una gran Suburban con personal de seguridad, e incluso que el personal de seguridad nos acompañara, para asegurar que todo saliera bien. No era necesario, pues la Ciudad de México es uno de los principales destinos turísticos del mundo, pero de todos modos aceptamos ir en la Suburban por la ciudad. Era asombroso poder darles a mi mamá y mi hermana una experiencia tan lujosa. Íbamos de un lado a otro con nuestros guardaespaldas como si fuéramos algún tipo de dignatarias extranjeras en nuestro propio país.

Una noche los llevé a todos a Xochimilco, ese hermoso lugar donde un grupo de músicos le cantan canciones a uno mientras pasea flotando sobre los canales en una trajinera, hermosas barcazas coloridas con mesas y sillas rústicas, bajo las estrellas. Así es: ¡Venecia no es la única ciudad con góndolas! Es un lugar mágico donde uno puede pedir una bebida mientras flota sobre el agua con el acompañamiento de una banda de mariachis. Terminamos pasando toda el día flotando, bebiendo y comprando comida de los "carritos de comida" de las trajineras que flotaban alrededor de nosotros mientras escuchábamos la música y compartíamos risas e historias unos con otros. En cierto momento Jeff le pagó a una banda de mariachis para que tocara solo para nosotros durante una hora entera. Yo estaba recostada en mi asiento con una michelada gigante en mi mano, la versión mexicana de un *bloody mary*, y un gran sombrero en mi cabeza observando cómo bailaba mi mamá con Jeff. Ella estaba muy impresionada de que a él le gustara bailar, y muy orgullosa de que yo hubiera escogido como esposo a un hombre tan maravilloso y guapo.

Mientras los observaba allí sentada, vi la sonrisa en el rostro de Nay, y entendí algo: en ese momento, en ese lugar, al tener a mi familia conmigo y disfrutar de las cosas buenas de la vida yo era verdadera y profundamente feliz.

No podía creer que el viaje casi hubiera terminado, y una gran parte de mí no quería irse. Me di cuenta de que quizá no habría podido disfrutar de esa noche con ellos si no hubiera sido por mi carrera en Goldman Sachs con su buen salario y los bonos. Me sentí en un gran conflicto. No podía cambiar el pasado, ni podía cambiar las decisiones que había tomado. Había forjado mi camino venciendo todos los obstáculos, y ahora al fin estaba logrando algunos de los sueños que tenía desde hacía tantos años, cuando creía que ser rica podía resolver todos mis problemas.

Todavía no era rica, pero mi estatus migratorio ya no era un problema. Aunque no había podido estar junto a la cama de mi padre en sus últimas horas de vida, sí había podido ayudar a mi padre a conseguir la ayuda que necesitaba, y pude llevar a Julio a los Estados Unidos. Esas eran cosas buenas; había muchas cosas buenas que se habían producido como resultado de mi duro trabajo y la búsqueda del éxito económico.

Pensé: *Quizá lo que necesito hacer es regresar a Nueva York y trabajar incluso más en el cumplimiento del resto del sueño.*

Quizá es momento de regresar, totalmente libre de todo lo que me había estado atormentando, quizá incluso poniendo en riesgo mi salud, y ver lo que sucede si enfoco toda mi energía en mi carrera profesional y en llegar a ser rica de verdad.

CAPÍTULO 22

Tormentas

Regresé a Goldman decidida a avanzar y decidida a que me ascendieran a vicepresidenta lo antes posible. Volví a trabajar las mismas ochenta horas semanales que había estado invirtiendo cuando era analista.

Para entonces había dejado de cuestionar las lealtades de Kate y en cambio la consideraba una aliada, una mentora y una amiga de confianza. Ted siguió siendo mi mentor y mi defensor ante los jefes. Nunca perdí el contacto con él, pero el nuevo jefe de Kate y, por lo tanto, también mi jefe, era un hombre llamado Mike Siegel. Mike había estado en Goldman toda la vida, y estaba en camino a llegar a ser socio. Él se convertiría en una persona muy importante en mi carrera. La decisión de ascenderme a vicepresidenta tendría que ser aprobada por él, y si él quería que yo fuera vicepresidenta, lo sería.

Había hecho algunos viajes con Mike para visitar clientes en Atlanta y Miami, y en uno de esos viajes Mike me preguntó sobre mis metas a largo plazo.

—Quiero ser la primera mujer hispana que en ser socia de Goldman —dije yo—. Me encantaría que hubiera otra mujer hispana que lo logre antes que yo, pero si no es así, yo quiero ser la primera.

Su respuesta me dio todo tipo de confianza:

—Hay personas que tienen el empuje, pero no el talento, otras tienen el talento, pero no el empuje; sin embargo, tú tienes ambas cosas.

A veces, la gente me pregunta sobre los momentos decisivos en mi carrera, los hitos que condujeron a mi éxito y mis ascensos en Goldman Sachs. Desde luego, hubo grandes negocios, nuevos productos que mis clientes fueron los primeros en operar y proyectos que yo dirigí que hicieron de nuestro equipo una máquina eficiente. Si yo era la primera en operar un producto nuevo, Eric Lane mismo enviaba un correo electrónico a todo el equipo reconociendo mis esfuerzos. Mis clientes les enviaban correos electrónicos a Kate, Mike y Eric haciéndoles saber lo mucho que les gustaba trabajar conmigo. En cierto momento, mientras era aún asociada, yo estaba aportando más del veinticinco por ciento de los ingresos de nuestro equipo. Todas esas cosas ayudaron, pero, a decir verdad, *cada* momento fue un momento clave. Yo trabajaba mucho y hacía todo lo posible por brillar absolutamente en todo lo que hacía, un día sí y otro también, y *eso* fue lo que condujo a mi éxito. Quizá había asimilado demasiado la filosofía de Goldman, pero al enfocarme primero en las necesidades de mi cliente, siguió como consecuencia mi propio éxito.

Sin embargo, aunque intenté reenfocar toda mi energía en el trabajo, mi corazón seguía llevándome hacia mi familia. Ahora tenía la responsabilidad de ocuparme de mi hermano menor, y me lo tomaba en serio.

Julio hablaba muy poco inglés, ya que había salido de los Estados Unidos cuando tenía ocho años y había dejado de practicar el idioma. Lo inscribí en unas clases particulares de inglés parecidas a las que yo había tomado cuando mis padres me llevaron con ellos, esperando que aprendiera rápidamente. No quería que en su escuela él sufriera el estigma de tomar cursos de inglés como segundo idioma; quería hacer por él como mínimo tanto como habían hecho mis padres para situarme en el camino correcto en este país. Ese era su hogar; era *mi* hogar. Él tenía que ser exitoso aquí, y, aparte de mi trabajo, preocuparme por Julio llegó a ser lo único en lo que podía pensar.

Tener un muchacho de dieciséis años viviendo en un pequeño departamento con Jeff y conmigo aguó un poco nuestra relación. Yo frecuentemente me comportaba como una figura materna delante de Jeff, de pie delante del horno diciéndole a Julio que era hora de que hiciera su tarea. A pesar de lo generoso que Jeff había sido en todo el proceso, creo que verme adoptar ese papel en nuestra casa quizá lo llevó hasta el límite. Nunca habíamos hablado de hijos; nunca habíamos hablado sobre lo que significaba realmente estar casados. Ahora, de repente, estábamos educando juntos a un adolescente. Yo no era ciega. En un periodo en que nuestro matrimonio debería estar resplandeciendo en su fase de luna de miel, podía sentir que él se alejaba. Incluso sin tener un empleo, comenzó a pasar cada vez más horas lejos de nuestro departamento. Yo intenté no preocuparme; suponía que las cosas mejorarían cuando él encontrara un empleo y Julio se estableciera en una rutina; estaba mucho más enfocada en las exigencias de mi trabajo y en intentar ser una mamá, una hermana y una amiga para mi hermano de dieciséis años, que en mi propia relación con Jeff.

Tras las secuelas del desplome de 2008, la ciudad de Nueva York quedó inundada de banqueros de Wall Street sin trabajo, y encontrar un empleo era casi imposible. Jeff se pasó un año entero sin encontrar otro empleo que valiera la pena, y entonces, al fin, recibió una oferta: en una ciudad lejana, en otro estado, al otro lado del país.

Nos sentamos sobre mi cama esa noche dudando sobre saber qué hacer.

—Jeff, no puedo hacer eso —le dije—. Julio acaba de establecerse en la escuela. No puedo enviarlo a otra escuela, y yo estoy de camino a ser vicepresidenta el año próximo. No puedo dejar Goldman ahora. O sea…

Tampoco podía pedirle que se quedara en Nueva York sin empleo, con un muchacho de dieciséis años y con una relación incierta. Y así, una vez más, la vida hizo un agujero en mis velas.

Jeff y yo hablábamos por teléfono todos los días. No podíamos viajar cada fin de semana aunque nos visitábamos con frecuencia, pero aun así, nada de lo que hacíamos para sobreponernos a la distancia parecía suficiente para hacer que nuestro matrimonio perdurara. Yo sufrí en silencio que otra vez se me rompiera el corazón cuando debería estar celebrando el mejor año de mi vida.

En 2010 Goldman Sachs me ascendió a vicepresidenta. Yo tenía veintisiete años. Mi remuneración ascendió a más de $340,000 dólares, y subí a un escalón más alto de responsabilidades. Aún no podía permitirme gastar seiscientos dólares en un par de Louboutins, pero sabía que *podía* hacerlo si quería, y que hacer eso no afectaría mi cuenta bancaria ni un poco. Tenía más dinero para cuidar mejor de mi madre, y no tenía que pensarlo dos veces para comprar ropa o material escolar para Julio. Estaba viviendo el sueño americano: el sueño que había deseado lograr desde que era una niña que batallaba para aprender inglés en San Antonio.

Entonces, ¿qué me pasaba?

No podía entender por qué me sentía tan vacía. No podía entender por qué me sentía tan sola, ni podía entender por qué sentía que faltaba algo en mi vida; tampoco podía entender por qué mi propio cuerpo me seguía traicionando.

Durante el curso de ese año mis dolores de espalda, de articulaciones y mis problemas de estómago empeoraron. Ya había visitado a los mejores médicos; me las había arreglado para pagar todos los tratamientos y medicamentos que podía encontrar e incluso fui a ver a un psiquiatra. Al final entendí que los loqueros no eran solamente para "personas ricas con problemas de personas ricas", como yo pensaba erróneamente cuando estaba en la universidad. Esa actitud era un reflejo de lo que piensan muchas personas en la comunidad latina. Existe un verdadero estigma unido a la terapia, de modo que entrar a ese consultorio requirió valentía, pero resultó que la terapia fue muy buena para mí. También creía que había reducido de modo importante el estrés bajo el que estaba al obtener mi residencia permanente. Pero nada ayudaba.

Nadie lo hubiera sabido al mirar mi cara sonriente y mi ropa bonita, pero yo estaba desesperada.

Mi familia y yo terminamos tomando la decisión de enviar a Julio a casa de mi hermana en Texas para que terminara la preparatoria. A él le pareció que sería realmente emocionante regresar a su estado natal, y mi profesión simplemente ocupaba demasiado de mi tiempo para poder actuar como una buena madre yo sola. No tenía ninguna duda de que él estaba en camino de entrar a una buena universidad y comenzar a perseguir su propio sueño americano en los años siguientes. Eso me hacía sentir bien; pero en cuanto él se fue, realmente se afianzó la soledad de mi vida. Tenía amigos y tenía trabajo; pero en mi interior, el hueco seguía aumentando de tamaño.

Sin nadie a quien acudir, acudí a mi fe. Entendí que cada vez que lo había necesitado, Dios me había librado. No pensaba en Dios como en un genio que concedía todos mis deseos, pero siempre había encontrado paz en Dios en medio de cualquier caos. Él también había hecho algunas cosas milagrosas en mi vida. Cada vez que necesité que mis papeles falsos funcionaran, Él estuvo a mi lado. Me había sacado de cada pozo en el que caí, y me había hecho sobreponerme a cada obstáculo que tuve que vencer. *¿Por qué iba a ser diferente ahora?* Derramé mi corazón delante de Dios en oración y escribí largos párrafos de agradecimiento en mis diarios. Finalmente, decidí hablar con mi pastor.

Le hablé de los trastornos físicos que estaba sufriendo, y al explicarle todo el dolor por el que había pasado, terminé diciéndole que había estado indocumentada, y él pareció sorprendido. No creo que nunca antes se hubiera encontrado con ese tipo de confesión, y no sabía qué sentido darle o qué hacer con ella. Sugirió que yo necesitaba hacer algo más que llegar a la raíz de mis males; me dijo que él pensaba que yo necesitaba ver a un profeta, algo que obviamente está muy lejos del mundo de los números en blanco y negro de Wall Street, pero que no estaba tan alejado de la educación católica de mi niñez mexicana. Y como ninguna otra cosa me había funcionado, le dije que estaba dispuesta a hacerlo.

Tomó algún tiempo prepararlo todo, pero cuando el conocido profeta Jim Lafoon pasó por la ciudad de Nueva York, mi pastor consiguió que yo pudiera verlo. Mi iglesia se reunía en el histórico Lamb's Theater de Times Square. Después de la reunión me dirigí a la parte de atrás de la plataforma, justo tras las cortinas de terciopelo donde la esposa de mi pastor me tomó de la mano y oró por mí antes de que me reuniera con Jim Lafoon.

Después de trabajar tanto tiempo en Wall Street, podía decir con confianza que nadie me intimidaba, y, sin embargo me sentí conmovida en presencia de Jim. Él me miró a los ojos tan profundamente, que sentí que no existía nada en todo el mundo sino nosotros dos en ese momento. Yo estaba lista para oír lo que él tuviera que decir; estaba lista para hacer cualquier cosa que él pudiera pedirme que hiciera.

—Usted es muy buena con los números —me dijo.

Habló sobre la importancia del número 3 en mi vida, y habló sobre cosas que no parecían ofrecerme ninguna respuesta directa. Finalmente, me dijo:

—Va a pasar por un periodo de dos años que parecerán muy prometedores, pero en realidad habrá mucho dolor; y entonces Dios la llevará al tiempo más estupendo que haya conocido jamás.

Yo fui buscando respuestas y en cambio recibí una profecía que al parecer me estaba diciendo que me esperaba mucho más sufrimiento. *Vaya, gracias*, pensé. Aun así, había algo con respecto a lo que él dijo que me dio esperanza. Esa última parte sobre que Dios me llevaría a los momentos más estupendos que hubiera conocido era algo a lo que valía la pena aferrarse.

Dejé guardada esa profecía para el futuro, y regresé a mi vida. Y unos meses después, me di cuenta de que la vida tal como la conocía tenía que cambiar.

CAPÍTULO 23
El fin

Técnicamente, mi matrimonio no había acabado. Jeff y yo nos estuvimos apoyando el uno al otro emocionalmente a larga distancia durante los años siguientes, a pesar de que vivíamos vidas separadas. Mientras tratábamos de dilucidar lo que ocurriría con nuestro matrimonio, decidimos dejar nuestra puerta romántica abierta; y entonces entró Dom.

Dom era un artista, un libre pensador, un cineasta y un hombre del que me enamoré perdidamente. El suyo fue el mejor primer beso que me habían dado en toda mi vida. Era misterioso y sexy, y desde el momento en que sus labios tocaron los míos, sentí que un rayo de electricidad recorrió todo mi cuerpo; pude sentir su beso en los dedos de los pies, y en los dedos de las manos, y en el estómago.

Dom vivía una vida muy distinta a la de cualquier otro hombre del que me hubiera enamorado antes, y en el breve, pero tórrido tiempo que pasamos juntos, me desafió hasta la médula.

—Trabajas para *el hombre* —me decía algunas veces bien avanzada la noche, como si "el hombre" fuera el diablo mismo—. ¡Mira tu vida! Has estado dispuesta a hacer *cualquier cosa* para avanzar. ¡Incluso te *casaste* para salir adelante!

¿Lo había hecho? Yo no lo creía; realmente no creía eso. ¿Y qué sabía Dom, de todos modos? Él había estudiado en Harvard. Nació como ciudadano estadounidense. Podía permitirse ser un espíritu libre inconformista. Yo no habría tenido la libertad de hacer las cosas que estaba haciendo si no fuera por el dinero que ganaba en Goldman, y si no hubiera sido por los papeles falsos que había utilizado.

Dom era negro, por lo cual había tenido sus propias luchas en los Estados Unidos. *Pero, por lo menos, él nunca tuvo temer ser deportado*, pensaba yo. Y entonces una noche ya tarde, íbamos caminando por Lower East Side después de ver un documental sobre artistas del grafiti cuando un hombre indigente blanco le comenzó a gritar a Dom:

—Tú, maldito negro, sal de mi calle o te voy a dar una puñalada en el cuello

¿Cómo podía yo esperar que me trataran bien en un país donde uno de sus propios ciudadanos era insultado de una manera tan fea por su ascendencia racial?

No pude evitar preguntarme si en cierto sentido Dom tenía razón. *¿Había estado dispuesta a hacer cualquier cosa para avanzar?* No me gustaba que él cuestionara mi matrimonio, y a pesar de estar separados, extrañaba a Jeff. Él era mi mejor amigo, y extrañaba una relación que por primera vez en mi vida sentía que era una colaboración verdadera. Aun así, no podía dejar de pensar en ello; las palabras de Dom calaron muy hondo. Hacía tiempo que yo cuestionaba cada decisión que había tomado, y él me hizo cuestionar mis decisiones mucho más que nunca.

Cuando rompimos, quedé devastada; pero ahora entiendo que él estuvo ahí para un momento y para una razón. Él me empujó y me impulsó a seguir mi búsqueda para encontrar mi verdadero llamado en la vida, para descubrir quién soy realmente, y por eso le estoy eternamente agradecida.

Justamente después de esa ruptura, murió uno de mis mejores amigos: rápida y repentinamente, sin ninguna advertencia previa. Chris tenía veintinueve años; él era el alma de la fiesta.

Desde que me mudé a Nueva York había llegado a tener una buena amistad con un grupo de exalumnos de Texas. Algunos nunca nos vimos en la UT, porque no habíamos estado allí al mismo tiempo, pero en cierto modo nos encontramos el uno al otro en la jungla de la ciudad de Nueva York. Todos los fines de semana yo salía con los Tejanos, como nos denominábamos a nosotros mismos. Cuando Chris murió, eso nos derrumbó a todos. Se suponía que iba a México para pasar un largo fin de semana con su familia y que regresaría enseguida; en cambio, cayó desde el balcón de un sexto piso mientras estaba en México. Él era el pegamento que mantenía unido a nuestro grupo; él era el mejor amigo de todos nosotros. Perderlo fue como perder una pierna o un brazo, y ninguno volvió a ser el mismo.

La combinación entre cuestionarme cuál era mi verdadero yo y el dolor de una pérdida tan repentina me hizo pensar mucho sobre la súbita pérdida de mi padre, y poco después me encontré meditando en la fragilidad de la vida misma. ¿Y si realmente yo estaba en el camino equivocado? ¿Y si el éxito económico y la vida que llevaba no era lo que yo quería realmente? ¿Y si este sueño americano particular que yo perseguía no era *mi* sueño? ¿Estaba intentando decirme algo el incesante dolor de mi cuerpo? ¿Intentaba decirme algo también mi interminable serie de sufrimientos? *¿Y si se me está acabando el tiempo? ¿Y si mi propia vida es fugaz? ¿Qué sucedería si muriera mañana con este sentimiento en mi corazón, esta duda, este agujero, este vacío que no deja de decirme que tengo un propósito diferente?*

En medio de toda mi preocupación obsesiva, entendí que la segunda mitad de esa última pregunta no era en realidad una pregunta. Yo había sentido *siempre* que Dios tenía algo preparado para mí; que Dios tenía un propósito para mi vida. Entendí que el vacío que sentía, el agujero que sentía, se debía a que no estaba viviendo ese propósito.

No sabía cuál era ese propósito, pero sin duda no iba a descubrirlo teniendo el mismo empleo de ochenta horas semanales en el que había trabajado como una esclava desde la universidad. Necesitaba liberarme; necesitaba salir al mundo y encontrar los pedazos de mí misma que nunca había conocido.

En enero de 2011 había tomado la decisión de salirme de Goldman Sachs; además, sabía que quería salir totalmente de la industria financiera, y también sabía que a cualquier otra persona le parecería una decisión apresurada y posiblemente irresponsable; pero a mí me parecía que era la única decisión que tenía sentido. Ya lo había decidido, y nadie podía cambiarlo. Sencillamente tenía que esperar el momento adecuado para salir.

Mi vida amorosa se había desmoronado dos veces durante el curso de los años anteriores, pero estaba emocionada porque habían ascendido a Kate, mi jefa y amiga, a directora administrativa, ¡y se iba a casar! Mirar su vida me daba esperanza de que era posible tener una carrera estupenda y amor al mismo tiempo. Estaba comprometida para casarse, y planeaba realizar una espléndida ceremonia esa primavera en México. Me invitó a la boda, y por lealtad a ella y por no querer de ninguna manera aguarle la fiesta, decidí esperar hasta que ella regresara de su luna de miel para anunciar mi renuncia.

Seguí con mi trabajo como vicepresidenta, lo cual incluía un viaje al campus de la Universidad de Texas para participar en una feria de empleo y hablar sobre nuestros esfuerzos de reclutamiento a los administradores de la escuela y a varios líderes de grupo.

Varios de nosotros fuimos a cenar juntos cuando terminó la feria, y una de las administradoras que estaba presente en esa cena era la mujer hispana que trabajaba en la facultad de administración. Estábamos sentados en esa cena hablando de todo tipo de cosas importantes, y justamente en medio de la conversación ella les dijo a mis colegas:

—No van a creerlo, pero en ese entonces, cuando estudiaba aquí en la facultad, Julissa llevaba el cabello rojo y un arete en la lengua. ¿Pueden creerlo?

Ese no fue un comentario sobre lo lejos que yo había llegado, o lo inspirador que era que una muchacha joven con poca dirección terminara teniendo una carrera exitosa. Ella quería ponerme en mi lugar.

Todos mis colegas me miraron, y en cierto modo el tema quedó zanjado con unas risas incómodas; pero después de la cena, decidí que era suficiente.

—¿Puedo hablar con usted? —le pregunté con cortesía—. Quizá piense que lo que dijo en la cena es divertido, pero no lo es. Yo tenía diecinueve años cuando llevaba el cabello rojo y un arete en la lengua. Usted ya era adulta, y claramente me juzgó cuando se suponía que tenía que ayudarme. Ahora soy vicepresidenta en Goldman, y realmente no veo el caso de sacar a relucir eso".

Al parecer lo entendió, y me quedé con la esperanza de que mis palabras le hubieran hecho pensar. Yo no empleaba frecuentemente mi posición como vicepresidenta para intimidar a nadie. Sabía lo que era ser tratada bien como becaria y como analista, y me esforzaba para tratar a mis propios becarios y analistas con el mayor respeto y comprensión; ofrecía consejos y dirección del mismo modo que Ted lo había hecho conmigo, pero, sin embargo, pronto descubrí que las cosas son un poco diferentes cuando es una mujer quien está al frente.

Hubo una ocasión en la que le pedí a uno de mis analistas de primer año que preparara una presentación para mí, y me dijo:

—Yo no hago eso. Solamente trabajo en cosas que producen dinero.

Lo dijo delante de todos, ¡y lo dijo en serio!

—Un momento. Eres un analista, y *vas* a hacer cualquier cosa que yo te pida —le dije.

Se puso rojo, y todos los presentes se quedaron callados.

Fui así de directa porque quería asegurarme de que no malinterpretara nada de lo que yo tenía que decir, y después hablé con él en privado:

—Solo porque yo sea amable contigo, te haya dado consejos y haya tratado de guiarte no significa que puedas ser irrespetuoso conmigo, y en especial delante de otras personas.

Él lo entendió, y hasta la fecha seguimos siendo amigos, pero no tengo duda de que él nunca me habría dicho eso, ni en un millón de años, si yo hubiera sido hombre.

La cultura del dominio masculino en Wall Street fue cada vez más clara para mí durante mi último par de años en Goldman. Querer jugar con los grandes significaba acompañarlos cuando iban a los clubes después de las convenciones y las juntas. Y aunque no me gusta hacer mucho drama por ello, tuve que eludir a un ejecutivo hostigador que se puso a llamar fuertemente a la puerta de mi habitación de hotel después de una conferencia en Miami. Él estaba de visita desde una oficina internacional; me había enseñado fotografías de su familia en la cena, y después de unas horas quiso enseñarme algo más.

Después de algún tiempo eso se volvió agotador, y sirvió como una confirmación más para mi decisión de irme.

En los meses que condujeron a mi gran despedida pensé mucho sobre mi procedencia, regresando hasta mis raíces. Pensé en mi familia, quiénes eran y lo que hacían con sus vidas, y vi que todos ellos eran emprendedores, así que decidí que eso sería lo primero en lo que pondría la vista cuando me fuera de GS.

Ahora que tenía la residencia permanente y era libre para recorrer el mundo, pensé mucho en viajar. Había tantos lugares a donde quería ir, que a veces solamente el número de opciones disponibles resultaba paralizante. Deseaba que hubiera un sitio web para viajes que pudiera guiar a alguien como yo: una joven que quería verlo todo. Soñaba con un sitio o un servicio web en el que yo pudiera simplemente escribir cuánto dinero quería gastar, y quizá escoger en la computadora algunas de mis preferencias, y entonces que el sitio me hiciera sugerencias sobre adónde poder viajar sin exceder mi presupuesto. La gente dice que las mejores ideas empresariales son las que satisfacen una necesidad que falta en el mundo, y a mí eso me parecía una necesidad que faltaba, así que antes de dejar Goldman comencé a pensar en el lanzamiento de mi propia empresa de viajes en línea. Tenía dinero, tenía relaciones, conocía a inversionistas, tenía empuje. No tenía ninguna duda de que podía echar a andar esa nueva empresa.

La boda de Kate fue todo lo que la boda de una alta ejecutiva de Wall Street debería ser: glamurosa, estupenda e insuperable, sin reparar en gastos. Todos lo pasaron en grande, y yo me sentí privilegiada de estar allí y de poder llamar amiga a Kate.

Eso hizo que fuera mucho más difícil entrar a su oficina y decirle que me iba.

—¿Qué? ¿Vas a renunciar? —Ella aún se sonrojaba cuando se sentía incómoda.

Mike entró en la oficina, y dijo:

—Podemos convencerte para que te quedes.

Yo sabía lo que eso significaba: me ofrecerían más dinero.

—No. Esto no es una estrategia. No estoy buscando una mejor oferta, y no me voy a ir a ninguna otra parte. Voy a salir, y voy a empezar una nueva empresa —dije yo.

Fui todo lo sincera que pude sin revelar el secreto que aún tenía tan guardado. Todavía no había nadie en mi vida profesional que supiera que yo había utilizado papeles falsos para conseguir mi empleo. En 2005 cuando comencé a trabajar en Goldman, no existía E-Verify, el sistema que ahora usan las empresas para cotejar los documentos con los registros gubernamentales. Cuando pasé la comprobación de antecedentes, no había razón alguna para que Goldman cuestionara mis documentos. Sencillamente le dije a Kate que había estado examinando mi alma. Hablé con ella sobre la pérdida de mi padre y la muerte repentina de mi amigo, y cómo todo eso me había llevado por un camino que me hizo cuestionarme todo. Necesitaba encontrarme a mí misma, y eso era todo; no había nada que nadie pudiera hacer para que cambiara de opinión.

Cuando llegó el momento, envié un mensaje de correo electrónico a todas las personas con quienes había trabajado durante los más de seis años que estuve en Goldman Sachs:

En los últimos seis años he enviado más de cien mil correos electrónicos, pero este ha sido el más difícil de escribir. A pesar de todos los correos que he enviado, me siento muy poco preparada para escribir este mensaje de despedida, principalmente porque nunca pensé que lo escribiría.

Hay veces en que una idea se clava en tu corazón y no te deja tranquilo hasta que le prestas atención. ¡Y así ha sido con la idea de ayudar a la gente a experimentar y conocer más el mundo! El próximo año estaré trabajando para lanzar un sitio web de viajes.

Es solamente gracias a los últimos seis años que he pasado en Goldman que estoy preparada para dar este siguiente paso. Estoy increíblemente agradecida y me siento honrada por haber tenido la oportunidad de ser parte de una organización tan asombrosa. Cada uno de ustedes ha producido un impacto duradero en mi vida profesional y personal.

No puedo encontrar las palabras adecuadas para expresar cuánto extrañaré este lugar y a cada uno de ustedes. Espero que nuestros caminos vuelvan a cruzarse en el futuro, ¡y espero poder impulsar su próxima aventura!

Adjunto a este mensaje viene la información donde me pueden encontrar; por favor, manténganse en contacto.

Con mucho aprecio,

Julissa

Recibí cientos de respuestas el día en que envié ese correo electrónico. Algunas me hicieron reír, y otras me hicieron llorar. Durante más de seis años de mi vida, y de casi todas las horas en que estuve despierta cualquier día, las personas de esa empresa habían sido como una familia para mí. Mi familia de Goldman Sachs.

Kate y Mike me organizaron una gran fiesta de despedida. Hicieron que todo el equipo se pusiera chalecos y mascadas*, dos de mis accesorios favoritos, para una fotografía de homenaje. Me sentí honrada, pero no lamentaba irme. Estaba preparada, tenía que irme, pero no fue fácil despedirme, y derramé muchas lágrimas cuando salí de la oficina con una caja llena de mis objetos personales, sin saber exactamente hacia dónde iba a llevarme la vida. Supongo que todo eso es parte de la aventura. Tenemos que dar saltos de vez en cuando para ver dónde aterrizamos.

CAPÍTULO 24

La odisea

Tenía dinero en el banco, tenía libertad y tenía tiempo. Y en cuanto me sequé las lágrimas, supe lo que quería hacer primero.

Viajé a México y al fin pasé allí una cantidad de tiempo significativa con mi familia, y después decidí vivir mis sueños de viajar por el mundo. Viajé a Europa, al Caribe y a Sudamérica; hice un viaje en barco por un río en Carolina del Norte, y crucé el país para visitar a viejos amigos. Me dirigí a la Universidad de Texas para sentarme en las gradas para ver partidos de futbol americano y convivir con otros exalumnos.

Vi muchos lugares hermosos. Estaba llena de asombro; sin embargo, sabía sin ninguna duda que en cuanto cumpliera los requisitos, enviaría mi solicitud para ser ciudadana estadounidense.

En medio de mi tan necesitado periodo de diversión, escape e introspección, traté de enfocarme en los siguientes movimientos de mi carrera profesional. Fue entonces cuando me encontré con un problema realmente grande: había pasado tantos años sabiendo exactamente qué quería y qué tenía que hacer a continuación, que tener un lienzo completamente en blanco me tenía paralizada. Sin estructura, sin pautas claras, sin saber qué pasos debía dar, parecía que no encontraba mi camino.

En cuestión de meses, mi empresa de viajes se derrumbó por completo. Entonces me encontré frente a la gran oportunidad de unirme con un excolega de Goldman para financiar otro pequeño y nuevo negocio, pero eso resultó ser un error de veinte mil dólares.

Después de no trabajar durante casi un año y haber gastado casi setenta mil dólares de mis ahorros, comencé a preguntarme si en lugar de dar un valiente salto de fe, quizá me había lanzado erróneamente a un pozo lleno de arenas movedizas.

Entonces recibí una llamada de Rafael, mi excolega de Goldman Sachs, con una oferta de trabajo muy tentadora. No era solamente un trabajo, sino un ascenso al otro lado de la ciudad con uno de los competidores de Goldman Sachs: Bank of America Merrill Lynch.

Me sentía muy perdida, y esa oferta de trabajo repentina hizo que sintiera que me había encontrado.

Me sentía renovada después del periodo en que me alejé de la competitividad sin tregua del trabajo, y consideré que un nuevo empleo en una empresa nueva era una gran oportunidad. Imaginaba lo increíble que sería comenzar como ejecutiva con una tarjeta de residencia y un número de seguro social legítimos; lo emocionante que sería comenzar en un empleo con ese tipo de estatus, sin tener que poner ninguna excusa, sin tener que enfrentar ningún temor debilitante que me hiciera volver el estómago después de llenar mi formulario W-4. Toda la situación parecía un sueño, y yo estaba preparada. ¡*Quería* eso! Me convencí por completo de que ese trabajo era muy prometedor.

Me lancé de lleno; y pronto descubrí que me ahogaba. Rafael dejó Merrill unos meses antes de que yo entrara. La estructura de todo el equipo cambió y me vi atrapada en un lodazal político por el que era imposiblemente difícil navegar. En la reestructuración, los ingresos brutos del negocio se desplomaron a más de la mitad y, como resultado, mi remuneración también fue recortada casi a la mitad.

Queriendo sacar lo mejor de la situación, y sin querer admitir que había cometido un gran error al regresar al mundo financiero cuando sabía en mi corazón que necesitaba encontrar un nuevo llamado, decidí hacer una inversión importante en una iniciativa que reflejara mis verdaderos valores. Reuní un poco de dinero con algunos amigos de Wall Street y comenzamos un fondo de becas para estudiantes inmigrantes, independientemente de cuál fuera su estatus migratorio —estuvieran documentados o indocumentados—, no importaba. Los estudiantes que estuvieran batallando, que necesitaran ayuda, la encontrarían por medio de nosotros. Le pusimos el nombre de Ascend Educational Fund [Fondo Educativo Asciende]. Entregamos nuestras primeras becas al año siguiente en una lacrimosa ceremonia que me llenó de alegría. Debería haber sabido en ese momento cuál era mi verdadero llamado, y debería haberme lanzado a tiempo completo a encontrar ese tipo de oportunidades para ayudar a otros inmigrantes.

En cambio, intenté reorganizarme y hacer mi máximo esfuerzo en Merrill Lynch. Por un lado, la empresa parecía carecer del tipo de lealtad con su propia gente que Goldman practicaba tan bien; y por el otro, yo carecía de la lealtad a Merrill Lynch que había tenido hacia Goldman. Parecía que la organización no tenía ninguna cultura que pudiera definirse, al menos que yo pudiera ver. Con el deseo de fomentar una cultura corporativa con mejores prácticas de liderazgo, me encontré comenzando casi todas las frases con: "En Goldman, nosotros...".

Resultó que, en el fondo, Merrill Lynch no tenía ningún interés en parecerse a Goldman Sachs. Nunca llegué a encajar realmente allí y, para ser honesta, tampoco me esforcé nunca tanto como lo hice cuando estaba en Goldman. Tenía la sensación de que me estaba defraudando a mí misma cada vez que llegaba tarde a la oficina o salía temprano, y me sentaba en mi escritorio con el deseo de que llegaran las 6:00 de la tarde para poder irme. Pasé dos años aborreciendo mi trabajo.

La primera parte de mi profecía se estaba cumpliendo.

Cuando la empresa hizo recortes de personal y me despidió en mayo de 2014, no me enojé lo más mínimo; sentí alivio. Pensé: *Quizá este sea el modo que Dios tiene de decirme que lo deje de postergar.* Salí de la oficina, caminé hasta mi casa a las 10:00 de la mañana, me cambié y me puse ropa deportiva, y fui a una clase matutina de CrossFit[*] con una gran sonrisa en mi cara. Tras dos años en un trabajo que yo creía que estaba lleno de potencial, entendí que era el momento de que la otra parte de mi profecía personal se hiciera realidad: que Dios me llevara a los mejores momentos de mi vida. También ayudó que conseguí una buena indemnización por despido, así que el dinero no era problema.

Recurrí a Goldman Sachs y algunas otras empresas, solo para estar segura, y en muy poco tiempo tenía entrevistas programadas por toda la ciudad. La recuperación económica estaba en camino, y yo sabía que no me faltarían ofertas de las cuales elegir. Con mi experiencia y mis antecedentes, pensaba que podía seguir trabajando en la industria financiera durante el resto de mi vida si era eso lo que quería; por eso no me inquieté. No me preocupaba por lo que iba a suceder a continuación; lo puse todo en manos de Dios y decidí enfocarme en algo que fuera realmente importante para mí: celebrar mi cumpleaños número treinta con estilo.

A medida que se acercaba el gran día, pensé en la expectación que había sentido por mis quince años y la fiesta que nunca tuve. Había sido muy ingenua de adolescente, y no tenía modo de saber que el verdadero dolor, la verdadera lucha, apenas estaba comenzando. Sin embargo, aunque ya era una mujer de treinta años seguía sintiéndome triste por la Julissa de catorce años.

Desde luego, ya no era esa pequeña niña. Y aunque mis padres no pudieron hacerme mi fiesta quince años atrás, decidí que yo podía hacer algo mejor: podía organizarme una espléndida celebración extendida para mi trigésimo cumpleaños: una fiesta de quince años por duplicado.

Pasé diez días, incluyendo la fecha de mi cumpleaños, en Japón durante la temporada en que los cerezos florecen. La flor del cerezo había sustituido a las buganvilias como mis flores favoritas, así que ver su magnificencia en todo su esplendor en su país de origen estaba en primer lugar en mi lista de cosas por hacer antes de morir. Caminé entre aquellos árboles y dejé que llovieran pétalos sobre mí a la vez que su excelente aroma llenaba mis sentidos.

Cuando regresé, dejé que lloviera sobre mí de un modo diferente: invité a veinticinco de mis mejores amigas a un brunch en el Saxon and Parole, un moderno restaurante estadounidense en Lower East Side. El menú especial preparado solo para mí decía: "Celebración del 30º cumpleaños de Julissa: Primera Parada". A la celebración asistieron personas a las que conocí en cada etapa de mi vida en los Estados Unidos, incluidas algunas de mis mejores amigas de la universidad, y mi exjefa: Kate. Juntas comimos y bebimos, y después bebimos más.

La "Segunda Parada" era mi departamento en East Harlem, y todo el grupo llegó hasta allí en una limusina Hummer. Kate no pudo quedarse hasta la Segunda Parada; insistió en que tenía que irse tras el brunch, pero insistimos en llevarla en ese Hummer desde Lower East Side hasta su elegante departamento en el barrio de Tribeca. Estoy segura de que ella quiso morirse cuando su portero abrió la puerta de esa ostentosa limusina. Un par de vecinas la saludaron con la mano; y justamente entonces se sonrojó.

Desde allí seguimos el —a propósito— lento y largo viaje por Manhattan, pasando justo enfrente de las brillantes y nuevas oficinas de Goldman Sachs en el 200 de West Street antes de seguir a los suburbios de la ciudad. Uno de los beneficios de la limusina equipada era que contaba con más espacio para ponerse de pie y bailar. El sonido retumbaba y las luces se encendían y se apagaban mientras mis amigas y yo bailábamos por turnos en el tubo, dando vueltas y posando para tomar ridículas fotos con el celular, que todas prometimos que no subiríamos a la red.

Esto es lo que el dinero puede comprar, pensaba yo mientras daba un sorbo a otra copa de champán. Dejamos a algunas otras amigas a lo largo del camino, pero seguíamos siendo un grupo grande cuando llegamos a mi departamento y seguimos con la celebración. Más de una vez miré la escena en mi salón y lo absorbí todo. Quería recordarlo. *El dinero no puede comprar la felicidad, pero sin duda la facilita*. Quería recordar lo mucho que había disfrutado cumplir treinta; quería recordar lo mucho que disfruté que mis amigas me celebraran.

Cuando me desperté a la mañana siguiente, no recordaba haber pedido pizza, pero el montón de cajas de cartón revelaba lo contrario. Algunas amigas seguían dormidas en el sofá y en el piso, y había latas de cerveza y botellas de champán por todas partes. Pensé en cuánto tiempo sería necesario para limpiarlo todo mientras intentaba tapar el resplandor de la luz que entraba por las ventanas, pero, sin embargo, creo que la resaca fue más emocional que física. Estaba feliz con cómo resultó la fiesta; todas la pasaron en grande, incluida yo, pero al mismo tiempo que me sentía alegre, me di cuenta de lo mucho que nunca recuperaría. Ninguna fiesta que pudiera hacer jamás compensaría lo que había perdido. Incluso cuando celebré mis quince años por duplicado, no me puse el vestido rosa, no me trajeron rosas desde una ciudad lejana, no volaron palomas al final de la celebración, y no tuve ningún chambelán con quien bailar.

Esa mañana me di cuenta de por qué me seguía persiguiendo el no haber tenido esa fiesta de hacía tanto tiempo, y entendí que la pérdida de esa celebración marcó el principio de cada lucha que había sufrido durante los últimos quince años. De una forma muy real, no tener mi fiesta de quince años marcó la pérdida de mi inocencia; y esa mañana, finalmente me hizo entender que cuando algunas cosas se pierden, se quedan perdidas para siempre.

Una vez más me recordé a mí misma que ninguna cantidad de dinero podría comprar jamás esos momentos, recuerdos, ocasiones y personas que yo había perdido. *¿Acaso no había aprendido ya la lección?*, me preguntaba. *¿Es que no sentí esa lección lo suficiente cuando lloré en los brazos de mi tío en la casa de Mamá Silvia después de que ella murió?*

Sabía que era mejor no seguir cuestionando los planes de Dios. Cuando esa lección quedó finalmente aprendida, mi redención estaba justo a la vuelta de la esquina.

CAPÍTULO 25

Fuera del escondite

Ser ciudadano estadounidense no es tan fácil como hacer una cola y esperar a que llegue su turno. Es caro, requiere tiempo y es engorroso; siempre y cuando uno sea elegible para esperar en la fila.

El proceso comenzó cuando recibí mi tarjeta de residencia, un proceso largo y caro de por sí, y continuó cuando Jeff y yo pusimos a un lado nuestro matrimonio a punto de la ruptura, y trabajamos juntos para renovar mi tarjeta de residencia en una segunda ronda exhaustiva de inspección dos años después.

Siguió mientras yo comencé la larga espera en la fila famosa para ser elegible para solicitar la ciudadanía. Yo no podía enviar mi solicitud hasta diciembre de 2013. Ya llevaba viviendo en los Estados Unidos veinte años, y me consideraba estadounidense, y ahora, después de cinco años y casi veinte mil dólares en gastos legales desde que emprendí el camino hacia la ciudadanía, llené algunos documentos y aún así me encontraba esperando.

De hecho, fue a la mitad de toda esa espera y de esas preguntas, todavía atrapada en un estado introspectivo como desempleada, cuando una mujer que yo conocía y que trabajaba en la Oficina de Asuntos de Inmigración de la alcaldía me invitó a ver *Documentado* en el Museo de la Imagen en Movimiento en Queens. Era un documental sobre un hombre llamado José Antonio Vargas. Yo había oído de él; se había convertido en *la* voz del movimiento de los derechos de inmigración. Había escrito un artículo para la revista *New York Times Magazine* sobre el tema de sus propias luchas como un inmigrante indocumentado que se crio en los Estados Unidos. Se publicó en junio de 2011, casi en el mismo momento en que yo dejaba Goldman Sachs.

Mientras estaba sentada en ese oscuro cine, después de poner toda mi fe en que Dios me mostraría el camino que debía tomar, finalmente Dios me mostró el camino.

José tuvo una exitosa carrera como periodista utilizando papeles falsos; incluso ganó un premio Pulitzer. Había llegado desde Filipinas cuando tenía doce años, y había utilizado sus papeles para conseguir empleo en el *San Francisco Chronicle*, el *Washington Post* y la revista *New Yorker*. No había visto a su mamá en más de veinte años, y lo había arriesgado todo al haber escrito ese artículo en la revista *New York Times Magazine* y haberlo sacado a la luz mientras seguía siendo indocumentado. Fue asombroso ver el desarrollo de la historia.

A lo largo del documental él usaba la palabra *indocumentado* en lugar de *ilegal*. Dejaba muy en claro que a cada paso que daba que él no era un extranjero; era un ser humano, un niño al que habían enviado aquí a vivir con sus abuelos para que pudiera tener la oportunidad de una vida mejor, un niño que había quedado atrapado en un sistema que no le permitía poner en regla su estatus de indocumentado aunque él no tenía ninguna culpa de eso. Su modo de utilizar el lenguaje me pareció impresionante y hermoso. Nunca había pensado en cuánta vergüenza y humillación había sentido yo al pensar que cualquiera pudiera llamarme extranjera ilegal. Ese término tan deshumanizador se había grabado en mi mente cuando lo oí por primera vez en San Antonio cuando tenía catorce años. Creo que esas palabras fueron responsables de una parte del temor inmenso que yo sentía cada vez que me enfrentaba a una comprobación de identidad.

El término *extranjero ilegal* deshumaniza; *inmigrante indocumentado* no lo hace. Un pedazo de papel no define la totalidad de quién soy yo.

En lo profundo de mi ser, me identificaba con todo en la historia de ese hombre.

Mientras veía el documental, casi todo el tiempo rodaban lágrimas por mis mejillas. Tenía la sensación de estar viendo mi propia vida en esa pantalla: el temor que describía, las reacciones emocionales que tuvo cuando llenaba los documentos más sencillos, el modo en que su secreto afectaba sus relaciones... todo lo sentía como si fuera mi propia historia. En muchos aspectos, él era *yo*.

Por primera vez en mi vida comencé a pensar en cuántas otras personas podría haber que fueran como él, que fueran como yo. Me había sentido tan sola en mi lucha por tanto tiempo, que ver ese documental fue como abrir una ventana y ver el mundo por primera vez. Fue como esa canción del grupo Police, "Message in a Bottle" [Mensaje en una botella] en la que un hombre solo lanza una botella al mar. Al final de la canción, mira una mañana y ve miles de millones de botellas como la suya por toda la playa. "Parece que no soy el único que está solo", dice la canción. Yo ya no estaba sola.

Esa noche, ese documental, desencadenó la revelación que necesitaba. Había millones de personas ahí fuera que eran como yo. Había millones de niños en los Estados Unidos que acababan de comenzar ese viaje que yo había experimentado ya.

Entendí que debía hacer algo al respecto. Algo más; algo más grande, algo que estuviera enfocado en ayudar a otras personas como yo. Y finalmente supe por qué había pasado por tanto dolor: *Puedo usar todo lo que experimenté para hacer algo bueno.*

José fundó una organización llamada Define American el mismo día que se publicó su historia en la revista *New York Times Magazine*. Su organización fue fundada para compartir las historias de todo tipo de inmigrantes a nivel nacional, como un modo de humanizar el problema y cambiar la conversación sobre la inmigración en este país.

Yo quería conocerlo, y, además, quería trabajar con él; tenía tantas ganas de trabajar con él como las que había tenido de conseguir un empleo en Goldman Sachs después de visitar la ciudad de Nueva York por primera vez en el verano de mi penúltimo año. Emprendí la misión de ponerme en contacto con él, utilizando todas las habilidades que había desarrollado en todos los años que pasé estableciendo relaciones en Goldman

Sachs, y al final llegué hasta él. Lo conocí, hablé con él, y fui muy clara desde el principio en que quería trabajar con él. Él ni siquiera sabía que tenía un empleo que podía ofrecerme, pero después de un par de conversaciones lo convencí de que necesitaba contratarme como directora de desarrollo de Define American.

Yo no sabía cómo iba a sostenerme económicamente al trabajar en una pequeña organización sin fines de lucro. No tenía idea de cómo iba a hacer que funcionara, pero di un salto al vacío y comencé a recorrer ese camino, que para mí fue también el comienzo de ponerme al día con aprender sobre mi propia cultura, incluida la historia de los mexicanos y de otros inmigrantes a los Estados Unidos que para mí había sido un poco desconocida.

Al recordar mi época en la escuela, incluyendo las clases de historia de los Estados Unidos, me di cuenta de que no había aprendido nada sobre mi gente. Yo no soy blanca, ni tampoco soy de color. *Ni siquiera ocupamos un lugar en los libros de texto sobre el movimiento por los derechos civiles.*

Me había pasado toda la vida pensando que los latinos no tenían lugar alguno en la historia estadounidense, cuando lo cierto es que nada podría estar más lejos de la verdad. Teníamos nuestra propia lucha por la igualdad en la educación en el este de Los Ángeles, hubo manifestaciones masivas de estudiantes que llevaron a que se produjeran cambios reales en el sur de Los Ángeles; pero no está incluido nada de eso en los libros de texto. *¿Por qué?*

Aprendí que gran parte de lo que actualmente denominamos Estados Unidos es en realidad territorio mexicano que los colonos angloamericanos nos arrebataron. Esa conexión recién descubierta con mi propia historia no me hizo sentirme antiestadounidense en lo más mínimo.

Sencillamente no entiendo por qué no decimos la verdad cuando hablamos sobre los Estados Unidos. Los latinos estuvimos aquí, *siempre*, pero en muchos sistemas educativos nuestra historia es ignorada y olvidada.

Más allá de que nuestra historia esté siendo olvidada e ignorada, por qué no estamos uniendo los puntos entre nuestras luchas y las luchas de los afroamericanos y otros grupos minoritarios sin derechos. Nuestras historias, y nuestros futuros, están ligados.

Cuanto más profundizaba en estos temas, más me reconectaba con mi propio pasado. Al ser de Texas, desde luego que aprendimos sobre el Álamo y sus héroes, incluido Davy Crockett; pero aprendimos de ellos desde una posición que afirmaba: "Nosotros derrotamos la invasión mexicana".

En realidad, eso no es cierto. Texas era parte de México. Llegaron colonos angloamericanos, invitados por el gobierno mexicano, por cierto, para ayudar a poblar la parte norte de México. Los mexicanos lucharon y murieron en el Álamo solamente para convertirse en ciudadanos de segunda clase cuando Texas obtuvo su independencia.

Mi papá ya me lo había contado cuando yo tenía unos ocho años durante uno de mis viajes para visitarlos. Yo no podía entender por qué había dejado que todo eso se desvaneciera en mi memoria, pero recordé que mis padres me llevaron a Austin, a la capital del estado, donde me subí a una piedra muy grande y miré alrededor, a toda la tierra que antes era parte de México. Quería recuperarla para mi país; tenía grandes sueños en aquel entonces. Además de querer ser cantante o artista de algún tipo, tenía la seguridad de que algún día llegaría a ser la primera mujer presidenta de México, así que me subí a esa piedra e hice una promesa:

—¡Me dejo de llamar Julissa si Texas no vuelve a ser parte de México cuando yo sea presidenta!

En realidad, quería recuperar California, Arizona y todo el territorio del Sudoeste que antes le pertenecía a México. Lo dije de veras, porque esa frase: "Me dejo de llamar Julissa", era la promesa más grande y más intensa que alguien podía hacer en mi cultura. Nuestro nombre, nuestra palabra, tiene valor.

Me sentí bastante extraña al recordar lo apasionada que era

al respecto en ese entonces, y pensar que había hecho a un lado ese conocimiento y orgullo durante todos esos años.

Nunca supe de César Chávez hasta que llegué a la universidad, y estoy segura de que a la mayoría de los estudiantes universitarios de los Estados Unidos no les enseñan nada sobre César Chávez.

¿Por qué?

Me hacía esa pregunta una y otra vez.

¿Por qué se había ocultado esa historia? ¿Por qué tratábamos a las personas de México, personas que fueron parte de este país desde el principio, como "foráneos"? ¿Por qué había tantos estereotipos horribles sobre que los inmigrantes indocumentados en este país eran personas sucias, tramposas, pobres y perezosas? ¿Por qué no escuché nunca historias como la mía cuando la gente hablaba sobre la difícil situación de los inmigrantes indocumentados en este país? ¿Por qué nunca vi rostros como el mío vinculados a la conversación sobre la inmigración?

Y entonces fue cuando lo entendí: *Tenía que compartir mi historia.*

CAPÍTULO 26

Comencé a unir los puntos

Cuando dejé Wall Street, decidí tatuar en mi cuerpo las experiencias de mi vida; no quería nada cursi o llamativo. En ese cuerpo que estaba atormentado continuamente por tanto dolor, quería inscribir algo significativo, algo profundamente personal para mí, y solo para mí. Pasé mucho tiempo pensando en qué podría ser, y llegué a algunas conclusiones sorprendentes.

Parte de la batalla de toda mi vida había sido la de pertenecer. ¿A qué pertenecía yo? ¿Era mexicana? ¿Era estadounidense? Lo que había llegado a entender es que adónde pertenecía era en realidad una pregunta mucho más profunda que el país o la nacionalidad; era una pregunta que trascendía la nacionalidad y las fronteras artificiales que a los seres humanos nos gusta trazar para mantener fuera a "otros" y dentro a nuestro propio redil. A qué pertenezco es en realidad definido por qué soy, y lo que soy antes que nada, y por encima de todo, es hija de Dios. Yo le *pertenezco* a Dios. Había logrado llegar a este nuevo y emocionante precipicio en mi vida debido a Él, y por eso el primer tatuaje que puse en mi cuerpo estaba formado por dos palabras: "Del Señor". Hice que me tatuaran esas palabras rodeando la base de mi dedo anular, donde se pondría un anillo de boda tradicional.

El segundo tatuaje fue, a primera vista, algo muy sencillo: un conjunto de líneas que unen tres pequeños lunares en mi brazo izquierdo, como un niño que une los puntos, simbolizando para mí que todo sucede por un motivo. Una cosa conduce a la otra. Quizá no siempre pude ver hacia donde llevaba el camino cuando estaba en él, pero mi historia se desarrolló de modo único y perfecto precisamente del modo en que debía ser. Las líneas entre esos puntos no son perfectamente rectas; como el lienzo de un artista, al cuerpo humano no le van bien las líneas rectas. Al principio eso me molestaba, pues era un tatuaje muy sencillo y yo quería que fuera "perfecto"; pero enseguida entendí que mi camino no había sido recto. Llegué a entender que el tatuaje, igual que el viaje en sí, era exactamente como tenía que ser.

Más adelante, llegó un tercer tatuaje, y fue el más significativo.

Me lo hice después de convertirme en ciudadana de los Estados Unidos de América.

A mediados de 2014 había saltado cada obstáculo y había pasado cada examen y comprobación de antecedentes que tenía que pasar, y por fin calificaba para convertirme en ciudadana. La fecha para mi ceremonia de nacionalización se fijó para el 8 de agosto en el Juzgado Federal de la calle Pearl en el Bajo Manhattan.

Por azares del destino, fui la maestra de ceremonias de la fiesta de lanzamiento de la nueva empresa de una amiga unas semanas antes de mi cita en el juzgado, y como parte de los comentarios iniciales dije que me convertiría en ciudadana estadounidense en un par de semanas. Una mujer que trabajaba como redactora y fotógrafa para la revista *Elle* estaba entre la audiencia, y me preguntó si yo le permitiría documentar mi gran día para uno de los artículos principales de la revista. Había estado en busca de un reportaje fotográfico único que ella pudiera escribir y fotografiar para *Elle*. Le dije que no solo estaría dispuesta, sino que mi historia era realmente mucho más interesante de lo que ella podría esperar. Ella le llevó la idea a su editora, y le encantó. Y eso fue todo. Estaba a punto de que mi historia fuera pública.

Julio viajó desde Texas para la ceremonia. Ya estaba en la universidad, comenzando su segundo año en Texas Tech. Se estaba abriendo camino, y me sentí muy bien por poder tenerlo otra vez en la ciudad para mi día especial.

Me puse un vestido negro y perlas. Tomamos el metro hasta el centro, y entré al juzgado sabiendo que saldría de allí siendo oficialmente una estadounidense después de tantos años de esconderme. Miré la sala de ese juzgado que estaba llena de rostros llorosos y sonrientes de todos los colores, e imaginé las historias que cada una de esas asombrosas personas tendrían que contar. El juez que presidía la ceremonia lo expresó muy bien:

—¿Qué son los Estados Unidos? Miren a su alrededor. Ustedes representan a cincuenta y siete países diferentes. Ser un ciudadano estadounidense significa aceptar el mundo como su país.

Cada uno de ellos había trabajado mucho por eso. Cada uno de ellos quería vivir en este país y llamarlo hogar porque los Estados Unidos sigue siendo el faro brillante del mundo. Yo no dejaba de secarme las lágrimas, simplemente abrumada al pensar que al fin había llegado ese día, y que nunca más tendría que vivir con temor a ser deportada del país que amaba. Nadie podría nunca más volver a cuestionar si yo era estadounidense.

⸎

El artículo de la revista *Elle* que contaba la historia de mi vida y documentaba el día de mi nacionalización apareció en Elle. com en noviembre. Las fotografías eran absolutamente asombrosas; yo estaba muy agradecida de que Morrigan McCarthy captara de modo tan hermoso uno de los días más importantes de mi vida.

Poco después contacté a un reportero en Bloomberg a quien había conocido el año anterior mediante una historia que él escribió y que no tenía ninguna relación conmigo. Max Abelson hizo que mi vida secreta fuera el tema de una semblanza de 3400 palabras en *Bloomberg Businessweek*, un artículo que fue destacado para los veinticuatro millones de visitantes mensuales del sitio. El artículo apareció también en la versión impresa, bajo el titular "Banquera a la sombra", y se promocionó como "Noticia principal" en todas las terminales de Bloomberg de todo el mundo.

Esa mañana, imaginaba a mis excolegas poniéndose al día con las noticias y casi atragantándose con el café por no poder creer lo que acababan de leer.

Pero no se detuvo ahí. El artículo se hizo viral, y en el curso de los meses siguientes, mi historia se convirtió en el tema de más de doscientos artículos y entrevistas posteriores, y toda la trayectoria de mi vida fue transformada.

Me pidieron que apareciera en Bloomberg TV, CNN, MSNBC, Telemundo, Univisión, NPR y otros medios de comunicación importantes. Me pidieron que hablara en foros por todo el país. Di una charla TEDx en la escuela de mi hermano Julio: Texas Tech University. Asistí a la cumbre Forbes Reinventing America, una reunión para líderes industriales, emprendedores y académicos, a la que se asiste solo por invitación, para hablar sobre cómo atraer y retener al mejor talento del mundo. Me invitaron a hablar en un comité en la cumbre de mujeres Forbes Women's Summit junto con celebridades como Nancy Pelosi, Jessica Alba y Gayle King, y recibí incontables invitaciones para compartir mi historia en conferencias por toda la nación.

Pasé de ser completamente desconocida a dar a conocer mi verdad al mundo entero; y entendí que todo lo que había hecho en mi vida, cada conferencia de negocios a la que asistí, todos los viajes que hice cuando estaba en Goldman Sachs, todas las relaciones y apretones de manos a clientes, incluso las presentaciones de PowerPoint que tuve que preparar cuando era becaria y analista de primer año, cada cosa me preparó para el viaje que estaba emprendiendo de repente.

Durante 2015 tuve conversaciones de horas con algunos de los productores más reconocidos en Hollywood y me reuní con algunos de los líderes de negocios más icónicos en los Estados Unidos. Cada uno de ellos estaba intrigado por mi historia; cada uno de ellos quería saber más; cada uno de ellos quería saber qué podía hacer para ayudar a que mi historia produjera un impacto.

Me importaba que personas tan destacadas quisieran conocerme, pero me preguntaba si también querían ayudar a otros como yo. La parte más satisfactoria del viaje no era conseguir audiencia con ellos, sino los incontables mensajes que recibí de otras personas como yo. Uno de los mensajes más gratificantes que recibí era de un joven llamado Mario Choco:

> Hace unos meses, antes de leer sobre usted y el duro trabajo que ha hecho, estaba perdido, desesperado, roto emocionalmente. Pensaba que era un objeto defectuoso, otro espalda mojada insignificante y chistoso con un trabajo de salario mínimo. Estaba en la tierra de los sueños, pero mis sueños nunca se cumplían porque me sentía solo, y hasta la fecha sigo estando solo aquí. No tengo familia conmigo, pero entonces oí sobre este ser humano "indocumentado" que lloraba por la muerte de su padre en un cuarto de baño de una prestigiosa empresa, con su mundo hecho pedazos, pero que no quería darse por vencida. Captó mi atención, leí el artículo completo y descubrí que incluso personas exitosas como usted tenían que soportar crueldad y a veces tragarse la amargura. Usted me dio nuevas esperanzas y me hizo sentir seguro y parte de una familia de once millones de miembros con sueños y esperanzas. Ahora ya obtuvo su valorada ciudadanía, pero lo que más me impresiona es que usted se sigue interesando por otras personas marginadas en riesgo, y eso es un acto de bondad tan inmenso como haber dado el discurso "Yo tengo un sueño" durante la época de la segregación. "Gracias" es la palabra más honesta y sincera que puedo decirle. Gracias, porque lo que usted ha hecho es inspirador.

He pensado mucho en por qué mi historia tocó un punto tan sensible, y creo que una de las principales razones es simplemente que los Estados Unidos es un país lleno de inmigrantes.

Los indígenas estadounidenses son los estadounidenses originales, y debemos enfrentar la fea verdad: los masacramos y les robamos sus tierras.

Los estadounidenses piensan actualmente en la inmigración como un problema político y olvidan que la inmigración se trata, de hecho, de seres humanos que tienen sueños, ambiciones y aspiraciones. Los inmigrantes no llegan a los Estados Unidos para quitarles nada a los estadounidenses; llegamos a los Estados Unidos para dar nuestro sudor, nuestra sangre y nuestras lágrimas con el fin de perseguir nuestros sueños. No arriesgamos nuestras propias vidas y dejamos atrás a nuestros seres queridos para llegar a una tierra extraña con el propósito de obtener asistencia pública, como muchos creen, ya que sin papeles ¡ni siquiera calificamos para recibirla! Durante mucho tiempo hemos intentado ganar el debate sobre la inmigración mediante la política, pero han pasado décadas desde que vimos alguna reforma significativa en las políticas de inmigración. Antes de poder ganar el debate en círculos políticos, debemos ganarlo culturalmente; debemos echar una mirada profunda al alma de los Estados Unidos y entender que los Estados Unidos es un país lleno de *todos* nosotros. Necesitamos considerar el costo humano de nuestra inacción.

En 2015 California comenzó a permitir que personas indocumentadas obtuvieran licencias de conducir. Según los titulares, la nueva política permitió que 1.2 millones de californianos obtuvieran por primera vez licencias de conducir. Eso fue lo que la mayoría de las personas leyeron; leyeron el titular y formaron una opinión con base en cualquier idea preconcebida que hayan puesto sobre la mesa, pero hay personas, como yo misma, cuyas vidas cambiaron por completo porque ahora pueden tener una licencia de conducir. Por primera vez, pueden conducir por la carretera sin tener que preocuparse por si los detienen, o pueden recoger a sus hijos de la escuela e ir al trabajo sin tener su mente llena de temor mientras conducen.

Hay algunos que creen que las personas indocumentadas están aquí ilegalmente, y que, por lo tanto, no deberían tener

derecho a obtener una licencia. Y yo respondo a eso: "Bueno,
¿creen que eso va a evitar que conduzcamos?". ¿Por qué no podemos adoptar un enfoque más humano y práctico de la situación? Si hay personas indocumentadas en el país y de todos
modos conducen coches, ¿no sería mejor que tuvieran licencia
de conducir y pudieran estar aseguradas, y hacer, así, que las
carreteras fueran más seguras para todos? En Estados Unidos
hay millones de personas indocumentadas; muchas de ellas
entraron al país legalmente, pero están atascadas en el tipo de
limbo en el que yo estuve durante dos décadas.

Lo mismo pasa con la educación. Alguien podría decirme:
"Bueno, usted no merecía estudiar en la universidad porque era
una indocumentada". Está bien, veamos eso desde una perspectiva diferente. Yo no habría podido entrar a la UT si no hubiera
sido por las calificaciones que tenía, por las actividades extraescolares que realicé y por las posiciones de liderazgo que tuve
cuando estaba en la preparatoria. Me gané esa educación.

Por otro lado, los impuestos de los estadounidenses (y los
impuestos pagados por mis padres) pagaron para que yo fuera
a la escuela pública. En mi caso fueron solo dos años de escuela
pública porque mis padres me enviaron a una escuela privada,
sin embargo, ese dinero ya se había empleado en mi educación. Esa fue una gran inversión. ¿Debería haberse desperdi-
ciado esa educación? ¿Deberíamos impedir que niños con una
buena preparación vayan a la escuela, obtengan carreras profesionales y hagan algo con sus vidas para que no puedan perseguir sus sueños y ambiciones? ¿Qué sentido tiene todo eso?
¿Cuánto talento o potencial estamos desperdiciando cuando
hacemos eso? Algunas personas argumentarán: "Bueno, no
deberíamos haber pagado para que vayan a la escuela", pero lo
hicimos. George Bush Sr., en un debate presidencial del Partido Republicano en 1980 dijo: "No quiero ver que niños de
seis años y de ocho años sean totalmente analfabetas".

Si vemos las cifras de los inmigrantes indocumentados que
están aquí bajo circunstancias semejantes a las mías, lo único
razonable es que aprovechemos al máximo a esta parte vibrante

e importante de nuestra población. Y precisamente por eso debería aprobarse algo como la Ley DREAM: para dar a millones de personas en circunstancias como las mías una oportunidad de avanzar sin todo ese dolor y sufrimiento en sus vidas.

Y sé que hay personas que dicen que cualquiera que esté ilegalmente en este país no se ha ganado el derecho a quedarse. Y ante eso, pregunto: "Bien, ¿qué hizo *usted* para *ganarse* el derecho de estar aquí?". Es probable que no haya hecho nada; lo que sucedió es que nació aquí. Entonces, realmente ¿qué ha hecho usted para merecerlo? ¿Para ganarlo?

Pasé toda mi vida bajo un sistema opresivo con el que la mayoría de las personas en los Estados Unidos nunca han tenido que enfrentarse. Y para quienes dicen que cualquiera que quiera venir aquí debería simplemente formarse en la fila, el hecho es que la fila que ofrecemos no es nada práctica.

Por ejemplo, ahora que soy ciudadana estadounidense podría reclamar a mi madre para que viniera a vivir conmigo; pero la fila de espera para algunos países, incluidos México y Filipinas, es de veinte *años*. Dentro del sistema ya hay solicitudes pendientes para veinte años. Mi mamá tiene sesenta años, y puede que no tenga otros veinte años para esperar.

Lo que tenemos ahora en los Estados Unidos es esencialmente un sistema de castas para inmigrantes indocumentados. Lo denomino así porque a pesar de lo que hagan los inmigrantes indocumentados, a pesar de lo mucho que logremos, a pesar del tiempo que estemos aquí, toda nuestra vida está determinada por dónde nacimos, y concretamente por el hecho de que no nacimos en los Estados Unidos. Tal como están las cosas ahora, no hay ningún camino que pueda cambiar nuestra situación. Yo pude ajustar mi estatus porque no crucé la frontera ilegalmente, y porque estaba casada y teníamos dinero; pero si hubiera cruzado la frontera ilegalmente, no habría importado que estuviera casada con un ciudadano estadounidense o que tuviera hijos nacidos en los Estados Unidos; aun así, no podría haber ajustado mi estatus. Y lo que me sorprende es que tantos inmigrantes indocumentados soporten tanto, sabiendo lo desesperada que es verdaderamente nuestra situación. ¿Acaso no nos define como nación ese tipo de trabajo duro, pasión y determinación ante la adversidad?

Tras la estela de la atención mediática, tengo como misión utilizar mi historia para ayudar a contar la verdad, *toda* la verdad, sobre los inmigrantes en este país, y ayudar a las personas a ver que podemos hablar juntos sobre estos problemas en un esfuerzo por ayudar a que los Estados Unidos sea un mejor país no solo para los inmigrantes indocumentados, sino para todos.

Entiendo que mi trabajo en esta área acaba de comenzar, y no estoy sola, desde luego. Sigo las huellas de personas que han dedicado toda su vida a mejorar los derechos de los inmigrantes. Aunque ya no trabajo para Define American, soy parte de un movimiento masivo que está sacando a la superficie todos estos asuntos. Mi historia es solamente una historia, y hay millones de historias de otros inmigrantes que deben contarse.

CAPÍTULO 27

Redimida

Me senté a desayunar una mañana a principios de 2015 y me di cuenta de que ya no me dolía la espalda. Di un sorbo de café y después me revolví un poco en mi silla solo para comprobar si me lo estaba imaginando. Me incliné hacia delante; me puse de pie y me estiré, y ya no tenía ningún dolor; simplemente ya no me dolía. Estaba asombrada, y tampoco podía señalar exactamente cuándo desapareció el dolor. Intenté recordar si me había dolido el día anterior, o el día anterior a ese. Estaba tan acostumbrada a tener dolor, que su ausencia me sorprendió.

Después, cuando levanté la taza para dar otro sorbo, me di cuenta de que tampoco me dolían las articulaciones.

Al día siguiente, y al otro, me desperté esperando que el dolor de mi cuerpo regresara, pero nunca lo hizo. Mientras doy los toques finales a este libro un año después, sigo sin tener síntomas. Todos los achaques físicos que me habían inundado desde que estaba en la universidad sencillamente se desvanecieron.

Sin embargo, mi hambre por entender esas cosas no se desvaneció. Con la esperanza de llegar al fondo de la cuestión hice un examen a gran escala de mi vida, desde la dieta y el ejercicio hasta mis hábitos de sueño y otras cosas, y por lo que veía, no había alterado ninguno de esos hábitos de manera significativa antes de que el dolor desapareciera.

Solamente había una respuesta en la que pude pensar: mis síntomas estaban causados por el estrés. Pero no era el estrés de trabajar demasiado, y ni siquiera era el estrés de estar indocumentada e intentar salir adelante con papeles falsos. No era por no tener una tarjeta de residencia o por no poder ir a visitar a mi familia en México; creo firmemente que los achaques físicos eran la manifestación del increíble estrés de aferrarme durante tanto tiempo de mi vida, a un secreto tan grande.

Creo que revelar mi verdad al mundo liberó el estrés que estaba causando el dolor en mi cuerpo.

O quizá fue un milagro de Dios.

<hr />

Poco después de convertirme oficialmente en ciudadana de los Estados Unidos, fui a hacerme otro tatuaje.

La mayor lección que aprendí en todo mi viaje es confiar en Dios siempre. Incluso en los momentos más oscuros de mi vida, sé que sigo siendo una hija de Dios, y debido a eso, soy redimida. He sido salvada, he sido perdonada, soy amada y soy cuidada. Así que hice que me tatuaran la palabra "Redimida" con letras negritas y cursivas en la parte posterior de mi antebrazo izquierdo. Con la postura que tengo para dormir, con mi brazo izquierdo sobre la almohada, lo primero que veo cuando abro los ojos cada mañana son esas palabras. Me despierto cada día sabiendo que Dios me ama y que ya me ha redimido; me despierto sabiendo que a pesar de lo que suceda, *eso* es lo único que realmente importa.

<hr />

En secreto tenía miedo de que mi vida se terminara cuando dejara Goldman. ¿Cómo iba a ganar dinero? ¿Cómo sería mi carrera profesional? ¿Estaría acabada mi carrera? Pero al seguir realmente mis pasiones, he descubierto que estoy más feliz y satisfecha de lo que podría haber imaginado jamás.

Sigue habiendo veces en que pienso en todas las profundas preguntas que me hice, y en la libertad que me permitió tomarme el tiempo de hacer eso. ¿Cuántas personas pasan por el mismo tipo de angustia, pero *no* dan el salto de fe y dejan su trabajo o cambian su vida para encontrar su verdadera pasión? ¿Cuántas personas simplemente no tienen esa opción debido a la

situación económica en la que están, o porque tienen problemas
de salud y no podrían pagar los cuidados que necesitan?

Pensar en eso me lleva de regreso a las confrontaciones que
tenía con Dom. Aún me enojo algunas veces por sus acusa-
ciones de que lo que hice para avanzar en cierto modo "traicio-
naba mis principios". Pero yo no me estaba traicionando; estaba
consiguiendo una participación. A veces en los Estados Unidos,
formar parte del sistema es una parte necesaria del proceso.
Somos una sociedad capitalista, y el hecho es que sin dinero
en el banco no podría haber obtenido ninguna de las libertades
que ahora tengo. Creo en cosechar los frutos del trabajo.

En los últimos cuatro años, durante los cuales fui condu-
cida a escribir este libro, me he estado tomando el tiempo necesario para intentar encontrarme a mí misma. No podría
haberme permitido hacer eso si no hubiera tenido el dinero
que gané en Goldman. No podría haber ido a Florencia, París
y Roma yo sola durante tres semanas; no habría podido llevar
a mi mamá a un viaje asombroso a Costa Rica para celebrar
sus sesenta años de vida; nunca le podría haber comprado un
coche a mi hermano para que pudiera ir a la escuela y al trabajo desde la casa de mi hermana en Texas, por no mencionar
que nunca podría haber contratado los servicios de un excelente abogado de inmigración para ayudarme a ajustar mi estatus y llegar a ser la orgullosa ciudadana estadounidense que
soy en la actualidad.

No habría podido hacer ninguna de esas cosas si antes no
hubiera ganado dinero. Estoy orgullosa de ser estadounidense,
y estoy orgullosa de haber hecho todo lo que tenía que hacer
para poder llegar hasta donde estoy en el presente.

Estoy agradecida porque debido a lo mucho que trabajé y el
dinero que gané, por fin pude cumplir uno de los sueños que
mis padres tenían para nuestra familia. Muchos inmigrantes
sueñan con llegar a los Estados Unidos para poder ganar dinero suficiente para construir una casa en su tierra natal, y
después regresan para vivir en esa casa con sus familias. Mis
padres tenían ese sueño e iban de camino a cumplirlo cuando

todo se arruinó. Durante años, la casa soñada de mis padres siguió incompleta y deshabitada; pero recientemente hemos comenzado las obras para terminar la casa, para que mi mamá pueda al fin mudarse allí, y Julio y yo podamos tener nuestros propios cuartos para quedarnos cuando vayamos de visita. Mi papá nunca llegó a vivir en esa casa, pero su sueño era para nosotros, y en ese sentido lo cumpliremos. Puede ser que nunca haya podido comprarle su taller mecánico, pero esa casa, la casa por la que mis padres se esforzaron y trabajaron tanto, es algo que puedo terminar y que terminaré con la gracia de Dios.

No puedo esperar a celebrar su finalización con una gran fiesta de estreno.

❦

Los aprietos de los inmigrantes indocumentados en este país vuelve a ser un tema candente en la actualidad. Al parecer, sucede cada pocos años, pero la carrera a las elecciones presidenciales de 2016 dio lugar a comentarios cáusticos inusuales por parte de algunos de los candidatos, en especial del lado republicano de la política. Pero este no es un asunto estrictamente partidista; los demócratas nos dicen lo que queremos oír para ayudarse ellos mismos a salir elegidos, pero no cumplen sus promesas. Durante la administración Obama fueron deportadas más de cuatrocientas mil personas cada año; cuatrocientas mil personas que son madres, hermanas, hermanos e hijos. ¿Por qué en la década de 1900 se les dio la oportunidad a los inmigrantes provenientes de Italia, Polonia, Irlanda y otros países europeos de inmigrar a los Estados Unidos y buscar una vida mejor, pero a los inmigrantes actuales se les niega es misma oportunidad? He oído hablar mucho sobre "acorralar a los ilegales" y "construir un muro para mantener fuera a los mexicanos", y desde luego tengo que preguntarme: *¿Dirían esos políticos tales cosas si fueran brutalmente honestos acerca del hecho de que los Estados Unidos cosecha los beneficios de la mano*

de obra barata que proporcionan los inmigrantes indocumentados?
Cuando hablan de acorralarnos, ¿están pensando realmente en
atrapar a personas como yo, que trabajan en Wall Street, o que
incluso trabajan para ellos?

Reducir a estereotipos a los inmigrantes indocumentados y
hablar de nosotros como el enemigo no le hace ningún bien a
nadie, y el hecho es que el problema del inmigrante indocumentado ya es lo bastante difícil tal como está. No buscamos
ayudas económicas, no buscamos asistencia pública, sino que
buscamos acceso igualitario a las oportunidades. Deberíamos
hablar de cómo hacer que el gran sueño de la ciudadanía estadounidense esté disponible en mayor medida para todos los
millones de personas maravillosas, inteligentes y trabajadoras
con empuje que quieren demostrar que son dignos de todo lo
que los Estados Unidos tiene que ofrecer. El racismo y la in-
tolerancia se desarrollan aquí sin importar cuál sea el estatus
migratorio de alguien. ¿No deberíamos trabajar hacia com-
batir el odio, en lugar de alimentarlo? ¿No es eso lo que haría
que los Estados Unidos sea más grande de lo que es en este
momento?

Sé que algunas personas no creen que yo tengo derecho de
estar aquí. Después de todo, eludí la ley durante muchos años
antes de obtener mi ciudadanía, pero la ley y la justicia nunca
han sido sinónimos. No hace mucho tiempo, era ilegal casarse con alguien de una raza distinta; ahora es legal que se
casen dos personas del mismo sexo. Las leyes pueden cambiar
y puede llegar la justicia, aunque sea con retraso.

Pensé que ya lo había logrado cuando obtuve la residencia
permanente y pude viajar a Londres para pasar el fin de semana, pero entonces me fueron abiertos los ojos cuando al
regresar al país y pasar por la aduana me sacaron de la fila
para tomarme huellas digitales y me preguntaron si llevaba
un arma. Pensé que lo había logrado cuando recibí mi ciudadanía y mi pasaporte estadounidense, pero entonces una vendedora de la sucursal de Beverly Hills de mi tienda favorita,
Club Monaco, me dijo sarcásticamente que ciertos collares

que yo estaba mirando eran "demasiado caros" para que me los probara. Me recordó no tan sutilmente que a pesar de los papeles que yo tuviera, y a pesar de cuánto dinero tuviera en el banco, seguía sin pertenecer a su tienda, *a dos cuadras de* Rodeo Drive, simplemente por mi aspecto mexicano.

Así que, esta es la razón por la que sé que al fin lo he logrado en los Estados Unidos. No fue porque me integré o porque tengo un poco de dinero o porque mi historia llegó a los titulares. Sé que lo he logrado porque me he ganado el derecho de cuestionar el sistema en el que vivo. Lo he logrado porque me he ganado el derecho de que mi voz sea oída. Lo he logrado porque puedo estar en desacuerdo y cuestionar qué es lo que verdaderamente representan los Estados Unidos. Lo he logrado porque puedo exigir más de mi país.

Yo, como millones y millones de otros inmigrantes tanto documentados como indocumentados, soy parte de los Estados Unidos, les guste a algunos o no y, por lo tanto, puedo trabajar mucho y hacer mucho ruido en el intento de crear un sistema que funcione para *mí*.

Cuando los candidatos políticos dicen que trabajarán por el pueblo estadounidense, yo quiero decir: *Yo soy el pueblo estadounidense. ¿Van a trabajar por mí?*

Cuando era niña y adolescente, me encantaban los X-Men famosos por los cómics y las películas. Ellos me daban esperanza porque caminaban entre nosotros, con frecuencia como fantasmas que sencillamente se mezclaban. La gente pasaba por su lado sin notarlos, sin saber que eran diferentes. *Ellos* sabían que eran diferentes, talentosos e increíbles; sin embargo, tenían temor a ser descubiertos. Tenían temor a ser conocidos.

Yo tenía temor a ser conocida. *Yo* intentaba mezclarme tanto como pudiera, y en el proceso perdí mucho de mí misma, de mi cultura, de mi mexicanidad. A ese respecto, soy una elitista estadounidense en recuperación. Estoy intentando encontrarme a mí misma, descubrir cosas acerca de mi cultura en este país, sobre mis ancestros, lo que ellos perdieron y lo que les fue arrebatado. Algún día quiero decirles a mis hijos que el mundo les pertenece a ellos, porque así es. Estoy cansada de mezclarme y de ser un fantasma. Quiero que me vean, y no quiero seguir mezclándome.

De lo que estoy más cansada es de ser vista como la "otra". Soy cien por ciento mexicana y cien por ciento estadounidense. Me encanta ser mexicana; mi cultura es asombrosa. Me encanta ser estadounidense; los Estados Unidos ya no son una sociedad blanca y anglosajona. De hecho, nunca lo fueron realmente. Hablemos de la verdad, demos a conocer nuestra historia, entendámosla correctamente y dejemos de pelear por ella. Quienes piensan que ser estadounidense significa ser racista, xenófobo y estrecho de mente están equivocados; y afortunadamente, creo que muchas personas de mi generación, de todas las razas y trasfondos, sienten lo mismo.

Lo cual significa que el futuro está llegando. Rápidamente.

───────◦◦◦◦◦───────

Puede ser que me lleve años sobreponerme al temor con el que viví por tanto tiempo. Lo que pasé fue traumático, y siempre hay repercusiones debido al trauma.

Hacia finales de 2015 cuando iba conduciendo hacia el lugar donde iba a dar un discurso como parte del tour "Latinos en los Estados Unidos", una convocación de celebridades, académicos y defensores latinos en McAllen, Texas, fui testigo del arresto de un hombre por la patrulla fronteriza. Él estaba sentado en el pasto, llevaba pantalones vaqueros y una camisa de franela roja, y fue esposado con la cabeza agachada. Yo iba a unas ochenta millas [128 kilómetros] por hora pero disminuí la velocidad rápidamente, hice un cambio de sentido y observé desde el cruce de la autopista. Me acerqué un poco más y me estacioné en la cuneta, sintiendo casi instinto maternal por alguna razón. Quería asegurarme de que el hombre no fuera maltratado. Los oficiales de la patrulla fronteriza no se molestaron en acercarse y decirme que siguiera, pues estaban demasiado ocupados rodeando a ese hombre de aspecto bastante frágil. Los cuatro.

Mientras estaba allí sentada al volante de mi cómodo coche rentado, me preguntaba cuánto camino había viajado el hombre. ¿Cuánto había sufrido? ¿Cuánto había soportado? Me preguntaba si tenía sed y si le habían ofrecido agua antes de esposarlo. Intenté imaginar la frustración que sintió él al ser arrestado sesenta millas [95 kilómetros] al norte del Río Grande, sesenta millas dentro de la tierra de la oportunidad, sesenta millas dentro de la tierra que lo veía como alguien desechable. Me preguntaba si ese había sido su primer intento de cruzar. Me preguntaba qué les había sucedido a sus compañeros (sin duda, él no hizo el viaje solo), y me preguntaba por su familia. Me preocupaba que pudiera morir si se veía obligado a intentar cruzar otra vez.

No había nada que yo pudiera hacer para ayudarlo. Los oficiales de la patrulla fronteriza lo metieron a su camioneta, y probablemente sería deportado de inmediato. Si hubiera sido una mujer o un niño, podría haber terminado en un centro de detención. Miles de mujeres y niños terminan en centros de detención en este país, donde languidecen durante semanas, a veces meses, en un sistema de cárceles con fines lucrativos que mantienen cuotas ordenadas por el Congreso. Es horrible; bárbaro, incluso. Pero quizá esa sea una discusión que será mejor guardar para mi próximo libro.

Me alejé de la escena con un pensamiento en mente: al día siguiente cruzaría el puente a México y regresaría a los Estados Unidos a pie. Cruzaría por ese hombre, y por los miles de hombres, mujeres y niños que no pueden hacerlo. Cruzaría simplemente porque podía, sabiendo que no tenía que salir corriendo, ocultarme, tener miedo o arriesgar mi vida mientras lo hacía.

A la mañana siguiente le pregunté a la recepcionista de mi hotel cómo llegar al puente para cruzar a Reynosa, la ciudad mexicana que está justo al otro lado de la frontera. Ella terminó de darme las indicaciones poniendo su mano sobre mi hombro y con expresión de preocupación me dijo:

—Por favor, tenga cuidado.

Cuando me acerqué al puente, pude ver a varias personas cruzando la calle y a un grupo de taxistas que gritaban para llamar la atención de pasajeros potenciales, pero no estaba tan ajetreado como yo esperaba. Estacioné mi coche rentado en el estacionamiento más cercano y caminé un par de minutos hasta llegar a la entrada. Pagué un dólar para cruzar a México.

La longitud del puente me sorprendió, pues imaginaba que el Río Grande sería más ancho. Recordé que era mucho más ancho y más violento en Laredo, Texas; pero allí en McAllen, Texas, lo que dividía a los Estados Unidos y México era una corta caminata de cinco minutos.

Miré a través de la cerca de alambre de púas del Río Grande, y pensé en cuántas personas habían entregado sus vidas a ese río.

A lo largo del camino había varias personas alineadas en la banqueta vendiendo agua, y otras estaban sentadas con el brazo estirado pidiendo limosna.

No tuve que enseñar ninguna identificación para entrar a México; simplemente tuve que poner mi bolsa en un escáner y la policía mexicana me recibió diciéndome en español: "Bienvenida".

Esperaba estar nerviosa o al menos sentir la necesidad de actuar con cautela del lado mexicano, especialmente por la advertencia que recibí en el hotel, pero no me sentí nerviosa y ni cautelosa; me sentí bienvenida. México será siempre mi tierra natal, y el aire mexicano lo sentiré siempre natural y ligero. En cuanto entré a México y oí la música que emanaba de la plaza, sonreí.

Como no vi de inmediato dónde estaba ubicado el puente de regreso a los Estados Unidos, me acerqué a un hombre y le pregunté:

—¿Dónde está el puente para regresar? Sonreí al darme cuenta de las palabras que había usado. "Regresar*" significaba ahora ir *de regreso* a los Estados Unidos.

Él me señaló la dirección correcta y emprendí el camino.

Pagué veinticinco centavos para cruzar a los Estados Unidos, y cuando había cruzado la mitad del puente me detuve para tomar un par de fotografías del río y de las personas que lo estaban cruzando. Después me detuve y le di gracias a Dios porque podía regresar caminando libremente.

Saqué mi pasaporte estadounidense mientras esperaba en la corta fila que había y, para mi sorpresa, comenzó a latirme con fuerza el corazón; no podía entender por qué.

Cuando finalmente llegué hasta donde estaba un oficial de la patrulla fronteriza, me hizo algunas preguntas.

—¿Qué la trajo de regreso? —me preguntó.

—Crucé solamente porque puedo hacerlo —respondí.

—Entonces... —dijo perplejo—, ¿no entró a México?

Mi corazón comenzó a latir con más rapidez. Oré que no hubiera cometido un error, y oré para que no me interrogaran más, o me detuvieran, o algo peor. ¿Qué era lo que hacía que mi conducta fuera sospechosa para ese hombre?

—No —le dije—. Crucé el puente, me di media vuelta y regresé.

Aún con incredulidad, me preguntó de dónde era. Y como yo me había mudado recientemente a Los Ángeles, le dije que vivía en Los Ángeles.

Él volvió a mirarme pensativo, me entregó mi pasaporte y me indicó con la cabeza que siguiera.

Caminé hasta donde estaba mi coche, cerré la puerta, y me quedé allí sentada en el estacionamiento derramando lágrimas de enojo. Deseaba no haber estado asustada, y deseaba no haber llegado ni siquiera a saber cómo era ese temor en particular.

Las hojas de papel no se llevan años de temor y, claramente, el aire en los Estados Unidos no me pertenecía por completo; *aún no*.

Mientras estaba sentada en mi coche bajo el caluroso sol de Texas, me hice a mí misma una promesa, y también a Dios:

—Un día, mi corazón ya no sentirá miedo —dije—. Un día, *voy* a regresar caminando sin ningún temor.

Epílogo

Mientras estaba investigando para escribir este libro, leí todos mis viejo diarios, y cuando pasé la página hacia 2009 me asombró descubrir una entrada que no recordaba haber escrito, y ni siquiera sé cómo *pude* haberla escrito, pues expresa sentimientos que no recuerdo haber sentido hasta años después; sin embargo ahí estaba, escrito de mi puño y letra, a la mitad de una página.

Escribí el pasaje en marzo, aparentemente justo después de que llegara por correo mi tarjeta de residencia: dos años antes de irme de Goldman Sachs y cinco años antes de ver el documental de José Antonio Vargas y comenzar a recorrer el camino donde estoy ahora. ¿De dónde venían esas palabras? ¿Cómo supe escribirlas? ¿Qué parte de mí entendió la respuesta a cuál sería mi verdadero llamado y en cierto modo, consciente o inconscientemente, lo escribió en aquel entonces en una página de mi diario?

Lo único que puedo decir es que a veces el corazón lo sabe:

> Estoy muy agradecida porque ahora tengo la libertad y los recursos para ver y experimentar el mundo. También tengo un gran sentimiento de responsabilidad de ayudar a otros que no tienen las mismas posibilidades que yo he tenido; de ayudar a otros a que vean que esto se puede lograr. No se trata de zapatos o de ropa; se trata de distribuir la riqueza, se trata de distribuir el acceso a las oportunidades.
>
> *Dios: úsame.*

Hoy, estoy muy agradecida de que Dios esté respondiendo mi oración y de que finalmente esté viviendo la segunda mitad de mi profecía.

Agradecimientos

Dios, gracias por tu gracia y tu amor redentor.

Este libro no sería lo que es sin la edición, maestría y dirección de Mark Dagostino. Mark, tu pasión por ayudarme a relatar mi historia de la manera más convincente hizo posible este libro; eres un verdadero artista, y llevaste la redacción de este libro a otro nivel. Aprendí mucho de ti. Gracias.

Este libro no es solo mío, le pertenece a mis padres, Julio y Luisa, a mis hermanas, Aris y Nay, a mi hermano Julio, a mi tío Mike y al resto de mi familia, a Tía Rosi, Tía Justi, Tío Alex, Tía Guille y a mi querida Mamá Silvia. Le pertenece a mis amigos, a mis maestros (gracias, Mr. G., pues no estaría aquí sin usted), a mis mentores y a las miles de personas que lucharon por mi derecho a ir a la universidad y que trabajaron incansablemente para aprobar la Ley 1403 del estado de Texas en 2001. Linda, nunca podré compensarle los riesgos que corrió para ayudarme antes de incluso llegar a conocerme en persona. Tiene un corazón más grande que Texas.

Antes de compartir mi historia con el mundo, la compartí con Jessica y Antonia; siempre seré bendecida por poder llamarlas amigas. Gracias por sostener mi cabeza literalmente cuando el sufrimiento y el dolor no me dejaban moverme.

Jeff, siempre sentiré mucho amor y respeto por ti; cambiaste mi vida para siempre, y nunca olvidaré que me apoyaste, me amaste, y siempre estuviste a mi lado para cuidarme de perder el control.

A los Tejanos: gracias por su amor y apoyo incondicional. Mi vida no sería tan colorida y alegre sin cada uno de ustedes. Mi gratitud especial a Rob King por leer cada versión de cada capítulo de este libro y hacerme comentarios tan bien pensados, siempre en menos de veinticuatro horas. Eres asombroso.

A Carlos Díaz: gracias por el tiempo que le dedicaste a la traducción y por tu amistad.

A Nay: gracias por siempre cuidarme y por tus consejos para este libro.

A Max Abelson: gracias por relatar mi historia, pues transformó mi mundo.

A Jodi Schlesinger, por todas las veces que caminaste conmigo y me aconsejaste. Por revisar mi manuscrito. Eres una amiga de verdad.

A José Antonio Vargas: tu coraje y valentía me inspiraron a contar mi historia. Gracias.

Siempre he creído en el dicho africano que dice que se requiere una aldea para educar a un niño, y en este caso también para publicar un libro. A mi agente literaria, Lisa Leshne, eres una guerrera estupenda; tu firmeza y tenacidad ha hecho que este libro sea una realidad. A mi equipo en Authentic Management (Jon, Jason y Monica), GTN (David Buchalter, ¡eres lo máximo!) y WME (Eric, eres sencillamente el mejor): yo no estaría aquí sin su pasión por ayudarme a perseguir mis sueños. Gracias. A mi editora, Kate Hartson, gracias por darme una oportunidad y por creer que había que contar mi historia mediante este libro. A Alexa Smail, gracias por hacer que todo funcionara. A Andrea Glickson, Sarah Falter, Patsy Jones, Rolf Zettersten y el resto del equipo de Hachette: no tengo palabras para expresar mi agradecimiento. A las súper mujeres del equipo de ventas: Karen Torres, Melissa Nicholas, Nicole Bond, Jennifer Gray y Simone Quallo, verlas a todas ustedes en una sala dibuja una sonrisa en mi cara.

Finalmente, gracias a los millones de inmigrantes que han venido antes que yo, que han arriesgado sus vidas, que han perdido sus vidas, que han dejado a sus familias y su tierra para llegar a los Estados Unidos. Gracias porque, sin ustedes, los Estados Unidos no existirían.

Recursos

Mi existencia como inmigrante indocumentada fue una existencia solitaria. Jamás conocí a otras personas indocumentadas cuando estuve entre las sombras. Cuando entré al campus de la Universidad de Texas en 2001, sabía que yo no podía ser la única estudiante indocumentada asustada que no tenía acceso al mismo abanico de ayuda financiera, becas o incluso préstamos que los demás estudiantes. Un día, durante mi primer año en la universidad, me prometí a mí misma crear un fondo de becas para estudiantes inmigrantes como yo. Ayudaría a ofrecerles una oportunidad a esos estudiantes talentosos, trabajadores, perseverantes y prometedores que durante mucho tiempo se mantuvieron tras puertas cerradas, sin importar su raza, nacionalidad o estatus migratorio. La educación cambió mi vida. Fue mi vía de escape y mi camino de entrada: mi vía de escape de la pobreza, y mi camino de entrada al éxito. Tenía la responsabilidad de darle a otros la misma oportunidad. A la fecha de la publicación de este libro, el Fondo Educativo Ascend, del que fui cofundadora en 2012, ha provisto más de doscientos mil dólares en becas universitarias a treinta y cuatro estudiantes. Cada uno de esos estudiantes tiene una historia única, pero lo que los une son sus logros, su ética de trabajo, su perseverancia frente a la adversidad y el compromiso con sus comunidades.

Si a usted le gustaría apoyar nuestro trabajo, por favor haga un donativo deducible de impuestos en http://ascendfundny.org/support-us/donate/.

Aunque el acceso a la educación superior continúa siendo limitado para los estudiantes indocumentados, estoy emocionada de que más estados se hayan unido a Texas para proveer colegiaturas de aplicación dentro de su mismo estado y que algunas instituciones privadas le han abierto las puertas a estos estudiantes talentosos. Es necesario crear más becas para brindarle a los estudiantes los recursos financieros para asistir a la universidad y alcanzar su máximo potencial. La lista siguiente no es una lista exhaustiva, ya que se están creando nuevos fondos y se están aprobando nuevas leyes a nivel estatal. Por favor, visite mi sitio web en www.julissaarce.com para una lista actualizada de recursos.

BECAS ABIERTAS A ESTUDIANTES INDOCUMENTADOS:

- El Fondo Educativo Ascend: www.ascendfundny.org

- El Fondo Educativo Esperanza: www.esperanzafund.org

- La Beca DREAM.US: www.thedream.us

- Golden Door Scholars: www.goldendoorscholars.org

Se puede encontrar una lista más exhaustiva de becas en The Dreamers Roadmap, una aplicación móvil creada por un ex estudiante indocumentado.

La información sobre colegiaturas que se aplican dentro del mismo estado, acceso a servicios de salud, leyes de protección laboral y otros recursos para las personas indocumentadas se pueden encontrar en el sitio web del Centro Jurídico Nacional de Inmigración [National Immigration Law Center]: www. NILC.org.

La lucha por los derechos de los inmigrantes nunca ha pasado por un momento más crítico, y estoy agradecida por el liderazgo del Centro Jurídico Nacional de Inmigración (NILC, por sus siglas en inglés) donde soy miembro de la junta directiva. Desde 1979, el NILC ha defendido y hecho avanzar los derechos de los inmigrantes en los Estados Unidos. A través de litigios de impacto, análisis de políticas y abogacía, comunicaciones estratégicas y otras estrategias, el NILC ha estado en la línea de fuego de cada momento al parecer pequeño y significativo del movimiento de los derechos de los inmigrantes. Nunca podré conocer o ser capaz de agradecerles a todas las personas que trabajaron incansablemente para aprobar la Ley 1403 del estado de Texas, la ley de Texas que me permitió asistir a la universidad, pero por lo menos dos de esas personas todavía trabajan en el NILC. El trabajo de la organización impacta a millones de personas, y no podría estar más orgullosa de desempeñar un pequeño papel en la organización ahora.

Glosario

- **A la goma:** A paseo.
- **Ámpulas:** Ampollas.
- **Banqueta:** Acera.
- **Becaria:** Aprendiz sin sueldo. Suelen ser estudiantes o graduados recientes que realizan prácticas profesionales en el ramo de su interés, ya sea como requisito de su universidad o por interés propio.
- **Beisbol:** Béisbol.
- **Bolsa:** Bolsa de mano, bolso, cartera.
- **Buena onda:** Genial, estupendo.
- **Calificaciones:** Notas.
- **Camper:** Caravana.
- **Casillero:** Locker, taquilla.
- **Chalupa:** Góndola característica de Xochimilco.
- **Chicle:** Goma de mascar.
- **Croque madame:** Sándwich de jamón y queso gratinado cubierto con un huevo estrellado.
- **Crossfit:** Tipo de entrenamiento de ejercicios funcionales de alta intensidad que abarcan varias disciplinas.
- **Departamento:** Apartamento, piso.
- **Dim sum:** Tipo de comida cantonesa.
- **Elote:** Mazorca tierna de maíz.

- **Examen de colocación:** Examen o prueba de nivelación.

- **Fotobomba:** Es la broma de entrometerse en una fotografía ajena haciendo alguna mueca o gesto gracioso.

- *Funnel-cakes*: Buñuelo frito redondo cubierto de azúcar glas que se elabora derramando masa con un embudo sobre aceite caliente haciendo formas caprichosas y que es característico del Sur de los Estados Unidos.

- **Futbol:** Fútbol.

- **Golpiza:** Zurra, azotaina, paliza, tunda.

- **Hielera:** Nevera portátil.

- **Holanes:** Volantes, faralaes, chorreras.

- **IRS:** Servicio de recaudación fiscal, hacienda, el fisco.

- **Jersey:** Camiseta o casaca deportiva que visten los jugadores de fútbol americano, fútbol, baloncesto y otros deportes como parte de su uniforme.

- **Junta:** Reunión.

- **Ladies Night:** Eventos promocionales en bares o clubes en los que las mujeres reciben descuentos en la entrada y/o en sus consumos.

- **Lo-mein:** Comida china con tallarines.

- **Longhorns de Texas:** Equipo de fútbol americano colegial de la Universidad de Texas.

- **Mancuernillas:** Gemelos.

- **Mascada:** Pañuelo o chalina de seda u otro material ligero que se ajusta al cuello en diferentes formas.

- **MLS:** Major League Soccer, primera división de fútbol de los Estados Unidos.

- **Medio tiempo, de:** Media jornada, a tiempo parcial.

- **Nalgada:** Azote, palmada o golpe en las asentaderas.

- **Nerd:** Nerdo, ñoño, cerebrito.

- **Ochentas:** Década de 1980.

- **Periodo:** Período.

- **Plumón:** Rotulador, marcador.

- **Pollero:** Persona que transporta trabajadores indocumentados a los Estados Unidos de América.

- **Porrista:** Animadora.

- **Preparatoria:** Escuela media-superior.

- **Puños:** Empuñadura o manubrio de los extremos del manillar de las bicicletas.

- **Regresar:** En inglés se utilizan la mismas palabras para "regresar" que para decirle a alguien ofensivamente que se regrese a su tierra.

- **Reversa:** Marcha atrás.

- **Secundaria:** Escuela media.

- **Spurs de San Antonio:** Equipo de baloncesto de la NBA de la ciudad de San Antonio.

- **Tardeada:** Fiesta o baile para adolescentes y jóvenes que se realiza por la tarde donde no se suele servir alcohol.

- **Tarea:** Deberes escolares.

- **Té helado o té dulce:** Una bebida característica del Sur de los Estados Unidos.

- **Toallas femeninas:** Compresas sanitarias, compresas higiénicas, toallas sanitarias, toallas higiénicas.

- **Torta:** Panecillo partido longitudinalmente que se rellena con diversos alimentos.

- **Vestidor:** Vestuario.